国籍の境界を考える
［増補版］

日本人、日系人、在日外国人を隔てる法と社会の壁

丹野清人

吉田書店

国籍の境界を考える

――日本人、日系人、在日外国人を隔てる法と社会の壁――

［増補版］

目　次

序論

はじめに

本書は二〇一二年度に東京大学で「社会学特殊講義」として行った講義をもとにし、増補版にあたっては、とりわけ二〇一九年の「出入国管理及び難民認定法」改正を考えるうえで問題点の出発点となろう論文を新たに加えた。東大での講義のテーマは「国籍の境界を考える」というものであった。同様な切り口としては、小熊英二の『〈日本人〉の境界』が定評あるものとして存在している（小熊、一九九八）。だが、小熊の『〈日本人〉の境界』は明治の近代化の過程で、本土との地理的文化的境界の地に本土の文化（大和の文化）が上から押しつけられる形で与えられ、さまざまな抵抗を生みつつも共同幻想（あるいは「想像の共同体」）としての日本人が作られていくさまを描き出したものだ。そこでは官僚や彼らにつながるイデオローグの論争、在野の知識人の言説、さらにはメディアがどのように伝えていたのかが詳細に検討されている。小熊以外でも、たとえば田中宏の『在日外国人』は、旧植民地出身で日本に存在する「在日」の法律上の問題と大衆の心理・認識の上に生じている問題を扱っており（田中、一九九五ａ）、本書と一部問題意識を共有している。

しかしながら、上記の研究に筆者はシンパシーをもちつつも、異なるアプローチから国籍の境界を考える必要があろうと思っている。明治以降の近代化された日本社会は法治国家のなかで成立している。もちろん、議会制民主主義がとられて以降の日本は、国会での立法過程に先んじて一定の世論が形成され、その世論に基づいて立法政策が行われている。しかし、議会制民主主義が始まって一〇〇年を超えたいま、大部分の法はこれから策定されるものではなく、すでに施行されているものだ。在野の知識人やイデオローグたちがいかなる意見をもっている・もっていたかということよりも、法の執行者たちがいかなる考えのもとで法を執行しているのか、執行者たちが縛られている論理は何なのかを見つめることから国籍の境界をとらえ直すことも必要であろう。だが、そのためには国籍の境界をめぐっていかなる闘争が法の執行者たちの間で行われているかを知らなくてはならない。こうした観点から国籍の境界が争われる裁判の分析をしようと考え、本書が構想された。

1　増補版刊行にあたって

二〇一九年四月一日より施行された「出入国管理及び難民認定法」（以下、「入管法」と記す）により、新たな在留資格「特定技能」での外国人の受け入れが始まった。昨年（二〇一八年）に吉田真也さんより増補版を出すことの打診を受けたときは、この新たな在留資格の創設に向けて閣議決定が行われ、そして様々な業界がこれに合わせて動き出していた時期であった。新たな法改正に合わせて、何を増補版に載せるのかといったことについては、入管法改正が定まった頃に決めることにした。

暮れも押し迫った二〇一八年一二月一四日に入管法は平成三〇年法律第一〇二号として公布され、年の開けた二月末頃から新入管法のもとでの外国人の受け入れを規制する告示等も発表され始めて、具体的な外国人労働者の受け入れのあり方が朧ながら分かってきた。今回の主な改正点は、①新たな在留資格「特定技能」が入ることと、②この改正よりこれまで法務省の内局であった入国管理局が外局化されて出入国在留管理庁になることだ。筆者がこれまで問題にしてきた在留特別許可との関係で言えば、「地方入国管理局長」（以下、「地方入管局長」と記す）が「地方出入国在留管理局長」に変わり、「入国管理局長」が「出入国在留管理庁長官」に変わった。入管法に基づく外国人行政は法務大臣の裁量権が幅広く働くものとしている一方で、告示や通達・通知文を通して地方入管局長の決裁としてきた経緯がある。これが、今回の改正で、漸くどのレベルの決裁で行政が行われているのかが多少はっきりしてきた。法務大臣が判断するとされてきたものが、明確に「出入国在留管理庁長官」や「地方出入国在留管理局長」の行うものと法文上も明示されるようになったのだ。この変化を見る限り、筆者がこれまで問題にしてきた「誰が在留留特別許可を判断しているのか」は誤りではなかったと思っている。

ところで、筆者は二〇一九年改正をそれほど重要なものであったとは考えていない。世間的には、この改正で日本は単純労働の外国人受け入れ（開国）に転じたとも言われるが、入管法を外国人の統治システムとして見るならば、二〇一九年改正よりも二〇一一年改正と二〇一五年改正のほうが決定的な意味がある。何故ならば、二〇一一年改正でそれまでの入管法と外国人登録法の二本立て（入管法が国境を越える移動を管理し、外国人登録法が国内移動を管理する）であったものを、在留カード制に切り替えることで国際移動と国内移動を一元的に把握する仕組みに変えているからだ。また、入管法とともに住民基本台帳法を改正し外国人も住民登録することにより、二〇一一年改正は「従来は外国人と日本人が婚姻した場合などに、日本人と同一の世帯に属する外国人については住民票が作成されず、外国人は外国人登録するとされていたことから、住民基本台帳と外国人登録原票の双方を調べなければ全体の把握ができなかったことなどの問題が解決した」とも評価されている（髙宅・瀧川、二〇一八、二二五頁）。そしてこの移動を一元的に把握する仕組みを完成させた後に、二〇一五年改正で在留資格と職業の見直しを行っているのだ（その典型が、現在「技人国」と略称されることも多い「技術・人文知識・国際業務」の在留資格とそこに含まれる職種の緩和・拡大である）。二〇一九年改正はこれらに比べると、確かに法務省設置法まで改正し出入国在留管理庁を作ったという組織上の大変革はあっても、「特定技能」という新たな在留資格を付与した以外は、外国人全体に影響を与えるような統治上の制度変更がなされているわけではないのだ。

2　本書の目的

これまで日本人の境界というと、民族の境界という観点からアプローチされることが多かったと思う。すでに挙げた小熊の研究も、その発想の根源にあるのは「大和」民族とは異なる文化圏を形成していた琉球やアイヌの人々、さらに朝鮮半島の人々を同一民族の枠の中に押し込めようとしつつ、そこに巧妙に設けられていた差異の問題を扱う。田中の研究ではより民族問題に焦点があてられる。法学的な研究では、大沼保昭による『単一民族社会の神話を超えて』を同じ系譜に位置づけることができるであろう（大沼、一九九三）。

ところが、筆者はこれまで外国人労働者を研究してきたが、主に日系人労働者をその対象としてきた。日系人労働者は、一九九〇年入管法改正の際にも文化的な親和性から特別な配慮がなされたと言われるように、民族的には日本人と目されている（だからこそ、日系なのだが）。小熊、田中、そして大沼らの研究は、多少デフォルメ化した言い回しかもしれないが、異民族を「日本人」化する・したことの結果とそこにいまなお潜み続ける差別の問題を取り上げたものだ。しかし、奇妙なことに、国内法上の日系人の扱いは民族的には同一であることを前提としつつも、日系人もまた在日と同じ扱いの列に置かれている。筆者には、この部分をうまく説明してくれる研究が欠如しているように思えた。

たまたまではあるが、筆者には、外国人事件でいくつも判例を残している友人がいた。弁護士法人あると（以下、「あると」と記す）の山口元一弁護士だ。二〇〇五年には東京地裁で国籍法に対する違憲判決も取っていた。ちょうどその頃、彼に頼み込んで事務所通いをさせてもらい、裁判での事例研究を開始した。あるとでの研究では、すでに三つ公刊したものがある。それが『越境する雇用システムと外国人労働者』（二〇〇七）の最終章、本書『国籍の境界を考える』の第4章、第5章、第6章、そして『「外国人の人権」の社会学』（二〇一八）の第1章、第2章である。最初の論文の公刊後、筆者の友人である三木恵美子弁護士には、「丹野さん。山口さんが手がけた事件の結果は私でも知りたいと思うし、そう思っている弁護士も多いだろう。山口さん以上に外国人事件を手がけている人はいないし、彼の経験を一般に知らしめることができるとするとそれはあなたしかいない。山口さんの隣にいる人間として、それをすることがあなたの責務だ」と強く言われたこともあった。そして、この言葉を真に受けて今もあるとに通い続けている。

さて、あるとに通って、裁判の事例を研究しているうちに、主に法学者の手による国籍確認請求事件や在留特別許可に関する論文で論じられていることと、山口が訴状において訴えていること、および裁判所の出す判決文・決定文で論じられていることに奇妙なずれが生じていると感じるようになった。研究者によってなされた論文や研究書で論じられていることと、裁判で争点になったこととの間には、もっと大きなずれがあるように思われた。このような印象はすでに公刊した事件を調べているときから感じており、この事件では在留特別許可が問題になっていたのだが、Aさんの在留特別許可が裁判所で論じられる際に、詳細に議論されていたのは「私立大学が栃木県に提出した施設整備補助金の交付申請書に添付した私立大学の前年度収支計算書および貸借対照表の一部について、栃木県公文書開示条例に基づく開示決定処分に対する効力停止申立事件」(『判例時報』一三七七号、五四—六九頁)、「愛知県に対してなされた産業廃棄物処理業許可取消処分の執行停止申立事件」(『判例地方自治』一一九号、八四—八六頁)、「新潟県に対してなされた特定米穀販売業務停止処分の執行停止申立事件」(『判例地方自治』一二四号、八〇—八二頁)といった事件であった。研究者が考えるような、必ずしも同様な外国人に関係する事件の先例ではなかった。本書第5章で論じる国籍法違憲判決事件でも、最高裁判決文に見られるように、判決文が何頁も割いて議論したのは郵便局員の過失に国家賠償請求を認めていなかった郵便法六八条および七三条についての違憲判決事件や、尊属殺人と一般殺人で量刑が異なっていることに対する刑法二〇〇条をめぐる尊属殺違憲判決事件であった(もっとも、最高裁が国籍法に関する先例ではなく、違憲判決の先例に議論の多くを割いたのは、東京高裁以後の裁判では、問題となった国籍法三条の一部違憲無効か、それとも三条すべてが無効になるのかが大きな論点となったからだ)。

ところで、国籍確認請求事件で近年の最高裁判例となっていたのは、本書第5章で触れる細川清が国側指定代理人となって国籍法二条一号が争われ国が敗訴していた最高裁判所平成八年(行ツ)第六〇号事件(一九九七年一〇月一七日最高裁第二小法廷判決『最高裁判所民事判例集』五一巻九号、三九二五—三九六一頁)、国籍法二条一号と憲法一四条が問題となり国側が勝訴した最高裁判所平成一〇年(オ)二一九〇号事件(二〇〇二年一一月二二日最高裁第二小法廷判決『判例時報』一八〇八号、五五—五九頁）であった。入管法や国籍法の研究書では、必ず前の同様な事件との異同や、いかなる要素が加わって新しい判断が示されるようになったかということが細かく論じられるが、国籍法違憲判決事件のなかでこれらの事件との関連はほとんど議論されていなかった（触れられてはいても）。むしろ議論されているのは、入管法や国籍法にとどまらず、日本の法律が社会に対していったいどのような秩序を求めているのかということであった。筆者が、それまでに読んだことのある文献上での見解では、広中俊雄が公法と私法を区別することを拒否して、「財貨秩序」―「人格秩序」―「権力秩序」の重なりのなかで社会を把握しようとした論理にきわめて近い形で議論が進んでいた（広中、二〇〇六）。

3　なぜ「家族」が問われなければならないのか

さて、それでは筆者が先行研究の「民族の違い」という視点に代えて、何を基軸に国籍を考えたいのかと言えば、それが「家族の境界（家族の違い）」だ。一八九九（明治三二）年に初めて成文法としての国籍法を持って以来、日本の国籍概念は常に家族の概念と一体となって発達し、変容してきた。この点を少し考えてみよう。

成文化された形で、戸籍の差異によって日本人のなかに異なる身分が設けられたのは、一九一八（大正七）年に成立した共通法以降のことだ。この民族の違いによる差異（差別）の導入も、それが家族制度に結びつけることが可能になって初めて正統な制度となった（共通法成立以前から民族の違いによる統治が進められていたとしても）。これ以後、日本人（日本国籍者）は何らかの戸籍に登載されて、結婚や養子縁組といった身分移動以外では戸籍間の移動は認められなくなった。つまり、民族の差異は戸籍制度の差異を道具として導入され、当人が所属する家族がどの戸籍に入っているかで、国民の間の差別が正統なものとされたのだ。同じ日本人であっても、内地戸籍に基づく日本人、台湾戸籍に基づく日本人、そして朝鮮戸籍に基づく日本人では、義務教育課程への包摂の度合いも異なっており、これなどは国民のなかの差別としか言いようがない。ところで、戸籍間をまたぐ移動の場合に女性が男性の戸籍に入るという原理は、国籍法の父系制にも合致していた。これらは家制度の「家族」を原理に日本人と外国人の境界が決まるのと同じように、日本人のなかにどの戸籍に基づく日本人であるかを決定するものであった。

さて、日本の国籍法は一九五〇（昭和二五）年に、新憲法の個人の尊厳を基調にし、それまでの家制度を核にした一八九九年制定の明治の国籍法から生まれ変わる。植民地の独立が前提とされたので、朝鮮戸籍や台湾戸籍の日本人は想定されなくなった。そのため日本人と戸籍の関係と言えば内地戸籍との関係のみを意味するようになった。しかしながら、地域籍はなくなったが、血統主義の国籍という考え方を日本がとり続けることには変化はない。そうすると、子の国籍の決定にはまず親の国籍が決定されていなくてはならない。また、日本は結婚や親子関係などの確定について、徹底した届出主義をとり、法律上の関係に現れる親子関係を重視する。ところが、法律上の親子関係だからといって、社会の最も根本的な単位である親子関係は法文上での定義だけで決めることもできず、絶えず実態としての親子関係・家族関係が問題にならざるをえない。人々の家族としての生活、とりわけ婚姻関係が多様になると、法が認めなくてはならない親子関係・家族関係もそれに合わせて変化していく。この点で、本書は「民族の境界の差異」以上に「家族の境界の差異」に、日本人（日本国籍者）を決定する本質的な原理が潜んでいるという観点から国籍の境界にアプローチしていく。筆者からすると、この家族の範囲が決定する国籍という概念にたどり着くことで、外国人としての日系人の位置づけが可能にもなる。(2)

4　本書の構成

筆者は、博士論文をもとに東京大学出版会から『越境する雇用システムと外国人労働者』（以下、この本を『越境する雇用システム』と記す）を刊行した。だが、博士論文のすべてが『越境する雇用システム』に入ったわけではない。一章だけ活字化することができなかった章があった。博士論文を仕上げてから一〇年かけ、あのときは言及することのできなかった資料を集め、家族と国籍の問題を筆者の親族の物語から説き起こしたものが第1章だ。明治の人々が戸籍を道具としつつ家族を形成し、実態のある真の家族は戸籍上の家族とは別に作りつつ社会生活を送っていたことを示そう。

第2章、第3章は本書の出版を引き受けてくださった吉田真也さんが、日本経済評論社の編集員であったときに編集していただいた本に発表したものをリライトしたものである。第5章で論じることになる国籍法違憲判決事件を調べていた際に感じた現代日本の「国籍をめぐるゆらぎ」をまったく異なった角度から述べてみたものだ。第2章では、国が国籍のゆらぎを押さえ込もうとしているがそれを押さえ込むことはできないという立場からアプローチした。家庭内での男女の役割も多様化し、そして国際化の進展のなかでパートナーの国籍も広がっていくなかでは、日本が典型的とするこれまでの家族像を持ち続けることは難しくなってきていることを論じた。反対に第3章では国籍概念のゆらぎは収まらないだろうが、国もそれに対して無策ではなく、「家族」に対して幅をもった解釈を打ち出すことで、国はこれまでの概念の延長に国籍の決め方が収斂する努力もしていることを示した。

第4章は、国籍の問題と家族（戸籍）の問題のもつ、日本法が前提とする家・家族のイデオロギッシュな側面に焦点をあてることで、日系人の導入についてこれまでの解釈とは異なるものを提示した。これまでの解釈というのは、梶田孝道による、一九九〇年入管法改正時に日系人は深く考慮されていなく、その後の増加は政策当局にとって意図せざる結果であった（以下、これを「梶田説」と記す）というものだ（梶田、二〇〇二／梶田・丹野・樋口、二〇〇五）。

しかし、国籍法上の「元祖日本人」（法理論的な最初の日本人）の重要性を論じる田代有嗣の論点を踏まえると、梶田説とはまったく異なる日系人の導入の論理にたどり着く。それが田代の述べるところの、個人は「戸籍（家の籍）」―「地域籍」―「国籍」と三つの異なる籍に正しい位置を占めることによって、日本人としての国籍が決まると同時に社会的・家族的な身分も決まるとする考え方だ（田代、一九七四、七九〇―七九二頁)。戦後の日本社会は海外植民地を失ったので現在の国籍に対する考え方では、日本国籍者は日本の戸籍に登載されているとなれば、この戸籍とは当然に日本戸籍(内地国籍)を意味すると考え、地域籍を意識することはない。しかし、田代に言わせれば、地域籍の問題はいまだ生きている。植民地の独立に伴って外国人にならなくてはならなくなった旧日本人を定義するものは、「朝鮮戸籍」や「台湾戸籍」といった地域籍であって、当人が内地戸籍の子として生まれたかどうかは問題とされない。一部で生物学的なつながりを重視し(内地戸籍の日本人については)、一部ではいまだにどの地域籍に入っている家族なのかで境界を判断する(筆者には論理的に破綻しているように思われるのだが、法務省的にはこれで問題なしとされる)。

ところで、一九九〇年の入管法改正というと、いまでは日系人の導入が行われたことばかりに目が向けられる。だが、このときの改正で制度上最も重要なことは、入管法六九条九項および一〇項が新設され、新たに「出入国管理基本計画」が関係省庁と相談しつつ策定されることになったことだろう。なぜなら、これにより出入国管理政策の中期的な基本方針が公示されるようになったからだ。[3] その「第一次出入国管理基本計画」では、「最初の出入国管理基本計画である本計画は、我が国の置かれている国際的地位を念頭に置いて出入国管理行政を取り巻く環境の変化に的確に対応して円滑な人的交流の促進を図るための方策、外国人の受入れ問題と不法就労外国人問題への対応、国際貢献・国際協力の推進の視点に立った出入国管理の在り方という現在直面している諸問題のうち特に重要と思われるものに重点を置いて、基本方針等を明らかにしようとするものである」としたうえで、「九〇年の入国者数が一万人を超える国・出身地の最近五年間における増加状況を見ると、最も高い増加率を示しているペルーが一五七三人から一万九四二人と約七倍（約九千人増）、これに次ぐ韓国が約一三万三千人から約六七万六千人と約五・一倍（約五四万三千人増）、ブラジルが約一万三千人から約六万三千人と約四・九倍（約五万人増）の大幅な伸びを示している」と一九八六年以降の日系人の増加傾向を正確に把握している[4]。

　とりわけ、一九九〇年の入管法改正からまだ間もない時期に、出入国管理基本計画の策定のために関わっていたと思われる省庁の実務担当者たちの座談会は興味深い（この座談会は『国際人流』三四号に掲載されている）。座談会の出席者は武藤正敏（外務省領事移住部外国人課長）、山崎哲夫（法務省入国管理局参事官）、吉免光顕（労働省職業安定局外国人雇用対策室長）、太田房江（通産省企業行動課産業労働企画官）、亀本和彦（建設省建設経済局労働・資材対策室長）、根本芳雄（警察庁保安部企画課長）そして亀井靖嘉（入管協会専務理事）であった。そこでは「現在日系ブラジル人は三万から四万人来日していると言われています。現地で観光ビザをとってきて、日本に入ってから日系人として親族訪問で滞在するというケースが多いです。ブラジルは巨額の債務がありまして経済も停滞しております。インフレ率もすごいです。そこで日本で働きたいという希望が出てきたのだと思います。日本側も教育水準も低くなく、日本語もできるということで非常に重宝している。しかし、日本に来る際の資格が不安定なことから、ブローカーの餌食になっているという問題があります。またブラジルの方に目を転じてみますと、日系社会の中で丁度働き盛りの若い人達がいなくなってしまっています。日系の学校の先生までが日本に来てしまってなどというケースもあります。そしてもう一つは、現地のブラジル人の中にも日本に行きたいと思っている人はかなりいるのでしょうけれど、そういう人達がなかなか来られないで、日系人だけが来るということに対して反発が出ないよう注意する必要があります」ということが話されている（武藤・山崎・吉免・太田・亀本・根本・亀井、一九九〇、九頁）。出入国管理計画に関わった省庁の実務担当者たちの間には、日系人の増加ばかりか、ブローカーが仲介に入る渡航の仕方、そして日本側が今後抱える問題とブラジル側から起きてくるであろうと思われる問題まで共有されていた。これらを鑑みる限り、日系人の増加が当局の予期せざる結果だとはきわめて言い難い。

第5章は本書の中心となる章で、第9章と第11章以外のすべての章はこの章で取り上げた国籍法違憲判決事件を調べていく際の副産物とも言える。当初は、日本で外国人母と思われる女性から出生したが、子の誕生の後すぐに母が失踪し、日本で発見された子として国籍法二条三号（両親がともに知れないときに生まれながらの日本国籍を取得する）が適用され日本人となったアンデレちゃん事件を伝える『ボクは日本人』のような記録が残せないかと考えていた（信濃毎日新聞社編集局、一九九五）。しかし、筆者がこの事件の事件記録から調査を行うことを考えると、個人情報保護の問題もあって、見ることのできる記録にも限界がある。そのため、可能な限り裁判での論争の論理と、そこでこの事件を論じていく際にどこに論争の根拠を求めた言説が闘わされているのか、という観点からまとめていくこととした。

第6章は、日本法が、戸籍に現れる家族を中心に、戸籍からの距離によって権利のグラデーションをつけており、それによって滞在していい人に色をつけていることを示そうとしたものだ。民族の境界ではなく家族の境界に着目することで見えてくる国境を論じる。具体的には日系人労働者で在留特別許可を求めた事件が検討される。この事件では、日系人の配偶者（夫）で退去強制を命じられた者が、本人が退去強制令をもらう原因や家族の状況は何ら変化が見られないのに、配偶者である妻の日本戸籍からの距離が変わることで（三世の日系人とされてきたのが二世の日系であることが判明し、二世と認められた）、退去強制されなければならないとされてきた人の日本滞在が守られなければならない家族関係と解されるようになった事件だ。外国人の間に戸籍につながる程度によって、日本がその人の滞在をめぐって認められるべき権利の範囲が異なることを当然としていることを示すものだ。

日本法は、このように戸籍に現れる家族の姿によって、滞在していい人に色をつけている。Aなるカテゴリーの人々は職業上も居住上も自由である。しかし、Bなるカテゴリーの人々は居住上の制限は受けないが就いていい職業は制限され、Cなるカテゴリーの人々は職業上も制限を受けなければならない。法律上、異なる人々が同じ社会で労働者として働いている。ところが、我々日本人（あるいは多くの国民）の側は外国人に課せられている制限の違いをよく理解することもなしに、外国人労働者の問題があることだけを知っている。

この部分にメスを当てるのが第7章から第9章となる。第7章は、法が定める細かな差異とは関係なく経済社会の側は外国人を活用してしまっているが、そこにいかなる落とし穴が潜んでしまっているかを論じる。第8章では、守られるべき権利がきわめて低く設定されていた日系人労働者がいかなる現実と立ち向かいながら日々暮らしているのかを実例を挙げて論じる。工場の生産性確保のうえではなくてはならない労働者とされつつも、自身の労働者の権利としての有給休暇を取って子どもの授業参観に行ったことをきっかけに職を失わざるをえない労働者の生き方を論じる。業務請負業から送り出される外国人労働者の働き方は二〇一九年現在も変わるところはない。第9章は『越境する雇用システム』第一〇章「総合デカセギ業の誕生」のその後の状況を論じたものだ。ブラジルから日本への日系人労働者の受け入れは、送り出し国側、受け入れ国側双方に労働者のリクルーティングから就労先への送り出しまでさまざまなアクターが複雑に絡んだ分業が成立し、一つのシステムになっている。筆者はこれを越境する雇用システムと呼んでいるのだが、リーマンショックを境にこのシステムは大きな構造転換を迎えることになった。それまでの分業構造の複雑化によって経済環境に適応するのではなく、むしろ先祖返りにも見える分業構造の極端な単純化の道が新しい環境への適応となり、ある意味、退化したようにも見えるものに変わっているのだ。しかし、越境する雇用システムという観点から、この変化をとらえるならば、重要なのは分業構造が複雑化するのか・単純化するのかではない。これまで越境する雇用システムはブラジルから日本へ労働力を一方的に運ぶものであったが、リーマンショック後は日本からの資本投資がブラジルに急増することによりブラジルの仕事への仲介をする役割も担うようになってきている。双方向の国際労働力移動に関係する機能に変化してきていることに気づかなくてはならないのだ。

今回増補版を出すにあたって、第10章「外国人の『シティズンシップ』——行政運用と社会運動の間に生まれる市民権」と第11章「二〇一九年『出入国管理及び難民認定法』改正と日本の外国人労働者」を加えた。憲法上は日本にも外国人の人権はある、ということになっている。ただし、外国人の人権は日本人のそれとは大きく異なる。在留資格のなかで、職業選択の自由も、住居の選択の自由も制限がかかることを当然のこととしており、日本人であればありえない自由の制限が予定されている。「自由」の意味が国民である日本人とはまったく異なっている。にもかかわらず、外国人の人権は日本でも自明のことで、さまざまな社会福祉の対象に外国人が俎上にのることもある。第10章は、どのようにして外国人が具体的な社会福祉の課題の対象になってきたのかということから、外国人の「シティズンシップ」を考察する。

第11章は第一九七回臨時国会を経て二〇一八年一二月一四日に公布され、二〇一九年四月一日より施行された改正入管法を取り上げる。今回の法改正を「二〇一八年改正」と呼ぶか、「二〇一九年改正」と呼ぶかは人それぞれであろう。しかし、本書でも何度も取り上げる日系人労働者の就労が可能になった一九九〇年改正が、法そのものの改正が一九八九年一二月に行われていたにもかかわらず、施行が一九九〇年であったことから一九九〇年改正と一般に呼ばれていることに鑑み、本書では「二〇一九年改正」とこれを表記したい。この章は、①この改正で創設された新たな在留資格「特定技能」がどのように考えられるものなのか、②新たな在留資格の創設は労働力不足のための対応として行われるが、特定技能は労働力不足への対応という点で本当に有効な手段と期待できるのか、③つまるところ、日本の外国人の受け入れには何が欠けているのか、を自分なりに明らかにしたものだ。

謝辞

本研究には多くの研究助成からの支援を受けた。第1章は筆者が研究代表者を務める科研費基盤（B）「越境システムの進化制度論的展開とコミュニティ」およびトヨタ財団助成研究「日伯二国間のスムースな人の移動に資するキャリアの接続・コミュニティの接続・制度の接続の研究」の助成を受けている。

第2章および第3章は、研究代表者加藤哲郎のもとで行われた科研費基盤（B）「移動と情報ネットワークの政治学」（二〇〇七～二〇〇九年度）の分担研究者として行ったものだ。第4章は、筆者が研究代表者である科研費基盤（B）「国際移民の比較制度分析」（二〇〇六～二〇〇九年度）および既述の「越境システムの進化制度論的展開とコミュニティ」の助成を受けている。第5章、第6章は、既述のトヨタ財団助成研究費を使うことで完成させることができた。

第7章と第8章は科研費基盤（B）「国際移民の比較制度分析」の研究費の成果であり、第9章は筆者が代表を務めた二つの科研費「国際移民の比較制度分析」と「越境システムの進化制度論的展開とコミュニティ」を通して集めたデータに基づき、さらに執筆のための追加調査に際してはトヨタ財団助成研究費を用いさせてもらった。

第10章および第11章は、科研費挑戦的萌芽研究「外国人政策と在留特別許可の研究」（課題番号

16K13418）および基盤研究（B）「越境する社会科学からアプローチする比較日本文化研究」（課題番号16H05715）を使用し集めたデータに基づいている。また、この増補版にあたっての序論の改訂にはさらに基盤研究（B）「語り継ぐ存在の身体性と関係性の社会学」（課題番号17KT0063）の支援も受けている。

このように、本書で示すことのできたデータの収集活動は、多くの研究助成を受けることで初めて可能になったものだ。また、本書初版は公刊の際にも助成金を受けている。日本証券奨学財団による出版助成だ。本書の出版については、これまで縁のあった編集者に打診しても、「法学ものはちょっと」と言われたり、「法律関係は出版部数も限られるし高価な本になりがちなので」と言われたりすることが多かった。筆者の手元には弁護士法人あるとに通ってノートを取りながら勉強したケーススタディノートが四〇冊以上あり（増補版の出版時にはこのノートは七五冊にまで増えている）、あと二、三冊は書けるだけの素材はあるのだが、一冊目を出すことすら半分諦めかけていた。何とか公刊にたどり着けたのも、出版助成を受けることができたことが大きい。必ずしも営利に関係する研究でもないのに、経済団体でもある日本証券奨学財団が助成してくれたことに改めて謝意を申し述べたい。

最後に、どこに持っていってもなかなか色よい返事がもらえなかった原稿に日の目を当ててくれたばかりでなく、その増補版まで出していただけた。筆者もこれまでに何冊か本を出したことがあるが、刷を重ねることはあっても、本を成長させたことはなかった。また、無理を言って奥付の発行日を母の誕生日二月二日にしてもらった。第1章は母けいのひと言から始まるのだが、その母が病に苦しんでいる。母が生きる気力を持つきっかけになればと思いお願いしてしまった。新しい経験をさせていただいた吉田書店代表の吉田真也さんに厚くお礼を申し述べたい。

注

(1) 新しい在留資格「特定技能」での受け入れは、これまでの技能実習生の受け入れと異なり最初から労働者性を認めた特定技能外国人労働者として受け入れるものだ。労働者として受け入れるからこそ転職の自由も当初より認められており、在留資格の範囲内での職業移動を認めている。しかし、転職できるとはいえ、ではどうやって転職を希望する特定技能外国人労働者が転職先を見つけるのか。労働者と転職先のマッチングであったり、場合によっては特定技能外国人支援機関(技能実習生の監理団体に相当する)をまたぐような場合には支援機関のマッチングであったりも必要かもしれない。筆者は個人的には、外国人の選択に重きを置くならば、支援機関も変更できる仕組み作りが望ましいと考えているが、こうした部分についてはまだほとんど明らかになっていない。筆者が、特定技能外国人を制度として評価できるようになるのは、一定数の転職者が発生した後であろうから、三年は先のことになると思っている。

(2) たとえば、一九八四年の国籍法改正では米軍基地の存在が引き起こしていた無国籍の問題が大きく関係していた。出生地主義を採るアメリカと父系性原理の血統主義を採る日本とで、アメリカ人男性と日本人女性の間に子が生まれると双方の国籍法が抵触し合うことで発生せざるをえない問題であったと言われる(無国籍は、国籍の消極的抵触で発生する。積極的抵触で発生するのが二重国籍の問題となる)。当時のアメリカ国籍法は、国籍法三〇一条g項により「満一四歳から継続する五年間を含む一〇年間以上アメリカ本国に居住している場合」となっていたので、「父が一九歳以下であったり、米国本土での居住年数が一〇年に満たない場合は、その子は父の米国籍も取得できない」ものであった（谷口・与世田、一九八一、二二頁）。だが、この基地がもたらした無国籍児問題も、その実態は、法の衝突がもたらした社会問題となかなか言い切り難いところがある。谷口優子・与世田兼稔は、当事者問題として、純粋に法の衝突が引き起こした結果の無国籍児はきわめて少数であり、大多数はアメリカ人夫が行方不明になって婚姻関係を解消できないなかで新しいパートナーとの間に子どもが生まれてしまったケースであったり、妻子を置き去りにしてアメリカ人夫が帰国してしまい子どもの国籍を取るために必要な父の居住要件証明をすることができなかったりするものということを明らかにした。つまり、確かに法が引き起こしている部分はあるにしても、「その理由は、言うまでもなく、米国人父の無責任な妻子遺棄等にある」（傍点は引用者）、ただ「沖縄における無国籍児の解決策は、すべて司法手続きに頼らざるを得ないのが現状である」ということだったのだ（谷口・与世田、一九八一、二六頁）。この点からすれば、沖縄の無国籍児の問題も家族の問題であり、外国人夫（父）に遺棄された日本人の妻やその子をいかにして処遇するのか、そして外国人夫（父）に遺棄された日本人の妻とその子は日本の家族と考えることができるのかという問題に関わっていた。

（3）「法務大臣が策定する出入国管理基本計画は、法務大臣が法務省の所掌事務の範囲内で各種の権限を適正に行使して出入国の公正な管理をはかるためのものです。ただし、外国人の入国及び在留は関係行政機関の所管事項にも関連又は影響するところが大きいと考えられますので、法務大臣は出入国管理基本計画を策定するに当たってあらかじめ関係行政機関の長と協議して調整をはかることとされています」と出入国管理基本計画の位置づけがなされている（法務省入国管理局政策課、一九九二、三頁）。

（4）第一次出入国管理基本計画の全文は『国際人流』六〇号（一九九二、七―三四頁）で確認できる。

第1章●戸籍から考える家族の境界
――戸籍と履歴書の社会学

はじめに――墓石の社会学

二〇一〇年の初夏、母から電話がかかってきた。「キヨちゃん、私はおじいさんと血縁がなかったのかもしれない。おばあちゃんはおじいさんの養女だった」と沈んだ声が聞こえてきた。おじいさんとは母の祖父であり、私の曽祖父にあたる岡本要八郎だ。そしておばあちゃんとは母の生母豊子であり、私の祖母にあたる。豊子が要八郎の実子でなかったと、母がたまたま祖母豊子の戸籍を見たところこの事実が分かったというのだ。

私は父が死んだ二〇〇〇年当時、豊田市社会部国際課から委託調査を受けて、愛知県に住み込んでいた。調査の合間の空いた時間を使って、曽祖父と祖母が眠る墓を見に行った。墓は愛知県西尾市大給《おぎゅう》町の妙満寺という寺にある。母から聞いていたとおり、実に奇妙な墓だった（図1）。色の異な

写真　岡本家の墓

る石が積み上げられた墓なのだ。この墓を作ったのが逸、萬、鉤四郎、針五郎、銑七郎、要八郎の兄弟たちであった。中央の「大正十四年九月二十日建之」の墓石（岡崎の石で作られている）はどこにでもある普通の墓の様相を示しているが、その両隣にある灯籠と円柱の碑はカラフルだ。このような色使いになったのは、彼らそれぞれの縁を示す、岡崎の石（逸の縁故地）、地元西尾大給町の石（旧藩主）、福岡の石（要八郎の縁故地）、朝鮮半島の石（銑七郎の縁故地）、台湾の石（針五郎、銑七郎、要八郎の縁故地）、廈門の石（要八郎の縁故地）、愛知県幡豆町の石（萬の縁故地、針五郎の養子先武藤家の縁故地、兄弟たちの母の青山家の縁故地）、大連の石（要八郎の娘婿〈私の祖父〉の縁故地）、伊勢の石（逸、鉤四郎、針五郎、要八郎の縁故地）、唐津の石（銑七郎、要八郎の縁故地）を持ち寄り作ったからなのである。円柱の碑の墓誌には「紀元二千五百九十三年祖父第三十五回忌祖母第二十一回忌記念」と明記されており（紀元二五九三年は昭和八年、西暦一九三三年にあたる）、八紘一宇の掛け声のもと植民地拡張に走っていた時期に、各地に散らばっていた兄弟たちが自分たちに縁のある場所の石を送り合い、作ったものであることが分かる。

　私の祖母豊子は母のすぐ下の弟を大連で産んで、そこで亡くなっている。祖父が後添いをもらったこともあり、豊子の遺骨は要八郎夫婦が引き取りこの墓に入ったという。母はこの墓の存在は知って

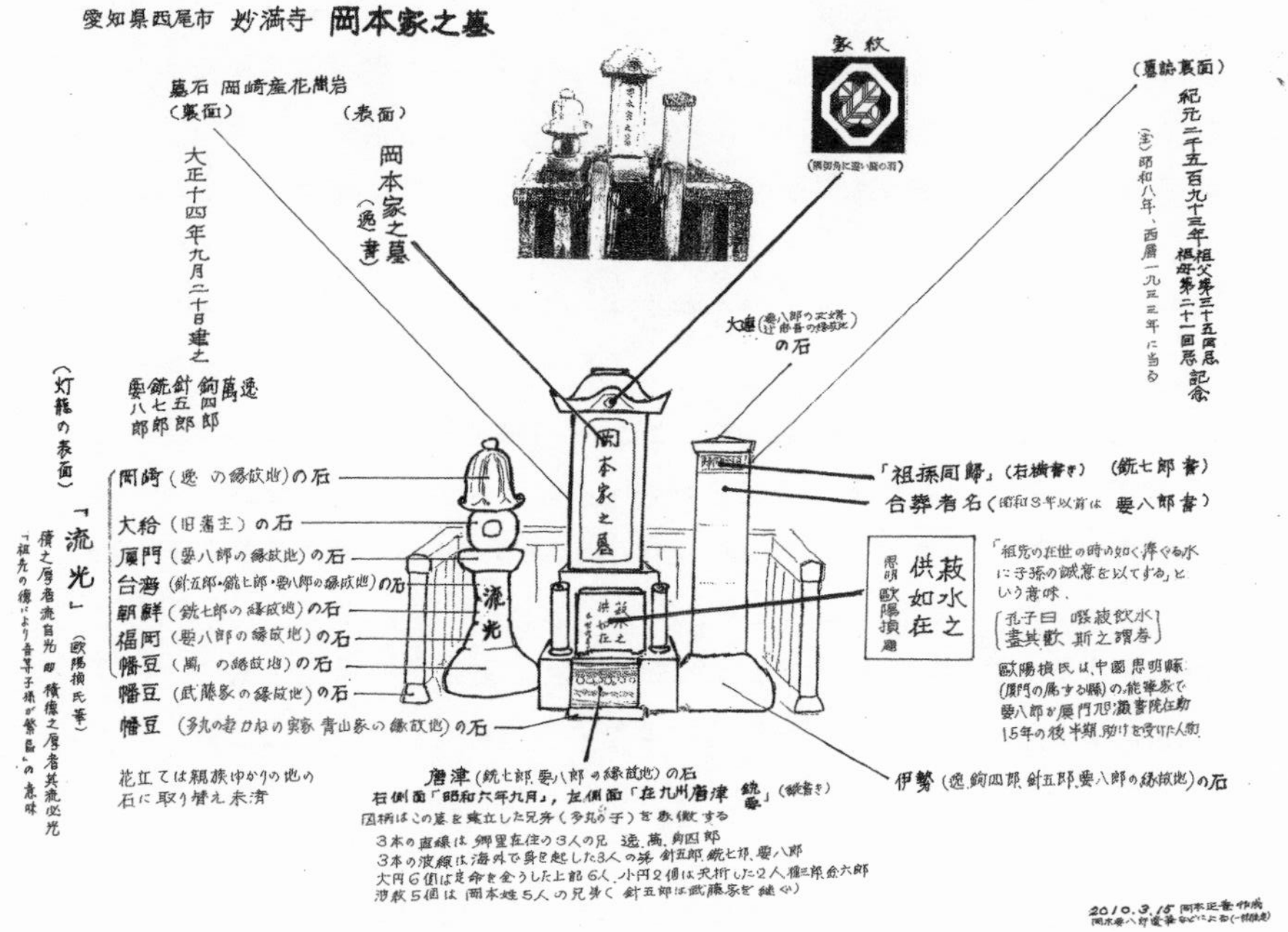

図1　愛知県西尾市の妙満寺にある岡本家の墓の図。岡本要八郎の遺筆などによって筆者の「叔父」岡本正豊が作成したもの

いたが、一度も行ったことがなく、写真を持ち帰るといたく喜んでくれた。しばらくすると、私が要八郎と豊子の墓に行ったことを母から聞いた豊子の弟からお礼の手紙も来た。祖母豊子の弟は、私から見れば大叔父にあたるが、豊子とは年齢が一五も離れており、母がこの大叔父を「お兄さん」と呼んでいたこともあって、私や妹も「叔父さん」と呼んでいた（以下、大叔父を「叔父」と記す）。

妹がこの叔父に、豊子の戸籍を見て母ががっかりしているということを伝えた。叔父は、すぐ母に要八郎が書き残した自筆の回顧録の一部分と兄弟たちに送った手紙を送って来た（几帳面な叔父は自筆の回顧録および兄弟への手紙のコピーとともに、これらをワープロ打ちして読みやすくしたもの、そして旧仮名遣いの文章を現代語にしたものまで一緒に送ってくれた）。長く日本銀行に勤務し、最後は日銀の貨幣博物館での仕事に従事していた叔父らしく、本人の残した回顧録や手紙に加えて、曽祖父要八郎の戸籍謄本一式、それに曽祖父の履歴書までが同封され、回顧録や手紙に書かれている内容が客観的に真実であることが分かるよう配慮されていた。

回顧録と兄弟への手紙は一九二九（昭和四）年に書かれていた。この年に叔父が誕生したのだが、このとき要八郎は数え年で五四歳になっており（以下、戦前の年齢については数え年を使用）、叔父が大きくなるまで生きていないかもしれないとの思いから回顧録を残したようだ。(1) 要八郎がこれらを残した趣旨は、母が抱いた疑念を叔父や兄弟たちがもたないようにするためであった。そこでは「豊子は戸籍面は養女なるも御身の實の姉に相違なし」（叔父に残した回顧録の中で）、あるいは「豊子は私の實子なることは確實に候」（兄弟たちへの手紙の中で）と記し、私の祖母豊子が戸籍上では要八郎夫婦の養女となってしまっているが、豊子が真実に要八郎と曽祖母クマの間に生まれた子であり叔父の真の姉であるということを伝えるものであった。

この回顧録や手紙は、戸籍上の記載と真実の家族関係にずれが生じてしまっていることの理由を家族に伝えるために書かれたものである。だが、そこには明治の日本人の気概、植民地での生活、家族の風習、そして家制度と戸籍を考えるうえで貴重な資料となりうる要素が多々含まれていた。本書は日本国籍の境界を考えるものである。後で詳しく論じることになるが、国籍の問題はその時代の家族観と戸籍制度に密接に関連している。日本人の家族観と戸籍の問題は観念の問題として存在しているのではない。どちらも具体的な人々の生活の実態として考えなくてはならない。そこでここでは、ひとまず私の曽祖父の人生から日本人にとっての家族と戸籍の関係を考えていくことにしよう。

1　曽祖父要八郎と植民地

私の曽祖父岡本要八郎の名前はいまでも鉱物図鑑の中で見ることができ、そこでは「北投石の発見者」として紹介されている。[2] 要八郎は鉱物学を趣味としていた。北投石は台湾の北投温泉で見つけられたのでこの名が記されたように、曽祖父は台湾に長く居住していた。

要八郎は一八七六（明治九）年に三河の大給松平家に仕える武士の家に生まれた。しかし維新政府の秩禄処分によって家は急速に貧しくなり、八人兄弟の末子の要八郎は西尾の高等小学校を一八八九年に卒業し（この時点で曽祖父は一四歳）、その後三重県の津に移り、津の三重尋常中学校を卒業（曽祖父は一九歳）するも、その後の進学は諦めねばならなかった。しかし小学校時代の校長の影響で鉱物に興味を覚え、終世これを趣味とした。卒業後、郷里に戻って、二四歳まで小学校で代用教員をしていた。だが、二四歳になった一八九九年の四月に台湾に渡って、すぐに台湾で教鞭を執るための国語学校講習科に入学し、同年七月に卒業すると、台湾総督府の国語学校の教諭となった。当初はその傍らで趣味の鉱物調査を行っていた。しかし、この鉱物調査が認められたのであろうか、国語学校での教諭生活をしつつ、一九〇七年四月（曽祖父は三二歳）からは台湾総督府の殖産局で鉱物探査の職にも就いていた。

要八郎が台湾に渡ったのは、六歳上の兄、針五郎が一八九五（明治二八）年に渡っていたことが大きく関わっている。この針五郎は、地元の名望家武藤家に養子として迎え入れられ、台湾でその才覚を認められて行政官として出世していた。彼は、台湾における日帝支配最初の台北市長（この当時は「台北市尹《しいん》」と言った）となったが、この兄武藤針五郎を頼り彼の家に転がり込んだのであった。(3)

要八郎の妻となるクマは、要八郎の台湾での身の回りの世話をする使用人であった。クマは台湾に来る前に一度結婚していたそうであるが、その記録が戸籍上では記載されておらず、「足入れ婚」をしたけれども何らかの理由で返されたようだ。大分県速見郡の農家の出身でありながら、クマはその妹ブンとともに台湾に渡っていたという。(4)私の祖母の死亡後に、祖父が後添いにもらうのがブンの娘になるのだが、この継祖母（母の生母は私が生まれる前に死んでいるので会ったことはなく、私にとってはこちらの祖母が一般に言うところの「おばあちゃん＝祖母」である。おばあちゃんは二〇一二年一二月に亡くなった）の話では、ブンが台湾に渡ったのはクマが先行して台湾にいたからだという。

要八郎は一八九九（明治三二）年から一九一三（大正二）年まで、一五年間台湾に在住していた。この間、台湾総督府職員として主に学校教育に関わった。ところが、一九一三年、台湾とは海を隔てた対岸の福建省廈門にあった台湾籍民のための小学校である旭瀛書院《きょくえいしょいん》の初代院長で、要八郎とも親交のあった小竹徳吉が事務連絡のため台北に戻ってくる途中で喀血、その後、二カ月の入院の後、同年一〇月二六日に亡くなった。この事態が発生したために要八郎が後任の旭瀛書院の院長として同年一二月一七日に赴任することになったのであった（廈門旭瀛書院、一九一七、四―五頁）[5]。旭瀛書院は一九〇九年に「廈門在留台湾在籍者ノ重ナルモノ相會シ有志者ノ據金ニヨリ台湾公會ノ事業トシテ台湾公学校ニ準據シタル学堂ヲ設置シテ子弟ノ教育ヲ施サン」という趣旨のもと、廈門在住の台湾籍民有志が作った廈門台湾公會[6]の事業の一つとして運営された学校である。要八郎が院長を務め始めた頃の一九一七年の廈門台湾公會の会員数は四二七名で、旭瀛書院在籍児童数は三三六名であった（廈門旭瀛書院、一九一七、五〇頁）。これは旭瀛書院を一九〇九年に立ち上げるときの発起人の人数が二五名で、翌一九一〇年の開学時点の在籍児童数が四五名であったことを考え合わせると、旭瀛書院に子弟を通わせる目的で台湾公會の会員になった者も少なからず存在するようだ[7]。同時期の官立の廈門日本尋常・高等小学校の在籍者が九名であったし、廈門日本尋常・高等小学校が当初は旭瀛書院の中に作られて後に旭瀛書院から分かれて独自の校舎を持つようになったことなどを考え併せると、廈門における台湾総督府の教育事業は実質的に旭瀛書院が担っていたと言ってよさそうである。実際、一九一七年の台湾総督府の職員録を見ると、官立の日本尋常・高等小学校への総督府からの派遣者は教諭一名であるのに対して、旭瀛書院には教諭二名（そのうち一名が要八郎）、訓導五名、校雇二名の計九名となっている（台湾総督府、一九一七、三三二頁）。

曽祖父は旭瀛書院での教育に一五年従事することになったが、台湾での国語学校時代と異なり、ほとんど自由時間をもてなかったようだ。一九一七年まででも、旭瀛書院の在籍児童数は、一九一〇（明治四三）年四五名、一九一一年七七名、一九一二年九三名（うち女子四名）、一九一三（大正二）年一三五名（うち女子二二名）、一九一四年一四〇名（うち女子二八名）、一九一五年一八〇名（うち女子四四名）、一九一六年二七五名（うち女子八〇名）、一九一七年三三六名（うち女子九四名）と急拡大している。児童の国籍も一九一〇年は全員台湾籍の日本国籍者のみであったが、翌年からは内地籍の日本人、清国籍の中国人、イギリス国籍の中国人と多様な背景をもった人々が学び始めている。とりわけ、清国籍の中国人児童の増加は目覚ましいものがあり、一九一六年に在籍児童数が台湾籍民を超えると（この年、台湾籍児童一三四名に対して、中国人児童は一四三名。この国籍別調べは、先の男女別調べと調査時期が異なり、二つの数字は合わない）、翌年には全児童数のおよそ六割（五九％）一九七名が中国人児童となっていた（旭瀛書院は、台湾籍日本人である台湾公會員と親族関係のある中国人のみを受け入れていた）。こうした変化に合わせて、旭瀛書院内部のコースや科目設定も大幅に変えられており、旭瀛書院の運営は多忙をきわめたようである。そのせいか要八郎は、廈門での鉱物探索についての記録は残していない。そして、一九二八（昭和三）年の一二月に「台湾坊主」（円形脱毛症）が治らないことを理由に引き上げ、佐賀県唐津市にいた兄銑七郎宅に身を寄せることになった。

2　身を立てることと家族をもつこと

要八郎の手紙によれば、「八円の教員を振り出しに、亡両親の膝下に四カ年を経過し（中略）明治三十二年四月十八日臺湾の土を踏みて教職に従事中父に別れし時の遺言を守り、身を節し職を守り、失敗なからんことを心掛け候。（中略）専心公務に従事しつつ傍ら嗜好学科を楽しみ申し候」していたのであった。要八郎は、五四歳で世帯をもつまで独身でいたのだが、その第一の理由は父親が残した「身を節し職を守り、失敗なからんことを心掛け候」との遺言を守って公務に専心してきたからであるというのだ(8)。

ところで、要八郎は五四歳まで独身であったが、その間、家族をもたなかったわけではない。「何時不時の事あるやもはかられず、其の際官給の恩典を受領するものを定めおく考も生じ候」、また、台湾にいて朝鮮半島に移らざるをえなくなった友人の「二弟を預かるにつき宿舎要求の必要上より家族を要することになり、為に『達』を養子として分家いたし候」とある。この「達」とは長兄逸の子である。彼を養子に迎えるために分家したことについては、「私に戸籍上の知識なきためにして、家族のまま養子をなし得ることを知らざりし為に候」と書き残している。確かに、日本の養子制度では、家戦後の家制度を否定した民法になってからも、養親が①成年に達していて、②養子となる者より年長でありさえすればよい、というものだったのであるから、養子を迎えるために分家までしたのは曽祖父の戸籍制度に対する無理解が関係していたとは言えそうである。

ところが、要八郎は迎えた養子をうまく育てることができなかったようだ。長兄逸の子を迎えるようになった理由も、それ以前の経験に依拠したものであった。「實は其の前に『廣瀬　一』という少年を預かりて、遂に其の結果の不良に終わりしに鑑み、同じするなら『家族第一』との考を起こし候ゆえなりしも『達』を養育する際、私は身内を養育するには不適当なることを自覚し、之を豊橋に帰還せしたる次第に候」と説明している。現代的な視点からすると、自分勝手に養子に迎えた者をいとも簡単に離縁しているようにも見える要八郎の説明には驚きを禁じえないものがある。だが、「明治民法における養子制度は、家の後継者を求めることに重要な役割があったといえます。家の制度は祖先から子孫につないでいくことが重要でありますから、家の後継者がいないことには家がつぶれることになり、致命的なことであります。そこで、養子を迎えて家を継承させること、つまり家を連続させていくことが重視されたのであります」とされ（中川、一九八八、五頁）、しかも、元来、日本の養子とは「非常に多種多様な目的の下に、養子縁組は行われている（中略）子を保護救済したい。これはいちばんまともな目的だろうと思いますが、そのほかに、子がなくて淋しい。男ばかりなので女の子が欲しい。養子を幼児より育てたので籍に入れたい。配偶者の子どもを自分との共同の子にしたい、（中略）さらに老後の面倒を見てもらいたいから、今から子どもを育てる[9]というものもあり（中略）また、家業を継がせたいから養子をとる。財産を譲りたいから養子にする。社会保障が進んできますと扶養手当をもらいたいから子どもを増やしたい」（傍点は引用者）というものまであるものだ（大森、一九八八、四〇頁）[10]。これらを鑑みれば、要八郎が次々と養子を迎え、その一方で離縁していたのも特段奇異なことではなかったと思われる。

要八郎の状況が一変するのは、まさに廈門に赴任しなくてはならなくなった頃だ。それまでの要八郎は、「當時までに数回、知人より妻帯を勧められしも、自分の収入を考え、且つ一家の生計も常に不安の様に承知し居候上に、何となく私が一家を持つときは兄弟の間に溝を生ずるが如く感ぜられ候為め、片親でも世に在る間は子としての孝養を全く致し候度、之等の縁談に一つも耳をかさず、姓氏も聞かずに断り申し候」していたのであった。これには、これまでの養子の失敗もあったのだろう。だが、「行く末は『吾が子』にあらざれば安住の家なしとの念起こり、且つ父上病床にて『病んでゐてもお母さんでないと看病はいかんよ』と言はれし言葉の意義漸次分明となり、廃残の吾が身の世話は『吾が女』に限ることを考へ候」と自らの考え方に変化も生じてきていたようだ。またその頃には岡本の家も安定してきたのを見て、「當時使用し居候女中、本田クマの様子を観察し、諸人より『ムツカシキ男』と見られる私の老後の世話人として、たいてい辛抱できるものと知り欲しかりし実子の懐妊を見」ることになって、家族をもつことを決めたのだと言う。

3　一五年待たせる男と一五年待った女

ところで、本田クマが要八郎の子を身ごもったまさにそのときに廈門赴任の話が要八郎のもとへと飛び込んできた。「専心公務」にいそしんできた要八郎に、妻子ができたから、この話を断るという発想はなかったようだ。クマを連れて行くかどうかが決断すべきことだった。しかし、クマの悪阻《つわり》がひどかったこともあって、廈門に連れて行くことを諦め、「金四十円を持たせて郷里大分縣へ帰へし、分娩後も、その儘、何の約束もなく、時を待つ様申付けおき候」したというのである。

これには公務に専念することを親との約束としていた彼の信条も関係しているようで、「女を側におけば、心に奢りおこり、公務の牽制も生じ、諸方への助力上にも、ばからしき疑惑を惹起する常例に鑑み」たためであるとも述べている。またクマの「家族に於いても、私の意の在る所を汲み、私を信用して、何らの不満もなく、今日に及び申し候」ということもあって、兄弟たちにも黙っていたようである。

クマは一九一四（大正三）年に別府で私の祖母豊子を生む。しかし、要八郎は、一九二八（昭和三）年末に日本に戻るまでの間に、一九一四年に朝鮮にいた兄弟を訪ねる際に寄った五、六日、一九二〇年から二一年にかけて行った「日本、朝鮮、北支視察」の際に四、五日、一九二三年に「長崎経由帰府の折数日」、一九二五年の「全国巡遊の折」および「昭和二（一九二七）年朝鮮兄退職の際」に合計で一カ月ほど会いに行っただけなのであった。この間、クマは一九二〇年まで家事手伝いで大分の本家にいた。要八郎は、本家での不憫な状況や「父の家も名も職業も秘し居候事故、むしろ子どもの教育に便なる所へ移さんと心付け候」して、知人に頼んで唐津の付近に住む所を見つけさせた。だからといって、クマに特にお金を渡すというのではなく、「雑貨店の二階に借間して、仕立賃仕事をしつつ子どもの成長待たしめ、私の退職迄、最小限度の生活を營ましめおき申し候」となるのである。驚くことに、クマはこの言いつけを守って要八郎の帰りを待つのであった。

なぜ唐津なのかということでは、いま一つの面があったことを要八郎は書き残している。唐津にいる兄銑七郎がちょうど退職したこともあるので、「唐津の海辺に静養を兼ね、子女の養育を託せば一挙両得となり、且之によりてクマにも岡本家の家風を躾けられ、入籍せぬ中に幾分でも奉公させおき、一方子女にも家庭的精神の安定を與へんと致し候」したためであるというのだ。[11]

4　戸籍の変遷から考える家族の態様

では、要八郎とクマとの間に生まれた祖母豊子はどのような状況であったのだろうか。このことを戸籍上の変遷から確認しておこう。戸籍をさかのぼる形でアプローチするしかないのだが、叔父がこの変遷について調べてくれていた。要八郎の除籍謄本では豊子の記載は「妻の養女」の「妻の」に傍線が引かれて、要八郎の一九二九（昭和四）年二月九日付の届出により「岡本要八郎と養子縁組」となっている。この記載からすると、要八郎と養子縁組する前に曽祖母クマと養子縁組をしていたことが分かる。要八郎とクマは戸籍上養父母となって現れてくるのだが、では豊子の生父母欄に誰が入っていたのかというと、クマより一〇歳年長のクマの姉とその婿養子の名前が記載されているのだ。つまり、クマは豊子を分娩すると、豊子を姉夫婦の子として戸籍届を出していたのであった。

このようにしたのは「豊子は私の實子なることは確實に候へども、之を私生児として本人終生親の恥を蒙らしむるに忍びず、之をクマの兄の籍へ入れ、クマの養女と致しおき候」と要八郎が兄弟たちに書き送っているように、ひとまず戸籍上で父のない子としないことに重きを置いて、その後にクマの養女としたのであった。ところで、戸籍上クマと豊子は要八郎と別家族であって、豊子の出生後の一五年間で三人が顔を合わせていたのは一カ月足らずしかない。では、要八郎がクマと豊子に何らの感情ももち合わせていなかったのかと言えば決してそうではない。

豊子の唐津女子高等学校の身上調査資料には、要八郎の幼名で、長じてからも用いていた正豊という自分の名を自筆で残しているし、短かったとはいえ五回ほど帰国した際には写真館に行き、当時は高価であったと思われる写真を何枚も撮っていた。叔父が数えたところ、クマ一人の写真が三枚、豊子一人またはクマと豊子の写真は一六枚も残されていたという（現在では、それらは母に渡されている）。写真の一枚の裏には要八郎の手書きで「俗物の多き日本よりも　心ある台湾の方がいくらよいか　本当に吾をまつは此海辺か　大正十年大晦日」と心情を詠んだ文章が入ったものもある。これらからは、要八郎のクマ、豊子への思いと帰国を逡巡していた様子も透けて見えてくる。

また、要八郎の戸籍には、手紙に出てきた以外の者との養子縁組が見られる。廈門での生活が縁で養子に迎えていた例もある。廈門での養子は、要八郎の教え子の中国人と結婚する長崎県出身の日本人女性だった。彼女の名前は岡本マサリという。

マサリは女学校に入るも二年で中退し、長崎の私立大野看護婦産婆学校を卒業して看護婦の資格を得た。彼女は一九三〇（昭和五）年、東北帝国大学医学部皮膚科に研究生として留学していた中国人研修医黄丙丁《ホァンビンディン》と相思相愛の仲になるも、マサリの実家からは、大日本帝国海軍軍人の家柄としては、軍人の娘が医師とはいえ中国人と国際結婚することに異論が出た。要八郎は、廈門での教師生活のなかで日本留学前の黄丙丁に接しており、その優秀さを知っていたこともあって、一九二八年の帰国時にマサリと黄丙丁の事情を知ると、早速マサリの実家と話し合い、いったん要八郎の養子とし、そのうえで要八郎のもとから嫁がせることとしたのである。ところで、黄丙丁の日本留学には当時の特殊な事情が関係していた。『福建史志』によれば、福建省のこれまでの経緯に鑑みこの地では対日親善策を取っていくほうがよいと蔣介石が指示を出した。この指示に基づいて留学生に選ばれたのが黄丙丁であった（曽、二〇一二、五二頁）。

マサリは一九三〇年一二月二五日に要八郎の養女となる。マサリと黄丙丁の間には、翌三一年三月に長男が誕生しているが、彼女は国籍を失いたくはなかったのか、日本には婚姻の届けを出しておらず、そのため要八郎の戸籍から除籍されていなかった。戸籍上は死ぬまで未婚の状態であった（ただし、マサリは中国では黄勝子〈黄胜子〉と名乗っていた）。一八九九（明治三二）年に発布された旧国籍法では、夫婦同一国籍主義・家族同一国籍主義が採られたから国際結婚した女性は夫の国籍に移動するものとされていた。しかし、日本法は徹底して法律婚を基本とした届出主義であったから、届出がない限り日本国籍者として問題は生じない。他方で、中国民法は条理主義で届出よりも実態が優先されるので、マサリと黄丙丁の婚姻生活は、中国法上は認められるし保護されるべきものとなる。ただし、先に引用した『福建史志』では「日籍妻子黄胜子及一子一女」と表現されたり、「日本人身份的黄胜子」と記述されたりしていることから、二人の婚姻は認められるが、結婚したからといって中国人になった（国籍の移動が生じた）とは中国では考えられていなかったようだ。二人は両方の生活上の利便性が最もはかれる道を選んで日本法での婚姻の届出をしなかったのだろう。

叔父は、幼少期にマサリと黄丙丁の長男と遊んだ記憶がいまもあり、当時の写真を持っているという。しかし、このマサリ家族の日本滞在は、一九三三（昭和八）年に東北帝国大学留学を修了した黄丙丁の帰国に伴い終了し、一家は上海に渡っていった。一九三四年に黄丙丁は厦門に移り開業する。彼はその後、一九三七年に福建省立病院の病院長になった。しかし、日華事変が勃発し、同年九月一八日に奉天が日本軍に占領される直前の九月一四日夜に、勤務する病院からの帰宅途中に拉致され行方不明になった。国民党内部における日本留学組とアメリカ留学組との派閥争いに巻き込まれたからであった。撲殺され死体は近くの川に捨てられた（曽、二〇一二、五二―五三頁）。

マサリは突然帰ってこなくなった夫を待ち続ける。日本留学の経験もある黄丙丁を夫にもつマサリの家庭での言葉は日本語であったが、夫がいなくなって急遽彼女は中国語を習い始め、一人で子どもを育てることを決意した。一九三八年からは戦火を避けて二男二女を抱えて崇安県城内大領頭へ疎開する。そしてマサリは一九四〇年から一九四五年の間は疎開先の崇安県政府衛生院に勤務した。日中戦争が終結する直前に夫がすでに死亡していることを、中国共産党から伝えられる(12)とすぐさま、彼女は当時住んでいた崇安県の共産党幹部に掛け合い、自分の子どもたちが無料で教育を受ける機会を確保したという。

一九四七(昭和二二)年にマサリ家族は廈門に移って、マサリは福建省立第一病院(のちの廈門市立第一病院)に勤務し始め、一九六四年に退職する。マサリと要八郎の音信は一九四一年頃から六〇年頃まで途絶えていたが、その後交信が復活した。マサリは日中の国交が復活した後の一九七四年に帰国する。ただ、このときには実父母、養父母ともに亡くなっていた。マサリの帰国の情報は外務省から叔父に伝えられ、叔父は神戸港にまで迎えに行ったという。

マサリは帰国すると、叔父の家(東京)、マサリの実の妹の家(長崎県佐世保市)、海軍少将だった実兄の家(長崎県南高来郡)にそれぞれ短期間滞在した後で、福岡市の香椎にある原病院で、一時帰国の期間を半年ごとに延長しつつ、住み込みの看護婦として勤務していた。日本国籍のままだったこともあり、戦前に取った看護婦の資格がそのまま使えたためであった。マサリは一九七七(昭和五二)年三月二〇日、叔父とともに西尾妙満寺の墓に参っている。翌年、マサリは原病院を退職し、七月に大阪空港から上海に帰った。

私の妹はマサリの娘である黄瀛華《ホァンインホア》(私たちは「黄伯母さん」と呼んでいる。瀛華の名付け親は要八郎であった。「瀛」の字は日本を意味し、要八郎が日中の橋渡しをする人間になることを願って名付けた）と親交があり、癖字であった要八郎の日本語が読めない黄伯母さんから、戦後にマサリと要八郎が取り交わしていた手紙の翻訳を頼まれたことがある。妹によれば、要八郎はマサリに「国民党と共産党の内戦もそう長くは続かず、じきに安定した社会が訪れる。そのときには夫がいないのだから子どものためにも二倍働きなさい」と書いていたそうだ。要八郎の職務に対する意識が表れている言葉だ。黄伯母さんは筆者が高校生の頃に、国費で彼女の父黄丙丁と同じ東北大学に留学してきていた。わざわざ私たちの家を訪ね、泊まっていってくれたことをいまでも覚えている。黄伯母さんは上海震旦大学、上海华東化工学院（現华東理工大学）の教授でもあったが、マサリは黄伯母さんに「共産党のおかげで父もいないのに高等教育まで受けることができた。感謝しなさい、そして党と国家のために何かをしなさい」といつも言い続けたそうだ。マサリのこの言葉は要八郎の生き方と重なるものを感じさせる。マサリは一九九二（平成四）年に厦門で亡くなった。

ところで、要八郎の戸籍に最後に登場するのが叔父なのであるが、この叔父が誕生することで、男子で養子縁組していた子は離縁され、元の家に戻された。離縁された男子の養子というのは達の弟の三豊であった。叔父はこれを「官吏の遺族として扶助料を受ける者として、また当時の『家』というものの考え方から分家の岡本家を継ぐための者としていた養子」であったが、実子の男子が生まれたために離縁されたものと考えていた。

5　戦後の要八郎と台湾ナショナリズム

戦後、要八郎がマサリと生きて会うことはかなわなかった。日中間での国交がなかったことが大きく関係している。しかし、戦後に台湾を訪れたことはあった。要八郎の戦後の台湾訪問は一九五五（昭和三〇）年のことであった。何と、国語学校や旭瀛書院での教え子が要八郎を台湾に招待したのであった。この出来事は、同年三月六日の西日本新聞に八段抜きで「民族越えた師弟愛　招かれて思出の台湾めぐり」として伝えられている。この記事を少し紹介しよう。現在では考えられない差別的表現も散見されるが、ここではそのまま載せることとした。

さる一月二十三日、台北郊外の松山飛行場に降りたった岡本先生の前には台湾学術会の大御所、杜聡明博士（台湾科学振興会理事長、高雄医大学長）をはじめ、王洛博士（台北市衛生局長）、陳華州博士、洪長庚博士（台北随一の開業医）など台湾第一流の紳士約五十名がズラリ出迎えにきていた。古色ソウ然たる外套に身を包んでステップを降りた岡本先生はまるで五十名の紳士たちに抱かれるようにしてロビーに足を運んだ。（中略）この紳士たちと岡本先生の結付きは明治三十二年今から六十年も昔にさかのぼらなければならない。三州吉良（現愛知県西尾市）の貧乏士族、しかも八男に生まれて尋常中学（旧中学）だけで断念させられた岡本先生は国威発揚の波に乗る青雲の志を日清戦争直後の台湾に向けた。当時の台湾は生蕃がチョウリョウする未開の新領土。これという学歴を持たぬ岡本先生は現地台湾人を教育する総督府付属の公学校（小学校）教師に任ぜられた。もちろん教育にたいする関心も話にならぬほど低い時代、だがその低い関心のなかから集まってきただけに現地人とはいえ優れた才能を持った子供が多く岡本先生は明治時代人の情熱を傾けてここで十五年の教師生活を送った。大正二年台湾での生活に終止符を打った岡本先生は台湾海峡をへだて中国本土に渡り、アモイの旭瀛書院教師として赴任して行った。旭瀛書院は台湾から出稼ぎに行った人々の子弟を収用する、やはり現地人教育の学校だった。（中略）当の岡本先生は『私にはわけがわからぬ。あの子たちが私にこう尽くしてくれるわけがわからぬ』と目をしばたく。だが先生の教育方針というか今は〝紳士〟であるかつての〝子供〟たちに臨んだその態度の中に民族を越えた師弟愛がひそんでいたようだ。先生はいつも子供たちに『私にはなせぬようなことをするな』と口ぐせのようにいった。また『君たちはもちろん日本国民だが、その前に台湾人だ。まず立派な台湾人になれ』ともいった。『国籍、民族、習慣、そんなものにこだわらぬ〝人間として優れたもの〟はどこに出しても優れたものだ。これを身につけることが第一だ』という意味のことのこともいいきかせた。（中略）台北をふり出しに高雄、台南、花蓮港とかつて趣味の鉱石集めに訪れた思出深い場所を教え子たちのバトンに送られて一ヶ月。無事自宅に帰りついた岡本先生はもとの貧乏講師に還って折れ曲がった腰を傾けながら大学通いを続けている。過ちを犯した過去の日本の中に美しく芽をふいた一粒の種である。

同じ頃、要八郎は研究者としても認められ、日本での学歴としては旧制中学校卒業しかないのに、九州大学理学部から博士号を受けることになった。一九五八（昭和三三）年一一月二〇日の朝日新聞の西日本版には「八二歳の老学究・理博に　六〇余年の集大成　鉱物学会の最年長」という記事、同じ日の西日本新聞福岡市内版に「街の学者に博士号　中学卒の岡本翁　集めた鉱石一万点」という記事で紹介されている。もっとも、彼の台湾での北投石の発見については、すでに、一九四〇（昭和一五）年に、台湾での皇紀二六〇〇年記念事業の一つとして、北投温泉にその発見の碑が作られ、名前が彫り込まれ顕彰されていた。この北投石発見の碑は、後に日本礦物学会に発展していく日本礦物友の会を母体に建設資金の募集が行われ、一三〇名の人々から寄付があった。この一三〇名の寄付者の中には、この時点で死亡していたはずの黄丙丁の名前を見いだすことができる。

だが、戦後に台湾に招待された要八郎の功績は教育者としてのものが評価されたのであり、鉱物研究者としてのものではなかった。その結果、要八郎の死没とともに研究の成果は忘れ去られていった。ところが、盤石と思われていた国民党が政権から滑り落ち、民進党への政権交代が起きると、民進党の政治イデオロギーとも相まって台湾における植民地時代の再評価が行われるようになった。台湾ナショナリズムと結びついた歴史の再評価のなかで、かつての日帝植民地時代も見直され、植民地時代にも評価すべきものはあったという認識が生まれてきていたのである。こうした台湾内での新しい時代認識として北投石発見が再評価され、北投温泉近くにある台北市立北投温泉博物館に岡本要八郎コーナーが常設されるにいたった。この博物館の岡本要八郎コーナーの開設の際には叔父夫婦が国賓として招かれた。叔父夫婦は、この訪問で記念品を受けとり、その際には謝長延行政院長（首相）と杜正勝教育部長（文部大臣）にも会ったという。

おわりに——家族の境界、戸籍の境界、履歴書の境界

曽祖父母の戸籍に出て来る人間模様からは、戸籍に記載される家族に戦後の民法が求めるような、夫婦は同居し、相協力し、扶助し合うような家族をみることはできない。むしろ、実子である豊子が養女と記載されたように、本人がアイデンティティと愛情をもって形成していた家族は戸籍の記載とは別に存在している。しかしだからといって、戸籍に現れてきた人々がまったくの他人というわけでもない。血縁上はつながりがなかったかもしれないが、曽祖父の養女となって嫁いでいったマサリの家族には、ほぼ毎年、妹がわが家の写真を送って近況を伝えているし、先方の家族の写真やそれぞれの消息が返ってくる。また、曽祖父の兄弟の子で曽祖父の養子になっていた者たちのその後も分かっている。現代で言うところの家族とは違うかもしれないが、大きな意味での家族にはなっているだろう。

この点で興味を引くのが、要八郎が一九一三（大正二）年に旭瀛書院の院長に就任した後に提出していた履歴書（図2）である。この履歴書は当時の官僚機構が要求したものだろう。履歴書は甲號、乙號と付いた二つの様式からなるものであった。甲號の項目は、まず「位勲等」として官位を記入する欄があり、ここには「従六位　勲六等　高等官六等待遇」（これは軍での大尉に相当する文官職）と

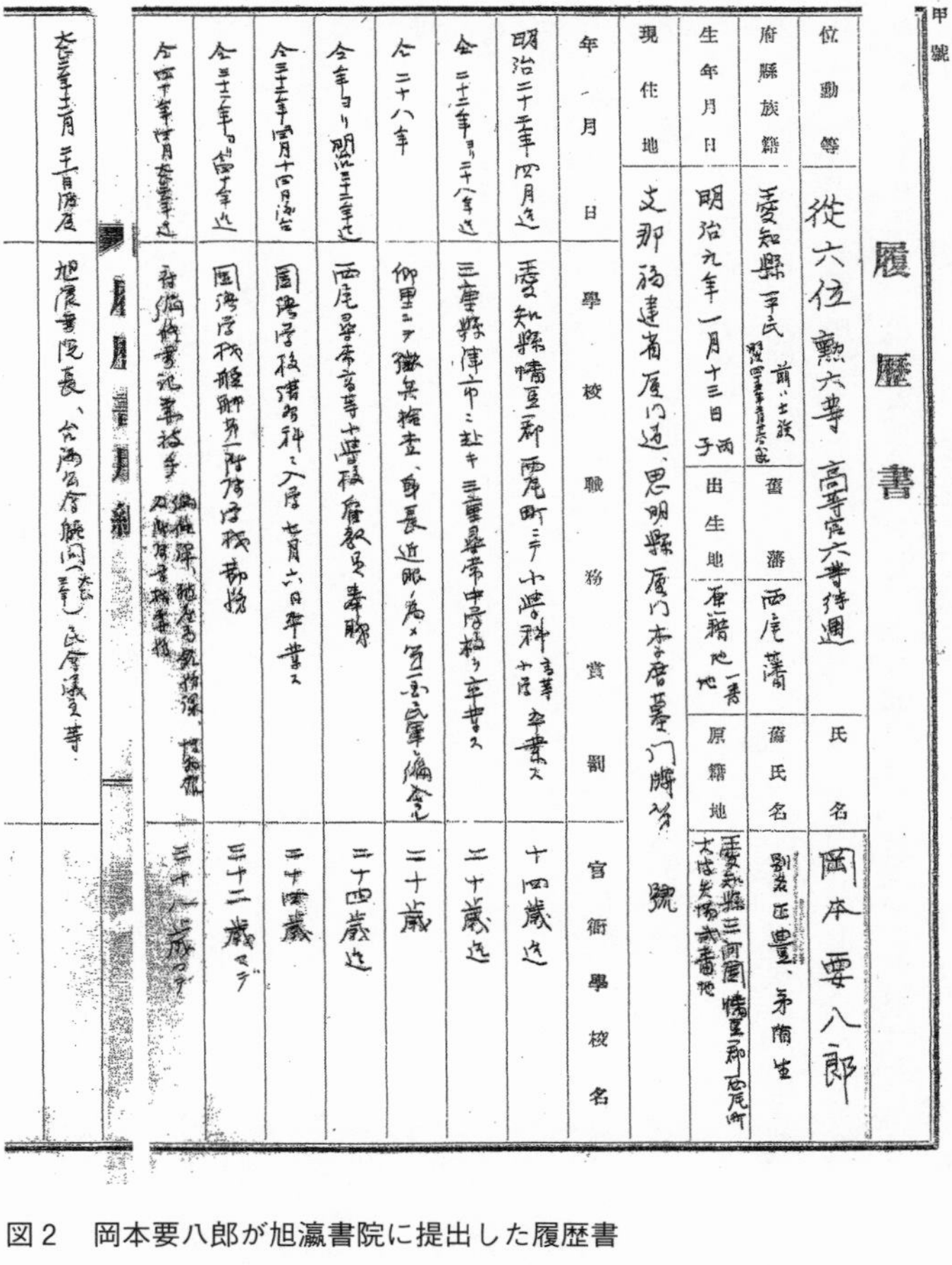

甲號

履歴書

位勲等	従六位勲六等 高等官六等待遇	氏名	岡本要八郎
府縣族籍	愛知縣平民 前ハ士族	舊氏名	[illegible]
舊藩	西尾藩		
生年月日	明治九年一月十三日 丙子	出生地	原籍地ニ同ジ
原籍地	愛知縣三河國幡豆郡西尾町 [illegible] 番地		
現住地	支那福建省厦門道、思明縣厦門 [illegible] 號		

年月日	學校職務賞罰	官衙學校名
明治二十三年四月迄	愛知縣幡豆郡西尾町ニテ小學科高等[illegible]卒業ス	十四歳迄
仝 二十三年ヨリ二十八年迄	三重縣津市ニ赴キ三重縣尋常中學校ヲ卒業ス	二十歳迄
仝 二十八年	[illegible]ニテ徴兵檢査、身長近眼ノ爲メ第一國民軍ニ編入セ[illegible]	二十歳
仝年ヨリ明治三十二年迄	西尾尋常高等小學校雇教員奉職	二十四歳迄
仝三十二年四月十四日入學	國語學校師範部乙科ニ入學 七月六日卒業ス	二十四歳
仝三十二年ヨリ四十年迄	國語學校師範部附屬學校勤務	三十二歳マデ
仝四十年[illegible]月大正十三年迄	[illegible]	三十八歳マデ
大正十三年十二月[illegible]	旭瀛書院長、台湾公會顧問（大正十三年）台湾公會議員等	

図2　岡本要八郎が旭瀛書院に提出した履歴書

記載されていた。その官位の下に氏名の欄がある。そして位勲等の欄の隣が「府縣族籍」となっており、この欄には出身県と現在の身分「愛知縣平民」が記載された上で旧身分である「前士族」も併記されている。府縣族籍欄の下は「舊藩」となっており維新以前の所属藩の欄になっている。ここには「西尾藩」が記載されている。氏名欄の隣が「舊氏名」となっており、ここでは別名や幼名が記載されることになっていて要八郎は幼名を別名で使っていたのでそれが書かれていた。これらが記載された後に現代の履歴書でも見ることのできる「生年月日」、「出生地」、「原籍地」（いまで言えば本籍地に相当する）、「現住地」の欄があって、「學校職務賞罰」（現在の「学歴・職歴・賞罰」欄に相当するであろう）を時系列に記す様式となっていた。

その時点での官位を氏名よりも先に書き、四民平等になったはずなのに旧身分や旧藩についての情報を、自身の個人データである生年月日や出生地よりも前に記載することが求められる。要八郎は親の教えとして公務を全うすることを、妻と婚姻し子を育てることよりも優先した。だが、それは単に遺訓を守ったからなのだろうか。この履歴書の書式を見ると、要八郎のそのような生活信条も当時の価値観を知らず知らずに強制されていたせいではないかと考えずにはいられない。

しかし、本当に驚くべきは、乙號様式以下の部分なのである。乙號は両親から始まり、自らの公務員として出仕後の略歴、本家の現戸主である長兄の氏名、所在地および旧身分と現身分、その後に分家としての要八郎の家族構成[13]、墓地と遺族[14]、そして要八郎自身の資産の内容が載せられている[15]。乙號様式で上記の項目が書き込まれると、履歴書の様式は再び甲號になるが「位勲等」の欄から「原籍地」の欄にいたるまで空欄になり、「學校職務賞罰」欄に長兄から始まって母方の親族までの名前と所在地、職業が記載された親族調書となっている。兄弟の子どもで結婚し、姓が変わった者については備考欄に新しい氏《うじ》名まで記されている。さらに、キリスト教に入信した者には「クリスチャン」と書かれていたり、海外移住した者には「南米北米何処か」と書かれていたりもする。そしてこの親族一覧表の最後に、まだ籍に入れておらず兄弟たちにも知らせていない本田クマが「妻」、そして本田豊が「養女」として出てくるのである（なぜか、この履歴書では豊子ではなく豊となっている）[16]。乙號においては資産を老後世話人に残すとしておきながらも、そこでは誰が老後世話人であるのか指定されていない。親族一覧に、いまだ兄弟たちに紹介していないとはいえクマと豊子を妻とその子として載せているのは、実質的に老後世話人として両名を指名し、もし自分に何かあったときに財産がきちんと渡るように配慮したためと筆者には思われる。

この一九一四（大正三）年に書かれ旭瀛書院に提出された履歴書に出てくる親族こそ、墓を築いていく際に石を集める縁故地に関係するメンバーなのであった。墓という一族のモニュメントに相当するものの範囲が戸籍に現れるのではなく、公の職務を得るための履歴書に現れてくるのだ。要八郎が兄弟たちにクマと豊子の存在を公表する一五年前の履歴書に、その後の墓石に関係する範囲が確定していたのは単なる偶然ではあるまい。職業、とりわけ官職という公の仕事に結びついた書類の中で、官職がもたらす退職後の恩典の受領者としての家族が現代の核家族の範囲として確定され、その職業を遂行していくための信用・裏付けが親族として交流している家族から担保されてくる。二つの家族が交錯するなかで、人は生きる場所を見つけてきたのだ。墓石と戸籍、そして履歴書を読み解くことでこうしたことも見えてくる。

ここから見えてくる曽祖父の家族は、叔父が生まれてくることによって、それまで養子で迎え入れられてきた者が離縁され帰されてしまうように、「血縁のつながり」を軸にしながらも、豊子の処され方に見ることができるように、場合によってはむしろ「血縁を欺く」ことも行われる。そしてマサリの例に見ることができるように、「血縁とは関係のない」者もいったん縁につながれば家族のなかに国境が引かれても縁は続いていく。日本の戸籍制度で家の存続が重視されることによって、養子制度が発達していったことはよく知られていることであるが、人々の生活のなかでも血縁と非血縁が重なりながら家族の範囲が動いているのである。

注

（1）回顧録は「正豊に遺す　昭和四年明治節日より書き起す　父は今年五十四歳なり、台湾、廈門の教育事業に勤務すること三十年、昨年極めて身軽に皈へり来りて御身の母と姉豊子と初めて家庭を結び、本年二月九日より餘世を守らんとせし時御身を得ることとなれり、今吾が豫定の寿命七十四歳に於いて御身は暫く二十歳なり、果たして父がその時世に在るや否や、仍て御身の幼児を御身に語る積もりにて之を書きおきて成長後の備忘とす。その心して読めかし」と始まっている。

(2) 一九四一(昭和一六)年一月に日本礦物趣味の會発行『我等の礦物』第一〇巻第一号が「岡本翁公徳記念號」となって、曽祖父の履歴を詳しく載せている。ここには、私の祖母の死去の会告は出ているのに出生についての記載がなかったり、また叔父の出生日が曽祖父母の結婚の日に合わせてずらされていたりと、家族関係について編集者が気を利かせたと思われる記述が散見される。

(3) 針五郎は台北市尹の後に台湾総督府の土木局長を務めている。ここから察すると、台北市長のポストは台湾総督府での局長ポストよりも低い位置づけだったのだろう。

(4) クマ、ブンの下にマシという妹がいたが、この妹も上海に渡っていたという。

(5) 要八郎が廈門に渡った頃、兄武藤針五郎は桃園県の県長の職に就いていた。

(6) 台湾公會は教育事業(旭瀛書院の経営)のほかに、①衛生事業(予防注射)、②代書翻訳(官庁へ提出する諸届・願書および商用往復文で領事館の認可を受けるべきものの翻訳)、③調停(台湾公會員相互間および現地中国人との間の)、④救済(漂流民または避難民に対して)、⑤官庁の命令の伝達、⑥会報の印刷、⑦各種の調査、⑧国民として挙行すべき事業を行うとしていた。

(7) 台湾公會の会員の子弟は、旭瀛書院の授業料を取られることがなかった。

(8) この手紙は、一九二九(昭和四)年時点で存命であった逸、萬、鉤四郎、銑七郎、武藤芳子(兄針五郎の妻)の兄弟たちと、友人山口喜一郎氏宛に昭和四年二月一八日付で出された。

(9) 要八郎の養子はこれを意図していたと思われる。

(10) 大森は引用した文章のすぐ後に、「最近は土地高騰のため、相続税が高くなってしまったため、相続税を節減したいから養子をとるというものもあります。これは二〇〇〇万円の上積みとして一人四〇〇万円の控除がございますから、孫一〇人を養子にすれば、四〇〇×一〇で四〇〇〇万円の控除を余分に受けることができるわけです。現実には節税養子、相続税養子というのは、かなりあるようでございます。ただ、表面に出ないだけのことでございます」

と説明し（大森、一九八八、四〇頁）、養子制度が時代時代に合わせた目的に活用されてしまっていることを論じている。

(11) 要八郎は家風に合うかどうかを非常に気にかけているが、叔父は岡本家がそこまで家風にうるさかったのか疑問に感じていた。兄弟の中には芸妓を嫁に迎えた者もおり、そのことが特に問題になったという話を聞いたこともなかったからであった。

(12) 中国共産党は一九三七年中に水死体が黄丙丁であることを確認していたという。ただし、この事実は一九四五年二月までマサリに伝えられることはなかった。

(13) ここに一九一三（大正二）年の時点で養子に迎えた者および離縁した者の名前が載っている。

(14) こちらでは養子に迎えた者たちを離縁し、一代限りで断絶となっている。

(15) 資産については老後世話人にこれを残すと記されて、不動産ばかりか預貯金や頼母子、保険等についても記載されている。

(16) この履歴書が一九一四（大正三）年のどの時点で書かれたものであるのかははっきりしていない。しかし、履歴書の職歴上の最後の項目が「大正二年十二月二十一日　旭瀛書院長、台湾公會顧問、民會議員等」となっている。旭瀛書院院長の職と廈門台湾公會顧問は密接に関連していたようで、前任者の小竹徳吉も一九一〇（明治四三）年に台湾公會顧問に就任していた。小竹は一九一〇年五月三一日に総督府から廈門への出張が命ぜられ、廈門赴任後の八月一五日に台湾公會顧問に推挙されている。要八郎が台湾公會顧問に推挙されるのは、一九一七年の『廈門旭瀛書院要覧』によれば、一九一四年の一月二二日である。要八郎は履歴書に、顧問に推挙されるよりも早い旭瀛書院院長として赴任した日付で「台湾公會顧問」と書いている。これは旭瀛書院院長が台湾公會顧問になることが予定されていたためと思われる。「民會議員」が何を指すのかは確認できなかった。また、豊子の名前が豊になっているとはいえ「養女」となっている。これらのことから、豊子誕生後に書かれたものと推察することができる。

第2章●「国家を背負う移民」と「国家を背負わぬ移民」

——グローバリゼーションと国籍のゆらぎから考える

はじめに

一九八〇年代以降グローバリゼーションが喧《かまびす》しく叫ばれ、とりわけ一九九〇年代は日本でも外国人労働者問題が顕在化し、グローバリゼーションが身近な問題としてとらえられるようになった。グローバリゼーションのもとでの外国人労働者はニューカマーと呼ばれ、それ以前からいた在日の人々（在日の韓国・朝鮮・台湾・中国の人々。以下、「オールドカマー」と記す）とは異なった対象として研究が進められてきた。しかしながら、ニューカマーとしての外国人労働者問題を突き詰めていくと、オールドカマーの問題とつながってくる。ニューカマーの社会問題は、オールドカマーに対してなされてきた先例に準じて対処されているからである。しかし、ニューカマーとオールドカマーはまったく違ったコンテキストから日本に存在している。前者は、一九八〇年代以降の日本経済が労働力不足にあえいでいた時代に労働者として渡ってきた人々であり、後者は戦前の植民地との関連で存在している。にもかかわらず、両者の「外国人（外国籍者）」という共通項が、社会的な対処に大きく作用しているのである。

では、外国人・外国籍者とはどのように定義できるのか。端的に言えば、国民である日本人（日本国籍者）以外の者である。(1) 日本人であること・日本国籍者であることは、自己の権利を主張するうえで重要なメルクマールとなるものである。グローバリゼーションが進み、日本企業の国際化に伴い、海外に居住せざるをえない日本人が増える。そうした人々が権利を主張するうえで、国籍は重要な意味をもつ。他方で、グリーバリゼーションは日本国内に住む外国人をも増やしていく。そうした人々に対してどのように権利を認めていくのか。

現代日本が直面しているのは、日本国籍をもたない人の権利を狭く制限したことで、かえって社会問題を解決困難にしているということである。この章では、オールドカマーを「国家を背負う移民」、ニューカマーを「国家を背負わぬ移民」と特徴づけながら、グローバリゼーションのなかの国籍のゆらぎを論じつつ、国籍から人権へと視点を変化させる必要が生じていることを論じる。

1　領土拡張と海外移民の一〇〇年

「川崎市ふれあい館」（以下、「ふれあい館」と記す）は、在日の住民が多い川崎市川崎区桜本町に川崎市が開設した地域支援の施設で、保育園を併設している。当初は、在日の人々の多い地域でもあり、保育園に通う子どもたちのほとんどが在日であったが、近年ニューカマーの子どもたちが増えている。オールドカマーが集住してきた地域に、ラテンアメリカやアジアから来たニューカマーも住むようになったのである。

このふれあい館で、二〇〇九年六月から七月にかけて、「植民地の一〇〇年と海外移民の一〇〇年を重ねて考える」というテーマの人権尊重学級が夜間大学として開催された。[2] 日韓併合から一〇〇年にあたる二〇一〇年を、海外移民の一〇〇余年と重ねて、なぜ両者がこの地域に住んでいるのか、なぜ肩を並べて住んでいるにもかかわらず、互いを理解していないのかを考えようという企画である。国際理解というと、ホスト社会である日本人住民と外国人住民が互いを理解するのを国際理解ととらえるのが一般的だが、この企画では外国人同士が互いを理解し、日本の領土拡張に基づく一〇〇年と海外移民の一〇〇年という、二つの一〇〇年を、地域にいる人々が考えようという意欲的な試みであった。

このなかできわめて印象的であったのは、裵重度《ペチュンド》ふれあい館館長が最後に述べた「国家を背負う移民」と「国家を背負わない移民」という表現であった。裵重度館長は、「在日とニューカマーの人々に多くの共通点があることを発見できたのがよかった。同時に、同じ移民としてこの社会に存在しながら、国家を背負ってきた者、いや国家を背負わざるをえなかった者と、国家とは関係なしに個人として生きることのできる、国家を背負わない者との違いもまた明らかになった。在日は民族団体である総連や民団に属している者はもちろん、総連や民団に背を向けた者も、朝鮮半島の国家とその分断を背負わないわけにはいかなかった」と述べたのであった。国家を離れて生きているはずの移民に出身の地の国家が大きな影響を与えるという視点は、ニューカマーの研究ではほとんど気づくことのないものでもあり、目の覚める思いがした[3]。

同時に、ふれあい館の試みである二つの一〇〇年を重ねるという企画には、現代日本の外国人問題を考えるうえできわめて面白い視点が隠されていると感じた。それは二つの一〇〇年を生きてきた当事者がどちらも元日本国籍者であったということである。サンフランシスコ講和条約以前、在日の人々は法に基づいて日本人とされていたし、海外移住した日本人子弟も父が日本国籍者であれば日本国籍を継承していた[4]。かつては同じ日本国籍者でいまは外国籍者である点で同じであるにもかかわらず、現代の日本での両者の滞在の仕方にはなぜ大きな違いが生まれているのだろうか。国籍をめぐる歴史背景のなかからこの問題を考えていこう。

2　領土の変更と国籍

オールドカマーである在日の人々が日本国籍を失い外国籍となったのは、第二次世界大戦終了後のことである。だが、それは日本の敗戦と同時ではない。日本は敗戦とともに植民地を失ったが、それとともに植民地の人々が日本国籍を離れたのではなかった。敗戦からサンフランシスコ講和条約が発効する一九五二年まで、生活の拠点が日本国内にあった植民地出身の人々は、外国人登録令（一九四七年施行、その後外国人登録法となり、二〇一二年七月に廃止）上は外国人と置かれつつ、国籍法上は日本国籍者とされていた。そうしたなかで、日本への帰化を求める人々もいた。だが、一八九九年に施行された明治の国籍法のもとでは、植民地出身者も日本国籍者とされていたため、日本国籍への帰化は認められなかった。日本への帰化とは、外国籍者が意思に基づいて日本国籍を志望し、国から許可を得て日本国籍を取得することである。この制度を利用できるのはあくまで外国人であって、外国人登録令上外国人であっても、日本国籍が認められている者は対象とならなかったからである。

一九五〇年に戦後の国籍法（以下、「新国籍法」と記す）が制定され、日本国籍とは内地戸籍をもつ人々のみの国籍であるとされた。朝鮮戸籍や台湾戸籍等の外地戸籍に基づいて、日本国籍をもっていた人々が、新国籍法で位置づけられることはまったくなかった。

新国籍法は、敗戦に伴う植民地の喪失と、一九四七年施行の日本国憲法との整合性をとるものであった。大日本帝国憲法が家制度に基づく国籍取得を認めていたのに対して、日本国憲法は「個人の尊厳」を憲法的価値とした。そのため新国籍法では、日本人男性との婚姻による外国人女性の日本国籍取得や、日本人の家に養子入りすることで日本国籍を取得することなどが削除された。新国籍法は、占領期のきわめてセンシティブな時期に策定されたため、また講和条約締結を目前にしていたため[5]、法文に領土変更に伴う国籍変更はまったく盛り込まれなかった。

こうした混乱期の在日の人々に対し、裁判所は帰化を認めなかった。最高裁は、領土変更に伴う国籍の移動を、①新国籍法には領土変更に伴う国籍変更の規定がないが、②領土の変更に伴う国籍の変更は生じる。③なぜならば、領土変更に伴う国籍変更は条約によって明示的または黙示的に定められるからである。④よって、憲法は領土変更に伴う国籍変更は条約で定める趣旨と解すべきであると判示している[6]。

その結果、旧植民地であっても、日本国籍離脱の時期が異なることになった。朝鮮半島出身の人々はサンフランシスコ講和条約の発効とともに国籍離脱が行われたとされ（一九五二年四月二八日）、台湾出身の人々は中華民国との平和条約発効の日に国籍離脱が行われたとされた（一九五二年八月五日）[7]。だが、たとえば台湾人の国籍離脱が日華平和条約に根拠づけられるならば、萩野芳夫が論じるように、「韓国人の日本国籍喪失は日韓基本条約発効日（一九六五〈昭和四〇〉年一二月一八日）ということになろうし、国交未回復とされる朝鮮民主主義人民共和国を祖国と考えている人々は、日本国籍をまだ有しているということになる」ため、中国や朝鮮が当事者とならずに締結された条約を根拠とすることに疑義が生じることとなる[8]。それにもかかわらず、領土変更に伴う国籍変更の考え方は、現在にいたるまで在日の人々を拘束し続けている。

3　国籍の境界とゆらぎ

在日の問題に示されるように、国籍には国家主権が大きく関連しており、国家の領域が拡大・縮小するときに、その境界の中に落ち込み、影響を受けざるをえない人々が絶えず生じてくる。では、国籍とは何なのか改めて考えてみることにしよう。

日本国憲法第一〇条は「日本国民たる要件は、法律でこれを定める」とし、国籍を国籍法によって規定している。国籍を、国籍法で定めるというのは比較的新しい方法で、一九世紀後半のプロイセンで始まったとされる。[9] だが、このような国籍の決め方は、決して一般的なものではない。もともと、国籍は市民としての権利や国民としての権利と密接に関連しており、近代的な国籍概念を最初に規定したと言われるナポレオン法典では、憲法と民法の中にそれぞれ国籍に関する規定が盛り込まれていた。日本では国籍について、プロイセン型の考え方を採用した。だが、制定されたが施行にはいたらなかったフランス民法典を範とした旧民法では、国籍規定は民法の中で規定されるものであった。[10]

国籍を憲法や民法といった一般法で定めるのか、そうではなくプロイセン型の特別法で定めるのか違いは非常に大きい。日本が国籍に関わる規定を憲法や民法の中に設けるのではなく、国籍法という特別法で規定したのは、国籍に関するさまざまな事柄を権利として扱うことを不可能にさせる、あるいは権利として主張させなくするためだと考えられるからである。憲法や民法といった一般法の規定であれば、普遍的な権利として国籍を主張することが可能となるかもしれない。だが、特別法で規定されていれば、特別法独自の体系を取ることが可能となる。国籍の継承を権利として認めず、個別に審査し、国の恩恵によって国籍を付与する「恩恵による統治メカニズム」を根本原理としうるのである。[11]

こうした恩恵による統治メカニズムに制限を加える出来事があった。二〇〇八年六月四日の最高裁による国籍法違憲判決と、これを受けた二〇〇九年（施行）の国籍法改正である。これにより、国籍付与に新しい枠が課されるようになった。[12] これまで父が日本人、母が外国人の間に生まれた非嫡出子が日本国籍を取得するには、①子の出生前に日本人の父から認知されているか、[13] ②子の出生後に認知をしたうえで父母が婚姻することが必要とされていた。これが法改正後の二〇〇九年一月から、父からの出生後認知のみで日本国籍を取得することが可能になったのである。

しかし、この判決が出ると、父からの認知のみで日本国籍を取得することに対し、ネガティブな反応がさまざまなところで見受けられた。新聞や週刊誌では特にセンセーショナルに報道がなされた。なかには、「パパの認知で『日本人』一〇万人増える!? フィリピンパブも大歓迎！ 最高裁が戸籍《ママ》法に『ノー』」といったものまで見受けられた（『週刊朝日』二〇〇八年六月二〇日号）。

しかし、同じような日本国籍の取得はこれまでにもあった。書類上の婚姻届が出されておらず、さらに日本国内では認知とは認められないような場合での国籍取得である。たとえば、日本人父と中華民国人母の間に生まれた子で日本国籍が争われたケースがそうだ（東京高裁一九八八〈昭和六三〉年九月二九日判決）。この事件では婚姻の届出が出されていなくても、中華民国の慣習に基づいて婚姻が行われ、[14] 父が子を自己の子として養育している事実（撫育）[15] があれば、その子に婚姻に基づいた嫡出子としての日本国籍が認められている。この事件は少し複雑で、日本人男性が中華民国で中華民国人と現地の慣習に従って婚姻し子をもうけた後で、中華民国での婚姻関係を解消しないまま日本に帰国し、日本でも日本人女性と結婚していた。日本人女性の婚姻は婚姻届が出されていたため、裁判では中華民国での婚姻が法律婚にあたるかどうかが争われた。裁判所は、日本人男性の中華民国での婚姻は、たとえ届出を欠いていたとしても、現地の慣習に従って挙行されたものであれば法律婚として考えられるとし、その子の日本国籍が存在することが認められた。(16) このケースが示すことは、婚姻届とそれに基づく戸籍上の記載が婚姻形態の絶対的なメルクマールではないし、認知のような届出行為が父子関係の絶対的な根拠ではないということだ。

上述の例が示すように、国籍法の改正は確かに大きな出来事ではあったが、これによってそれまでまったく見ることがなかった事態が生まれたということではなかった。どこからが婚姻状態であるか、父子関係がいつから発生したかは、たとえ日本が日本の国家主権に基づいて任意に定義をしたとしても、渉外婚姻の場合、まして婚姻の挙行地が日本以外の国であった場合には、日本の定義のみを一方的に課すことはできない。渉外婚姻では、元来、国籍の境界は曖昧なのであって、日本人と婚姻する配偶者の国がどの国になるのかにより、その子どもの国籍付与の仕方はさまざまな形態が出てこざるをえないからである。

ここに奇妙な矛盾が生じている。国は、国籍は国家が自由に定めることができると主張し、これは国際慣習であるという。だからこそ、渉外婚姻の場合は主権の衝突が生じて、ある場合には二重国籍（国籍の積極的抵触）が発生し、またある場合には無国籍（国籍の消極的抵触）が発生しもする。国籍の決め方には大まかに言って、①国民の子を国民とする血統主義と、②自国で生まれれば自国民とする出生地主義の二つの異なった決め方がある。すべての国がどちらか一方の方式で国籍を決めるのであれば、主権の衝突による国籍の抵触は大幅に減ると思われる。だが、たとえすべての国が同一の国籍認定方法を採ったとしても、国籍の抵触を完全になくすことはできない。なぜなら、婚姻や認知などの定義は国ごとに違うため、たとえ日本が独自に婚姻や認知についての定義や要件を定めたとしても、これに固執することができない場合も生じる。中華民国で挙行された婚姻に基づく日本人父—中華民国人母の間に生まれた子どもをめぐる国籍確認請求事件の判例が示すように、渉外婚姻をめぐって国籍の境界（国民の境界）は常に「ゆらぎ」をもったものにならざるをえないのである。

4　社会保障制度と国籍

日本社会に住む限りにおいて、国籍は社会保障を含め、生存権といった人権をいかにして確保できるかという点で決定的に重要である。一般的に、社会福祉は国家給付が原則である。国家から認められた成員が、国家から給付される福祉を権利として受け取る。

先に述べた国籍法違憲判決が下された事件の当事者の場合、兄はフィリピン国籍の外国人、弟は日本国籍の日本国民であった。もし違憲判決が下されなければ、同じ父母から生まれた兄弟にもかかわらず、国籍が異なるという事態が生じていた。その場合、弟は義務教育を受けなくてはならない存在であるが、兄は本人の意思に基づき、自治体が受け入れる限りで義務教育の対象となる。万が一、極端な貧困にあえぐような状態になっても、日本国民である弟は生活保護を受けることができ、児童扶養手当の対象になる。貧困を原因として学校に通えなくなることはない。しかし、外国人である兄の場合、在留資格の種類によっては、部分的にしか生活保護が認められないし、[17]児童扶養手当を受け取ることができない場合もある。[18]極端な場合、兄だけに退去強制令書が発付され、家族が引き裂かれることもありうる。日本人であるのか、外国人であるのかの違いは、家族の将来にとって大きな問題なのだ。

人間は、本来、働いて給料を得る労働者であり、労働から解放されて家族や地域社会の一員として生きる社会的存在であり、選挙で投票したり公務に就くといった政治的な行動を行う存在である。日本国民は、こうした多様な側面で設定されている権利を、ある部分は生まれながらにしてもち、ある部分は一定の年齢に達したのちにもっている。そして、それらが一人の人間に統合されている。

だが、外国人の場合は、必ずしもこれらの権利が一人の人間に統合されてはいない。日本では、外国人という存在は権利のうえで引き裂かれた人間になっているのだ。[19]もちろん、合法的な在留資格さえあれば、生活保護はもちろん国民健康保険にも国民年金にも入れる。[20]でもそこには、権利が恩恵的に与えられるという国籍法の考え方が、外国人を考える際の基層になっている。[21]

外国人に認められてきた社会保障や労働者としての権利[22]は、個別具体的な権利の闘争の積み重ねによって勝ち取ってきたものであるし、生活保護や国民健康保険、教育を受ける権利等は子どもの権利条約や難民条約、国際人権規約といった国際条約との関係から認められるようになったものである。

だが、これらは、外国人の「権利」として十全に機能するまでにはいたっていない。先に見たように、外国人子弟に対する教育は、これを求めてきた人を断らないという前提で成り立っており、自治体は拒否することも可能なのだ。それゆえ、義務教育も恩恵の範囲内とみることができるのである。このように外国人の権利とは、統治者からの恩恵にすぎないという状況のなかで、外国人はかろうじて人として生きる権利を確保している。

5　管理は権利になるのか

外国人の権利は、憲法を中心とした一国内の法秩序によって担保されているのではない。日韓基本条約の締結、子どもの権利条約・難民条約・国際人権規約の批准と、それに伴う国内法の整備が大きな影響を与えているように、国際的な法秩序を抜きに考えられない。近年では国際的な人身取引への取り組みが進むなかで、日本の入管法も二〇〇五年の改正で五〇条三号が人身売買被害者のための在留特別許可となったことなどを考えればなおさらだ。こうした状況に対し、国は在留管理の一元化を推し進める目的で、二〇〇九年に入管法や外国人登録法等を改正した。二〇一二年七月からは新しい在留制度が始まった（これによりこれまでの外国人登録法は廃止された）。法改正により、不法残留者が徐々に日本国内から消滅すること、適正な在留資格をもった人のみが日本に滞在し、外国人の社会保障の権利、労働者としての権利、教育を受ける権利等が十分に守られることが期待されている。

しかしながら、ここでは在留資格上、適正な人々が日本に滞在する状態をつくりだすことで、違法な状態をなくすことに主眼が置かれている。国内法のなかでの整合性を求めただけのものだ。国が保障しようとしているのは外国人の社会保障の権利、労働者としての権利、教育を受ける権利等ではなく、外国人の社会保障の管理、労働者としての管理、教育を受ける権利等の管理にすぎないのではないだろうか。これまでの外国人の権利は、必ずしも体系性・整合性を取る形で発展してきたのではない。だからこそ、ある部分は在留資格に関係なく認められ、ある部分は在留資格によって通達や通知で制限されてきた。権利の状態にはでこぼこがあるが、外国人の生きるために必要な権利が認められてきたのである。ここに国内法の整合性をはかろうとすると、在留資格で制限されていなかった権利が縮小することはないだろうか。はたして、在留管理の一元化は、事態を望ましい状況に導くのだろうか。

すでに述べたように、日本における外国人の権利は管理からではなく、在日の人々を中心とした権利の闘争の歴史や、国際条約との関連から生まれてきた。この点は西欧社会も同様だったが、近年、日本との違いも出てきている。一九八〇年代の西欧社会では、移民問題は外国人労働者・移民労働者問題として議論されてきた。それが一九九〇年代になると、急速に国際人権レジーム論へ展開するようになった。西欧諸国でも、国民と外国人の間には明確な権利／義務の関係で違いが置かれている。そのため、既存の一国内の法秩序では外国人労働者問題／移民労働者問題に対処することができなかった。だが、滞在が長期化し、外国人が移民化すれば、こうした人々をも社会の一員として何らかの形で認めていかざるをえない。だからこそ、国内法の秩序で対処できない問題に、もう一段上のレベルで権利保障する道を選びとったのだ。このように西欧諸国は国内法の枠を超えて、移民問題と向かい合ったのである。

もともと憲法を中心とした一国内法秩序のなかで、外国人が人としての権利を欠くことは必然とも言える。外国人の権利保障は一国内の法秩序のなかで合理的・作為的に達成されるものではない。これまでそうであったように地域や自治体、国、そして国際条約とさまざまに異なる水準で認められてきた権利のうえに、新たな権利を積み足していくことが求められる。行政統治上の整合性を求めて、適正な在留資格をもった人のみに縮小均衡するような、管理一辺倒の名ばかり権利では外国人の権利は守れない。

6　グローバル化と国籍のゆらぎ

グローバル化の進展に伴い、国境を越えた婚姻の形態もますます多様になってきている。かつては、日本人と外国人の渉外婚姻を考えればすんでいた。しかし、外国人人口が増え、日本国内での外国籍者同士の婚姻も数多く生じている。では、このような渉外婚姻から生じた子どもが日本で生きていくうえで必要な権利をどのように考えるべきか。

日本の国籍は、女性差別撤廃条約の批准と、これに国内法を合わせていく過程で、父系制血統主義から父母両系制の血統主義に変わった。[23]このことは、ともすると渉外婚姻で生まれた子が父母両方の国籍をもてるようになった、と短絡的に考えられることが多い。渉外婚姻について日本は、国際私法上の準拠法を法例（現在は「法の適用に関する通則法」）によって定めている（本章での法例とは明治三一年六月二一日法律第一〇号として発布された国際私法上の日本の準拠法を指し示した法を指す。法例一三条から二三条が婚姻や親子関係といった私人の身分関係に関する渉外関係を定めている）。法例は子の国籍決定に関して長く父の国の法を適用するとしてきた。法例で、日本で行われる外国人同士の渉外婚姻の際に、当事者両方の国の法律的要件が求められるようになった（法例上の父母両系制）のは、一九八九年に法例が改正され、一九九〇年に施行されてからなのである。日本で生まれる子どもの国籍が父母両系制になったと言えるのはこれ以後である。外国人とはいえこの国で生まれた子どもに対処しなくてはならないのは当然だ。[24]国際化する日本社会に求められているのは、「日本国籍」という境界に戸惑うのではなく、どのような属性をもつにせよ、日本に住む限りにおいて、社会的な生存が確保される状況を生み出すことなのである。

歴史の皮肉だが、グローバル化する現代の問題を考えるヒントを、過去に見いだすことができる。大日本帝国憲法下の日本には、権利のうえでグラデーションのある複数の「日本人」がいた。第一に、内地戸籍をもち、日本の国籍法のもとに置かれる日本人である。第二に、外地戸籍ではあるが、勅令によって日本法が施行されて日本の国籍法のもとに置かれた台湾の日本人である。[25]そして最後に、朝鮮戸籍（初期は民籍）のもとに置かれ、日本の国籍法は適用されない朝鮮半島の日本人である。[26]戸籍制度を利用し、そこに民族間の差別が巧みに盛り込まれたこの制度を正当化することはできないが、海外植民地をもち、異なる戸籍制度の日本人を抱えていた戦前のシステムは、国籍概念に幅をもたせていた。現代的に言えば、ナショナリティ（国籍）とシティズンシップに意図的にズレをもたせて、国際化していた帝国主義時代の日本をコントロールしていたのである。[27] 戦後の日本は、ナショナリティとシティズンシップを完全に重ね合わせようと試みてきた。それがグローバル化のなかでほころびを生じさせ、対応できない社会問題を生み出しているのだ。

おわりに

このように、グローバル化は日本国籍にゆらぎをもたらしてきた。このゆらぎはますます広がると考えられる。日本国内には、ますます「国家を背負わない移民」が増えるだろう。そうしたなかで、これまでとは違った統治の手法も必要になっていくだろう。

これまでさまざまな外国人の権利を勝ち取ってきた「国家を背負った移民」は、朝鮮半島の国家を動員したり、民族としてのアイデンティティ等を動員したりして、集団として組織化をはかってきた。だからこそ、権利の獲得につながる声を出すことができたのだ。しかし、今後増えていくのは、むしろ「国家を背負わない移民」である。

国家を背負わない移民は、困難を抱えると瞬間的に集団が形成されるが、困難が解消されると集団もまた自然消滅するという特徴を見せてきた。たとえば、二〇〇八年のリーマンショック後の「ハケン切り」で日系人の失業が問題になった頃は、労働運動が各地で組織化されたが、二〇〇九年の六月頃から自動車産業などで残業が再開され、仕事が増え始めると、日系人の労働運動もパタッと消えた。個人化された外国人は、世界同時不況のように問題が共有された一瞬だけ集団として顕在化するが、景気が持ち直したとたんに集団は霧消してしまった。ニューカマー外国人の社会問題で常に問題になるのは、国や自治体が、彼・彼女たちの問題を検討しようとしても、代表性ある交渉相手を探し出せないことである。ニューカマーの外国人の権利を守るためには、民族集団を媒介にした間接統治は期待できなくなっている。

二〇世紀前半の国家を背負った移民とは異なって、今後ますます増えていくだろう国家を背負わない移民に、国家を背負うことを期待することはできない。国家を背負わない移民を国内に保持しつつも、その者たちも含めて統治していくには、当事者とダイレクトに対峙しないわけにはいかない。それには、個々の外国人に権利を与え、不正または権利の侵害があった場合に当事者が自己の権利侵害に声を上げることが認められなくてはならない。外国人の声に耳を傾けることで社会正義が貫かれる仕組みをつくっていくことが必要になっているのだ。

二一世紀の日本は、外国人の権利を「恩恵」ではなく「義務を伴った権利」に変えていくことが必要だ。それと同時に、権利の容器である国籍も幅をもったものと認めていく必要がある。近代国家は、国籍が人権の保護に必須のものであると相互認識してきた。可能な限り無国籍者を出さないという、国際的な取り組みのなかから発展してきた国籍法の歴史はその証左である。国籍は人権保障のための道具なのであって、その逆ではない。グローバル化する二一世紀に守らなくてはならないのは、国籍ではなく人権のはずなのだ。

付記：本章は日本学術振興会科研費基盤Bの助成を受けた成果である。また、作成にあたって首都大学東京大学院人文科学研究科社会行動学専攻博士課程阿部朋恒、首都大学東京大学院人文科学研究科社会行動学専攻博士課程二文字屋脩の二氏の協力を得た。感謝したい。

注

（1）だからこそ、国籍をもたない無国籍者も外国人となる。

（2）筆者は、川崎市ふれあい館の職員である原千代子、金迅野《キムシンヤ》、仲松リカルドに誘われてこのコースに関わることになった。講師には筆者のほか、梁澄子《ヤンチンジャ》、裵《ベ》重度《チュンド》ふれあい館館長、裵《ベ》安《アン》神奈川住まいサポートセンター会長、伊藤静江トルシーダ会長があたった。地元の在日の人々や日系人の人々、そして日本人として地元で暮らす人々のほかに、川崎市や横浜市などで外国人住民の支援活動に関わっている人々が参加した。

（3）もちろん、ニューカマーの日系人がまったく国家を背負っていない、ということを意味するのではない。外務省主催のあるシンポジウムで、日系ブラジル人が住むことによって社会問題が起きているという報告に対して、日系コミュニティのリーダーがフロアから「日本がブラジル人を呼んだんじゃないか」と厳しく反論している姿を目のあたりにしたことがある（梶田・丹野・樋口、二〇〇五、第九章）。この発言はブラジルという国家を背負った発言であった。しかし、日本の中におけるさまざまな外国人に関する社会問題において、ニューカマーの外国人が自ら組織した民族団体の持続的活動はほとんど見ることができず、この限りでいま生きている日本という社会に対する政治的社会的運動において、国家を背負っているかどうかは決定的な分岐点になっていると言える。

（4） 海外移住と国籍の関係を示す好例が、ペルーのフジモリ元大統領だ。彼は、大統領在任中に亡命のような形で日本に逃れてきたが、政治亡命をこれまで認めてこなかった日本政府が彼を受け入れたのは、彼が旧国籍法に基づく日本国籍者であったからである。彼は、熊本県から渡った日本人の農業移民者の外国で生まれた子どもとして、日本国籍を保持していると認められたのだった。しかし、ペルーの大統領という一国の国家元首にまでのぼりつめた政治家が日本国籍を保持したままであるという解釈は相当無理がある。どの国も外国人が国家の意思決定に関わる公職に就くことを制限しているのであり、国家の最高権力者が外国人ということはあるはずがない。もしその者が二重国籍者であったとしても、重要な公職に就いた時点で国籍選択を行ったと解するのが妥当と思われる。

（5） 平賀健太（一九五〇、一四〇頁）。「昭和二二年の初めに第九二帝国議会に法案を提出すべく国籍法の一部改正の計画がなされ、さらに同年暮れ当時の司法省においても民法及び戸籍法の改正案とともに国籍法の改正案が一応準備されたのであった。しかしながら当時における講和条約の成立の時期に関する見通しとも関連して、講和条約の成立によって従来の国籍関係に変動を生じその結果更に国籍法の規定を再検討する必要も生じてくるので、国籍法の改正は講和条約成立後に行うのが適当ではないかという考慮と、国籍法の改正はこれを急速に行わなくてもさしあたり実務の上ではとくにいちじるしい不都合も生じないという事情とが相まって国籍法の改正は一時見合わせられることになった」と、新国籍法の起草者である平賀健太は国籍法の改正が一九五〇年まで延びてしまった事情を述べている。世界史的状況と、国際化が進んでいなかった当時の状況が相まって、当面は改正しないでもしのいでいけるという判断が行われていたことをうかがい知ることができる。また、須之部量三・大沼保昭・金敬得（一九九〇）では、別の角度からこの経緯が論じられている。

(6) 最高裁判所一九六一(昭和三六)年四月五日大法廷判決、一九六二(昭和三七)年一二月五日最高裁大法廷判決。前者の最高裁一九六一年判決で朝鮮半島出身者の領土変更に伴う国籍の移動が(『最高裁判所民事判例集』一五巻四号、六五七―六九四頁)、後者の最高裁一九六二年判決で台湾戸籍登載者の領土変更に伴う国籍の移動がいつからなのかが説明されている(『最高裁判所刑事判例集』一六巻一二号、一六六一―一六六七頁)。後者の事件は単に台湾戸籍登載者一般の領土変更に伴う国籍の移動日を示したほかに、事件の当事者が一九四七年に台湾人男性と結婚した日本人女性であり、戦後に台湾戸籍に移動していた。婚姻した時点で生きていた旧国籍法上は婚姻に伴い日本国籍を喪失したと考えられるが、女性は日本国籍を喪失しないと戦後の法体系で考えられることを示している。

(7) 現実には、旧植民地の人々の国籍離脱に対する行政実務はサンフランシスコ講話条約の発効の前に、講和条約を見越して一九五二年四月一九日に出された法務省民事局長通達で、朝鮮と台湾については本籍によって日本の国籍を喪失するとされた。

(8) 萩野芳夫(一九九六、二三三―二三四頁)。

(9) 平賀健太(一九五〇)および平賀(一九五一)、木棚照一(二〇〇三)。

(10) 平賀健太(一九五〇)および黒木忠正・細川清(一九八八)らがこの点について詳しく論じている。

(11) 具体的な国籍確認請求事件は、すべからく例外的な案件となるものであって、その意味ですべての案件に対して行政庁は権力をふるうことが可能となっている。国籍法は入管法と併せて外事法と呼ばれるが、外事法の分野ではしばしば行政庁の権力の発動の恣意性が問題とされてきた。在留特別許可の発付のガイドライン化がようやく近年進められるようになったが、これも入管法五〇条に基づく在留特別許可の発付条件が分かりにくい、という声に押されてのことである。同様に、帰化についてもガイドライン化が進められるようになってきた。

(12) 法務省ホームページ http://www.moj.go.jp/MINJI/minji163.html を見て、法改正の内容およびそれに伴う新しい手続きを確認してほしい。

(13) ただし、出生前認知については、子が生まれていない前の段階であるので、母の国の法が適用される。そのため母の国が出生前認知を認めていない国の場合は、これを行うことができない。

(14) 結婚式が、本人、親族、そして友人や職場の同僚などの前で行われ、二人の婚姻する意思の表示とそれを周囲の者が確認すれば成立するとされている。

(15) 中華民国民法第一〇六五条は「非婚生子女経生父認領者、視為婚生子女。其経生父撫育者、視為認領。非婚生子女與其生母之関係、視為婚生子女、無須認領」となっている。翻訳すると、「非嫡出子は、生みの父が認知すれば嫡出子とみなす。非嫡出子のうち生みの父の撫育を受けている者は、認知された者とみなす。非嫡出子とその生母との関係については、認知を経ずして実子とみなす」となっている。撫育とは、父が子を自己の子として育てている事実であるが、上述のように中華民国民法では、これは日本民法における認知と同じ法律行為となっている。

(16) この事件では、日本人男性が上海の地で行った婚姻とそして日本に帰国してからの婚姻のいずれもが法律婚であったと判断され、この日本人男性が重婚状態にあったと判示している。そして、重婚状態にあったとしても、上海の地で行った婚姻は法律婚と認められるし、そのもとで生まれた子どもには日本国籍が認められる、ということを示した。『行政事件裁判例集』三九巻九号、九七〇―九八三頁。

(17) 生活保護法は生活・教育・住宅・医療・介護・出産・生業・葬祭の八つの扶助が具体的に定められている。いまでもこの法律には国籍条項が存在しているが、外国人にも準用している。外国人に準用する場合は、外国人には保護請求権を認めないこととして行っている。生活保護における医療扶助では、定住・永住資格以外の外国人は排除されている。

(18) 児童扶養手当法は、在留資格が定住または永住に限り適用され、それ以外の在留資格は排除している。一九八一年の難民条約加入以前は、児童扶養手当は日本国民に限っていたが、その後、定住・永住資格以外の外国人への児童扶養手当の排除は通知によって行われた。

(19) この点に関する筆者の理論的な認識については丹野清人(二〇〇九a)および TANNO Kiyoto (2010) を参照のこと。

(20) 一九八一年の難民条約に批准する前は、国民健康保険法でも国民年金法でも外国人は排除されていた。ただし、国民健康保険では、一九八一年以前も外国籍で入っていた例が多数あることが知られている。これは在日の永住者の救済のために、自治体が独自に判断して認めていたためである。現在は、国民健康保険法・国民年金法のいずれにも国籍条項は存在しないが、外国籍者には通達による制限がある。

(21) 長期に日本に滞在することが予定されている永住・定住カテゴリーで滞在する外国人には、憲法で国民と書かれている一部分についても国民と同様の権利が認められている。子どもの教育を受ける権利は、先にも述べたとおり、自治体は義務教育課程を受けたいと希望してきた者を受け入れてもかまわないとなっているだけであるが、在留資格に関係なく受け入れられている。これには子どもの権利条約が関係している。子どもの権利条約では締約国はすべての子どもに教育を受ける機会を与えなければならないとなっているからである。そのため、教育を受けることを希望してきた者に限るという非常に消極的な態度ではあるが、自治体がこれを断らないという前提のもとで、教育を受ける「権利」が事後的に確保されている。

(22) 労働者として就労すれば、たとえ資格外労働者であっても労働基準法は適用され、労働者としての権利侵害があれば訴えることは認められている。ところが、合法的に在留資格内で滞在していると、労働基準法は在留資格の範囲内で適用されることになる。

(23) この点は次章で詳しく論じる。

(24) こうした論点は、翻って、海外に住む日本人の問題を考えることでもある。国内経済が縮小するなかで、企業はビジネスチャンスを求めて海外に進出していく。グローバル化は、ますます海外に出て行く日本人を増加させる。海外での日本人の渉外婚姻も増加し、そこで生まれる「日本人」も増えることだろう。国籍の境界はますます曖昧に、そしてゆらぎの幅はより大きなものになっていかざるをえない。こうした日本人を考えることと同じことなのだ。

(25) 一八九五年の下関条約による領土の割譲により、日本に割譲された地域の住民に対する国籍問題が発生した。

(26) 日韓併合条約（一九一〇年）によって韓国が対人主権を含めて日本に統治権を譲与したとの解釈がなされた。朝鮮半島在住であろうと、日本在住であろうと問わず、このカテゴリーに置かれた。

(27) 江川英文・山田鐐一・早田芳郎（一九九七、二〇一頁）。「朝鮮人は広い意味で日本人であり、日本の国籍をもつ者ではあるが、種族的ないし民族的には固有の意味の日本人とは明らかに区別され、特別な地位に置かれていた。これは朝鮮に居住する朝鮮人だけでなく、内地に居住する朝鮮人についても同じであった」（傍点は引用者）と評され、統治システムのなかに差別が持ち込まれていたことが理解できる。

第3章●動揺する国民国家を受け止める

はじめに

二〇〇八年六月四日の午後三時に最高裁判所大法廷が開廷した。一五人の裁判官が席に着き、裁判長が「主文、原判決を破棄する。被上告人の控訴を棄却する。控訴費用および上告費用は被上告人の負担とする」と読み上げると、裁判官は席を立ち、閉廷となった。少し間をおいてから、傍聴席から小さな歓声が起こった。国籍法に違憲判決が下りた瞬間であった。外国人とされた申立人に日本国籍が認められた。これは外国人とされていた者が国家によって日本人であることが確認されたのであり、日本人の境界が移ったことを示す瞬間であった。

グローバル化のなかで国民国家がゆれているという。しかし、第二次大戦終結までの時代に比べれば国境紛争の数は激減し、少なくとも主要国の間における国境線の変更/領土の割譲に伴った国籍変更は見られなくなった。一九世紀の社会が、国境や領土の変更に伴って国籍もまた変更した事例を多数見たことと比較すれば、二〇世紀後半以降の世界社会は国境の上から見る限り安定している。にもかかわらず、国民国家が動揺するという議論が出てくる。これは地理的な容れ物である国家の安定に比して、容れ物の中身たる「国民」がゆれていることを示すのではないか。冒頭で紹介した国籍法の違憲判決は、国民概念がゆれていることを示しているのではないだろうか。

横田喜三郎は「国籍は、人を国家に結びつける法律的ひもである。ある国の国籍をもつことは、法律上でその国に結びつけられ、その国に属すること、つまり、その国の国民であることを意味する。民族的、言語的、歴史的、社会的なつながりは、直接には関係がない。このようなつながりがあっても、それによってただちに、ある国に結びつけられ、その国の国民となるのではない。その国の国籍をもつことによってはじめて、その国の国民となる」と論じている（横田、一九七二、一九五頁）。本章は、横田の言うところの、「人を国家に結びつける法律的ひも」との関係から国民として把握されるものがどのようにゆらいでいるのかを、実定法上は国籍と定義されるものの分析を通して明らかにする。そのうえで、国民概念に起こっている変化（＝人を国家に結びつける法律的ひもの変化）を、国家がどのように制御しているのかを明らかにすることを試みる。

1　日本における国籍概念の変遷

まずは、国籍法の変遷から見ておこう。国籍法の立法者が残した文献として、平賀健太による『国籍法』上下巻本（上巻が一九五〇年、下巻が一九五一年に出版されている）、および黒木忠正・細川清による『外事法・国籍法』（一九八八）がある。これらは国籍法が大きく変わらざるをえなかったときに、改正の趣旨を伝えるために書かれた本である。これらによると日本の国籍法の出発点は、一八七三（明治六）年の太政官布告第一〇三号「自今外国人民ト婚姻差許左ノ通条規相定候条此旨可相心得事」（以下、「明六布告」と記す）であり、この明六布告で現代で国籍として把握されるものが登場する。

しかし、この明六布告には「国籍」の用語を見いだすことはできない。代わりに見ることができるのは「日本人たるの分限」という言葉である。この「日本人たるの分限」が問題になったのは、日本人が国際結婚をした際に日本人の分限（身分）がどうなるかを決める必要があったからであった。明六布告に次いで、現代の国籍に相当する法的取り決めが出てくるのは、ボアソナードらを中心にしてつくられたが施行されずに終わった旧民法（一八九〇年公布）である。この旧民法人事編では「国民たるの分限」として示された。このように明治初期の日本では、国籍が日本人としての身分／日本国民としての身分と考えられ、それはもっぱら国際結婚との関係から生ずる問題とされていたのであった。[1]つまり、日本における国籍概念は近代になって欧米との邂逅がきっかけになって生まれたのである。

旧民法は、あまりに個人主義であって家や家長をないがしろにしているとされ、施行されることはなかった。それにもかかわらず、国籍に関する旧民法人事編の「国民たるの分限」（旧民法人事編第七条から第一八条がこれにあたる）の条文は、ほぼそのままの形で独立した「国籍法」にまとめあげられる。[2] それが一八九九年に成立・施行された、大日本帝国憲法下での「国籍法」である（この明治の国籍法を「旧国籍法」と呼ぶ）。旧民法が、個人の権利を重視しすぎたことを理由に施行されなかったことを考えれば、なぜ国籍に関する規定ではそのことが問題にされなかったのか不思議とも思える。しかし、これには国籍法の特異な性質が関係している。国籍法は属人法であるから、日本人が外国に渡っても彼・彼女そしてその子どもに影響を与えるように、外国人が日本に来て日本人と結婚する際にも彼・彼女そしてその子どもに影響を与える。この結果、国内法であると同時に国際私法でもある。幕末期に結ばせられた不平等条約の撤廃は、明治政府の宿願であった。明治政府は日本が西欧先進国と同様な段階に達したことを示す必要があった。このための有力な証拠として国籍法をとらえていた。そのため、旧国籍法は一九世紀中に国籍離脱を認めていたように、当時としては、世界的に見ても先進的な性格をもっていた。[3]

この旧国籍法は、一九四五年の敗戦で領土が変更され、占領軍のもとでこれまでの軍国主義を否定し個人の尊厳に価値を置いた新憲法が発布されると、これらの変更（①領土の変更と②個人に基礎を置く憲法的価値の変更）に伴い、変わらざるをえなくなった。旧国籍法は一九五〇年に改正された（戦後の国籍法を「新国籍法」と呼ぶ）。これは国民の定義における最初の動揺であった。具体的には次の二つの動揺が生じた。第一に、植民地であった外地戸籍の人々にも日本国籍を認めていたものが、内地戸籍の人々のみとなった。第二に、日本人と結婚したり、日本人の家に養子に入ったりすることによる、家のなかでの身分の取得を理由とした日本国籍の取得を否定した。この結果、日本の国籍は出生による国籍取得以外は個人の意思に基づく帰化行為だけを国籍取得理由とするものとなったのである。

第二の動揺は一九八四年に起きた。これには二つの問題が関連していた。一つには一九八五年の国連女性差別撤廃条約の批准である。女性差別撤廃条約第九条第二項が「締約国は、子の国籍に関し、女子に対して男子と平等の権利を与える」としていたことが、旧国籍法以来、新国籍法になっても父系制血統主義（父の国籍を子の国籍とする考え方）を採っていることと衝突することになった。いま一つには、この父系制血統主義が現実に引き起こしていた問題がある。この当時、沖縄をはじめとする駐留米軍基地の存在が引き起こしていた、米軍兵士と日本人女性の国際結婚だ。特に後者では、国際結婚の結果生まれた子どもが無国籍とならざるをえなかったことがきわめて大きな問題であった。

父系制血統主義だと、日本人女性が外国人との間に子をなした場合、法律婚をしていると日本人母の子は日本人になれない。また、日本人になれないばかりか、父の国の国籍法によっては無国籍になるかもしれない。たとえば、父がアメリカ人の場合、アメリカは出生地主義であるから、アメリカで生まれていれば問題ないが、海外で生まれたアメリカ人の子は当然にアメリカ人になるわけではない。この時点のアメリカ国籍法は、海外で生まれたアメリカ人の子には、成年になるまでにアメリカ国籍法の及ぶ地域での居住実績を要求していた。そのため、子どものときにアメリカ国籍を得ても成年に達すると無国籍にならざるをえない状況の者たちが多数発生していた（萩野、一九八二）。これらに対処するため、日本は国籍法の原則を「父系制による血統主義」から「父母両系制の血統主義」へと変えた。

さて、このように見てくると、そもそも日本の国籍法は、旧国籍法の時代から国内法というよりは国際的な文脈を強く意識してつくられた法であった。ところが、二〇〇八年六月四日に最高裁大法廷で国籍法に違憲判決が下された。その結果、二〇〇九年に新国籍法は改正された。この二〇〇九年改正は、これまでの歴史の延長に置くことはできない。初めて、日本国内に内在した理由が大きな影響を与えて国籍法の改正に結びついたといえる事件であった。これは第三の動揺と言えるものだ。本章では、この第三の動揺、二〇〇九年の国籍法改正から現代の国民国家日本の動揺を考えていきたい。

2 旧国籍法から新国籍法への連続と断絶

現行国籍法の立法草案担当者であった平賀健太は、「本書は、著者が本年七月一日から施行された新国籍法の立案にあずかった関係上、新法の一応の解説書として書かれたものである。その目標とするところは、主として、国籍関係の実務家諸氏の執務上における参考に資するところにある。(平賀、一九五〇、一頁)」「本書が戸籍及び国籍の実務の第一線に立っていられる市町村の戸籍事務担当職員諸氏の国籍法全般に対する理解の一助となることを祈ってやまない。(平賀、一九五一、一頁)」と記した国籍法の立法者意思を解説する二冊の書物を残している。これを足がかりにして検討を始めよう。

日本の国籍を考えるにあたって、その中心となる考え方が血統主義でなければならないことは、平賀にとっても前提であった。しかし、その血統とは現代の日本人が考える血統主義とはずいぶんと異なるものになっている。だが、公衆浴場で外国人であることを理由に入浴が拒絶された「小樽温泉入浴拒否訴訟」を取り上げて、大村敦志は「X３は日本国籍を有するが、外見上は外国人であることに変わりないとの理由で入浴を拒否されている。ここでの『外国人』は日本国籍を有しないものではなく人種のことなる者を指しているのである」と論じ、日常用語に見られる日本人と外国人の境界が国籍上の境界と別個に存在していることを指摘している（大村、二〇〇八、五頁）。こうしたことを考えれば、日常用語上の「血統」と国籍上問題になる血統とが分かれてしまうのも当然だ。

ところで、すでに見たように『国籍法』（上巻）（一九五〇）の最初に、「戸籍及び国籍の実務の第一線に立っていられる市町村の戸籍事務担当職員諸氏」という文言が見られるように、国籍に関する事務とは戸籍事務に他ならない。現代の『戸籍六法』をひもといても最初の「はしがき」の第一文が「戸籍は、日本国民の国籍と親族関係を登録公証する唯一の公文書です」となっていることからも明らかであろう（テイハン法令編集部戸籍実務研究会編、二〇一二）。平賀は敗戦によって、大日本帝国憲法が停止され、新たに発布された新憲法に国籍法を合致させることに腐心した。「個人の尊厳」と「家制度の否定」が旧国籍法に取り入れられ、これらと整合性を持たない部分を削り落として誕生するのが新国籍法である（第２章で触れたが、国籍法そのもののなかには領土の変更に関する規定は盛り込まれなかった）。旧国籍法の段階で、国籍離脱を認めていたように成文法としての日本の国籍法は、出発の時点から個人の意志を広く認めてきた経緯があり、「個人の尊厳」との関係で問題が発生するのは「家制度」に基づく国籍取得であり、必然的に「家制度の否定」が国籍法における「個人の尊厳」

につながるものとなるのであった。この結果として旧国籍法における「身分移動」に伴う国籍の取得・離脱がなくなることとなったのである。

身分移動に伴う国籍移動という考え方には、夫婦および家族は同一国籍が望ましい、との思いが基底にあった。夫婦同一国籍主義・家族同一国籍主義と呼ばれるものである。平賀によれば、こうした考え方が旧国籍法に現れたのも、アメリカを代表とする移民国家で一九世紀終わりに、国籍の異なる移民同士が家族を形成することにより、一つの家族を形成しているにもかかわらず国籍国が分断されるような家族が生まれていたことにある。このことにより、親子・兄弟が国籍国への兵役義務から銃口を向かい合わせなくてはならない悲劇が発生していたのだ。旧国籍法は、一九世紀の西欧社会が克服できないでいる家族に生じる悲劇を回避する方法として、家族同一国籍主義を採用したのであり、こうした国籍の運用は人道主義のうえでも先進的な試みであったと説明するのである。だが、反面こうした考えで国籍制度が運用されると、夫とりわけ戸主である父が外国に帰化してしまうと、妻や子は自らの意思とは無関係に国籍を変更・離脱せざるをえなかった。この点からすると、平賀が説明するような「家族同一国籍主義＝人道主義」という見方を一〇〇％信用することもできず、やはりそこには戸主をもとに編製する戸籍をもとに日本国籍を決定するという論理に、人道主義がうまく当てはまって意味が見いだされたのではなかろうかと推察される。

だが、この国籍の根拠が戸籍とのつながりに置かれるという法の構造が、新国籍法にグレーゾーンを発生させる。戦後、戸籍法も改正され、戦後の戸籍は夫婦とその子どもが登載される核家族を単位として編製されるものとなった。しかし、戸籍の編製単位が核家族になったとしても、家の存続を目的とする部分がなくなってしまったわけではない。西欧先進国では見ることのできない成年養子制度が存在していたり、生父母との関係を完全に絶つ特別養子制度では養父母が戸籍上も生父母と同等の地位をもつものとされていたりもする。日本国民の国民台帳としての戸籍には、依然として結婚以外での法律上の身分移動が含まれざるをえないし、身分の移動が移動事項の発生した時点で移動するものもあれば、非嫡出子に対する認知のように、認知という法律行為を受ければ出生にさかのぼって親子関係が認められるものもある。ところが、国籍法では出生時に、あるいはどうしても出生時に決められないことがあったとしても可能な限り早い時点に子の国籍は決定されているほうがいいこととされる。また、「個人の尊厳」を根拠に、出生による国籍取得（例外として伝来的取得があるにしても）以外の国籍取得には、個人が自らの意思として帰化を選択する道しか残されないこととなってしまう（この点がいかなる問題を発生させるかは、第5章で詳しく論じる）。

平賀は「国籍とは原始的には国土に生活の本拠たる住所をもっていることの謂れであり、戸籍制度とは国土に住所をもつ者をその住所地において登録する制度なのであった。しかし、国籍も戸籍もその根底には共通の住所の観念があったので、現在ではまったく観念上の存在となってしまった『本籍』は、右の住所の観念の名残であり変形であると考えられる。現行法制の建前のもとにおいても、国籍の観念は国土との現実のつながりを失ったけれども、観念的にはなお国土とのつながりを断っていないということができる」と論じ、国籍法における戸籍の意味を、もっぱら国土とのつながりを示す象徴的な面に注目している（平賀、一九五〇、一七八―一七九頁）。だが、戸籍実務のなかで国籍に関する事務手続きも進行していくことを鑑みれば、戸籍手続きの設計が実態としての国籍の運用に大きな影響を与えざるをえないのである。

ところで、新国籍法で、国籍について夫婦および親子で独立主義をとり、夫や親が外国籍者になったからといって妻や子がそれに伴って当然に国籍離脱をしなくてもよくなったことには、隠れたいま一つの一面が潜んでいると筆者には思われる。旧国籍法で主張されていた人道主義を支える論理がメタとして存在し続けているのである。それが憲法前文三項における国際協調主義、そして戦争放棄をした九条、前文の国際協調主義を実体規定した憲法九八条二項の存在だ。家族同一国籍主義に価値が見いだされたのは、国家間の戦争が繰り返し起きていた帝国主義時代のもとでの人道主義とも言える。しかし、日本は新憲法の前文で国際協調主義を謳いそれを九八条で具体的に規定し、九条では一項で戦争放棄し、二項で軍隊を保持しないとした。日本が他国と国際協調主義を取り、戦争放棄を基本原則とする国家である限り、家族のなかで国籍が異なろうとも国籍を理由に銃口を向け合う理由はなくなったのだ。家族同一国籍主義を選んだ人道主義の精神は、家族のなかでの国籍の独立主義がとられても憲法前文、九条、そして九八条を担保とすることで確保されているのである。新国籍法と憲法前文、九条、九八条の関係が真正面から論じられることは決して多くない。しかし、新国籍法の起草者である平賀の所論からは、九条を含む新憲法のあり方がそこには十分に考慮されているとしか考えられないのである。(4)

3　日本人の境界

さて、新国籍法の立法者意思を平賀の所論によって押さえたところで、父母両系制の国籍法へと変わる一九八四（昭和五九）年の第一〇一回国会法務委員会における改正国籍法の法案審議の過程から、父母両系制への転換で当時何が問題になっていたのかを見ておこう。審議が始まると、住栄作法務大臣は「日本も旧国籍法以来血統主義、しかも父系をとっておった。こういうような従来の血統主義を引き継ぎ、そしてまた最近の国際化の状態あるいは特に国連の婦人差別撤廃条約の批准を目前に控えて、それとの調整、こういうことからして従来のいきさつも考え、血統主義を今度の改正法においても取り入れた。そして父母両系にした」と法改正の趣旨を述べている。生まれながらの日本人の定義を定めた国籍法三条はこの一九八四年の改正で盛り込まれた法文であるので、平賀の解釈を押さえただけでは、現代の国籍法の立法者意思を押さえたことにはならない。そのため、この法案審議過程に現れてくる文言を通して一九八四年改正の趣旨とその意味をここで検討しておく。

住法務大臣の説明にあるように、一九八四年改正は一つには「最近の国際化の状態」の問題への対応であり、いま一つには国連女性差別撤廃条約の批准のための国内法上の調整のためであった。前者の「最近の国際化の状態」とは渉外婚姻（一般に言うところの国際結婚）の増加であった。ただし、この時点で社会問題になっていた渉外婚姻の増加とは、駐留在日米軍兵士と日本人の女性との間に生まれた子のことであった。土井たか子編による『「国籍」を考える』は、この問題を扱ったこの時代の代表的な書籍である（土井編、一九八四）。この中でも沖縄の無国籍児の問題が取り上げられているし（金城、一九八四、六四―九八頁）、日弁連の機関誌である『自由と正義』でも一九八一年一〇月号が特集を「国籍法の現代的課題」として同じ問題を扱っている（谷口・与世田、一九八一、二〇―二七頁）。実際、この法務委員会には、委員外の出席者としてのちにアメリカ大使となる加藤良三が外務省北米局安全保障課長で出席している。このことからも「最近の国際化の状態」というのは主に米軍兵士と日本人女性との渉外婚姻であったと判断してよいだろう。

萩野芳夫は、この問題をアメラジアンの問題として以下のようにその構造を指摘している。日本の国籍法が父系制血統主義を採るがゆえに、法律婚であっても日本人の母から出生した子が日本人となることができない。また、米国は出生地主義を採るため、法律婚であっても海外で生まれた子が当然には米国籍を取得できない。法律婚でない場合はなおさらそうであり、州法の違いによってどの時点で親子関係が発生するかも異なっている。さらに、たとえなんとか米国籍を取得しても、この時点の米国国籍法が、成年に達するまでに米国国籍法が適応される地域での居住実績を要求するものであったため、子どものときに米国国籍を取得できた者も成年に達する時点でこれを喪失せざるをえない者が出てくる。必然的に無国籍者が大量に生じるというものであった（萩野、一九八二、三八〇―三九一頁）。

このような背景があったせいか、委員からは「どうも私は、渉外婚姻が増加し、いわゆる血統主義が乱れてくる、これに対してむしろこれを純血にしていこうという考えもあるんじゃないという感じがいたすのでございますが、その点でちょっといかがでございますでしょうか」という質問が出ている。この質問は、明らかに渉外婚姻の増加→血統主義の乱れという図式のもとでとらえており、法的な対応は「純血」化による民族的血統主義を採ることに求めようとしている。これに対して枇杷田泰助民事局長は、①かつては父母ともに日本人同士の婚姻が圧倒的に多かったから父系制血統主義を採っていても問題はなかったが、渉外婚姻の増加とともにこれが問題となっていること。②これまでも父だけが日本人という場合があったにもかかわらず、渉外婚姻が増えているときに母だけが日本人である子が日本国籍を取れないというのは、渉外婚姻をした人々の生活実態と現実の妥当性に問題があること。③日本に滞在する渉外婚姻のもとで生まれた子どもの福祉や母親の子に対する感情としても日本国籍を与えることが適当であること。④両性の平等という観点からも純粋の血統主義ではなくどちらかの血統をひく者を日本国民とし、国民感情としてもこれは受け入れられると判断できる、として父母両系主義を採ることの理解を求めている。

さて、それでは何が問題とされていたのか。このことを示すのが、「父母のいわゆる準正、それから認知、これによりまして今度は国籍を取得することができるようになるわけでありますけれども、こういう制度を新設されました理由というのはどうでございましょう」という質問に対する枇杷田の回答だ。「世間では、往々にいたしまして子供が生まれてから婚姻届を出す、それで認知をするとか、そういうふうなケースが少なくない（中略）実際上は、後になって婚姻をした夫婦の間の子供なんだけれども、出生のときに婚姻届が出ていなかったというようなこともある（中略）そういう方にとっても日本国籍を与えるという道があってもいいのではないか。要するに血統主義の補完措置と申しますか、（中略）準正による場合に、本人の日本国籍を取得するという意思表示があればそれで日本国籍を与えるという制度を設けた」と国籍法三条の概要を述べたのである。枇杷田は同じ委員から、こうした準正や認知といったことが要件化されるのは身分行為による国籍取得ではないかとの質問を受けている。だが彼は、これが身分行為ではないことを「今度の法律案でも、身分行為によって日本国籍を直ちにといいますか、直ちに取得するということではなくて、いわばそういう準正というものがあれば、国籍取得の意思表示が加わることで国籍を与えようと」することであり、「身分行為によって父又は母を日本国民とする子供であるという実質には変わりはないという点に着目」して「日本国籍を取得する方が妥当ではないかという観点に立った」と述べている。これは、国籍法三条に必要なのは第一義的には本人の日本国籍取得の意思であり、準正や認知は意思表示をできる者を限るための形式としての位置づけにとどまるということであろう。

　そのため、枇杷田のこの回答に対して、別の委員から認知が準正を受けて嫡出子となった子に限られており、どうして同じ認知を受けているのに非嫡出子は改正三条の適用が除外されているのか、その理由を求められている。枇杷田はこれに対して「血統主義と申しましても単に血がつながっていさえすればというふうなことではなくて、やはり血統がつながっていることが、一つは日本の国に対する帰属関係が濃いということを明確ならしめる一つの重要な要素としてとらえられていることだろうと思います。そういう面から考えますと、認知というだけでは、これは母親が日本人《議事録のママ》である場合でありますから（枇杷田の言い間違いと思われる箇所、説明の趣旨上ここでの母親は外国人でなければならない）、生活実態といたしますと嫡出子の場合とはかなり違うのではないか、民法におきましても嫡出子と非嫡出子ではいろいろな扱いが違います。その扱いの違う根拠は、認知した者とその子との間には生活の一体化がまずないであろうということが一つの前提になっていると思います」と答弁している。嫡出子と非嫡出子の違いは、嫡出子の場合は日本人たる父と生活が一体化していると想定できるのに対して、非嫡出子ではこれが想定できないことに根拠が置かれた(5)。

枇杷田のこの説明は、平賀の国籍法における家族と共同体そして国家の関係を読み解いていくと、的確に理解することができる。血統主義とは制度的には国民の子が国民となる仕組みであるが、そもそも血統主義が必要になったのは、属地主義（出生地主義）では言語・文化・さまざまな社会習慣を共通にする者を国家・共同体の外部に置いてしまうと同時に、言語・文化や習慣は異にするが国内で生まれた者を国民としていくことが共同体の一体性を保てなくさせるからである。この考え方のもとでは、個人は男女の共同体としての夫婦をつくり、夫婦のもとに子が生まれることで親子の共同体が形成される。そして夫婦の共同体であり、かつ親子の共同体である家族を通して国家内部の大小さまざまの共同体の言語・文化・さまざまな社会習慣を子は獲得する。この意味で国民の子が国民となるのだ。だからこそ、家族関係は実態を伴った家族が求められる（平賀、一九五〇、一〇八—一一〇頁／平賀、一九五一、二〇一—二〇二頁）。個人→家族（男女の共同体）→家族（親子の共同体）→国家内部の共同体

↓国家という意味連関を重視して血統主義は成り立っている。結果、男女の共同体である夫婦の関係がいつから真実の夫婦関係と考えられるのか、親子の関係がどのような状態にあった場合に真実の親子関係と言えるのかといった具体的な家族をめぐる関係性が国民の定義にあたって決定的なものになる。そして、国籍法三条の解釈・運用をめぐっても家族の定義こそが最も重要なものとなるのである。

4　意思と科学にゆれる日本国籍

二〇〇八年六月四日の最高裁判所大法廷による国籍法違憲判決は、これまで何度か迎えた国籍法の危機とは性質が異なる。明六布告以来、国籍法の危機はもっぱら国際関係から引き起こされた。この点はすでに論じた。だが、今回の改正は、純粋に国内事情によるものだった。この事件で問題にされたのは、一九八四年改正で取り入れられた「伝来」による国籍取得だ。伝来による国籍取得とは、出生によって国籍を生来的に取得するのではなく、事後的に日本国籍を取得することを言う。一九八四年改正で父母両系制を採ることにより、日本人母の子は、母と父との婚姻関係を問わずに、日本国籍を取得できるようになった。これとバランスを取るために、日本人父の子で、出生の時点では、父が外国人母と婚姻関係のなかった子を日本人とする（伝来的に国籍を取得させる）ための要件が決められた。それが「準正子（出生後に父から認知されたうえで、父母が婚姻し事後的に嫡出子となった子）」要件であった。二〇〇八年最高裁大法廷判決は、この準正子要件が国籍の判定にとっていまも合理的であるのかが問われたのであった。判決は、準正子要件が設けられた一九八四年改正の時点では、伝来国籍を、出生時は非嫡出子であったが父から出生後認知を受けて、その後に父母が婚姻し、事後的に嫡出子の身分を獲得した準正子に限ったことは合憲であった。だが、この事件を申し立てた子どもが生まれ、日本国籍の確認を行った時点では、伝来による国籍取得を準正子に限っていることは違憲であったと判示した。

判決によれば、準正子要件が許されたのは、子の出生の時点では結婚していなかった父母が子の出生後に父が認知したうえでのちに結婚したのであれば、子が日本人の父の家族に十分に包摂されたと考えることができたからであった。準正子要件が設置された一九八四年当時では、父から認知されただけでは、子が父と同居していることを想定できなかった。母が日本人であれば母は必ずや子の監護・養育活動を行っているであろうから、母を通して日本の言語や文化、習慣、そして日本社会の価値観が子に伝わると想定できる。しかし、父だけが日本人の家族の場合、子が父と同居していると想定できないとこれらが家族を通して子に伝わるということが想定できないため、父母が婚姻していることが条件になったことはやむをえない、というのである。

ところが、かつては妥当であった基準も、近年、社会環境や結婚観が変わることによって準正子要件はもはや違憲状態になるにいたったというのが最高裁判所の判断であった(6)。日本人の家族ですら多様な婚姻形態が発生する時代になっており、もはや法律婚でなければ家族ではないという認識は時代遅れのものとなっている。ましてや日本人と外国人の間で形成される家族は日本人同士の家族以上に多様な家族関係がありうる。これらを考えると、①父からの認知を受けたうえで②父母が婚姻するという二重の要件が課せられる準正子要件でなければ父と子の関係が真実の父子関係ではない、とすることに合理性はみられない。法の立法趣旨に照らし合わせれば、一定の要件のうえで本人の日本国籍取得への意思を確認することに意味があるのだから、現時点での社会状況と考え合わせれば要件を、①の父からの認知のみとすることで違憲状態を合憲にすることができる、というものであった。なお、立法措置として父子関係の認定にDNA鑑定等が将来入ったとしても、それは立法府の裁量に委ねられると最高裁判所は判示した。

ところで、国際結婚の増加および結婚形態の多様化については、議論の余地が一方で残り続けていることも事実だ。本章で問題になっているのは、日本人を父とし外国人を母とする非嫡出子である。結婚の形態の多様化はさまざまなところで言われるが、子どもの誕生という観点から見ると、近年の出生者数に占める非嫡出子の割合は（一九九二年から二〇〇六年の一五年間で）年によって違いがあるものの、一・二%から二・三%程度である。この間の毎年の出生者数がおよそ一〇七万人から一二二万人弱であるから、人数にして一万四〇〇〇人から二万六〇〇〇人くらいにすぎない（斉藤、二〇一〇、三頁）。日本で出生する九割七分以上の子どもは嫡出子として生まれているのだ。日本人父―外国人母の非嫡出子はさらに少ないのであり、人数的には絶対的少数者であることは間違いない[(7)]。この限りで、結婚形態の多様化を理由とすることについて、はたしてどこまで妥当性をもつのかに疑問符が付けられるのもそれなりの理由がある。しかし、この問題を考えるにあたって、問題の該当者となる人々が量的にどのくらい存在しているのかということは本質的な問題ではないのだ。

新国籍法は新憲法の求める個人の尊厳を重視したからこそ、夫や戸主が外国に帰化すると妻や家族も国籍変更を強いられることをなくした。国籍変更の際には、必ず、本人の意思が担保されるよう制度設計されている。しかし、一定の年齢に達した後の人間であれば、本人の意思を担保することは問題ないが、準正子要件の適用者の場合は認知を受けたばかりの子である。言葉もしゃべれず、文字も書けないのがあたり前の幼児にも、個人の意思の発露として日本国籍の取得を法務局へ届出させることになっている。しかし、これは個人の意思の形骸化以外の何物でもない。しかも、国籍法は各国がそれぞれに意味付与しつつ運用しているから、日本の国籍法では準正子要件に基づく国籍取得は帰化にあたらないが、フィリピンや韓国、そしてタイなど日本が日本人との国際結婚で最も意識しなくてはならない国々の国籍法では、これは帰化に相応するものとなる。その結果、日本人になれたとしても母の国籍を喪失することが出てくる。

このような混乱が生じてしまうのは「認知」という法律行為が民法と国籍法で異なっているからである。民法では父が認知すれば、子は生まれながらにその父の子とされて相続権等が発生する。しかし、国籍法は、民法と異なり、認知されたからといって、出生時にさかのぼって国籍が発生するという考え方はとらない。この点で、最高裁がＤＮＡ鑑定等を父子関係の特定および偽装認知の防止手段として、立法府が国籍法に盛り込むことを否定しない旨を明記していることは、今後も認知をめぐって国籍法と民法で使い方が異なることが前提となっていることを示すものであろう。なぜならば、民法では実父以外の認知行為が解釈上も、そして判例的にも認められてしまっているからである（国籍法でのみ、生物学的父子関係が要求されるということだ）。生物学的父子関係が真実のものであるかどうかは科学で決定できるであろう。しかし、国籍法が求めるのは生物学的父子関係ではない。「真実」の父子関係である。それは、平賀に立ち戻ってしまうが「真実の家族」を求めたのであり、その限りで最も重要なのは家族を形成しようとする意思であり、子の成長と養育に責任をもつ意思のはずなのだ。

おわりに――家を忘れ、家に戻る日本国籍

国籍法違憲判決が出て、国籍法の改正作業が二〇〇八年秋以降に始まると、抗議活動があちこちで起こった。とりわけ、国籍法改正の法務委員会委員の国会議員には、議員活動を妨害するためのファックス送付などが行われた。各地の地方議会でも国籍法改正に反対する意見決議が可決されたりした。非嫡出の外国人の子に日本国籍をあげるのがけしからんというものから始まり、日本人の血統が汚れるというものにいたるまでさまざまな理由が挙げられていた。だが、多くは父の認知だけで外国人母の子が日本国籍を取れるようになると、虚偽の認知によってまったくの外国人であるにもかかわらず日本人になりすます者が出てくる、ということを理由としていた。筆者には、これらの主張には、家の存続のために設けられてきたさまざまな社会制度に対する無理解と、家族をより狭い範囲でとらえ

ようとする狭小な家族観が目についた。ロマンチックラブの虜になっているかのようであり、日本に家制度はなくなったかのように思えるような議論であった。

しかし、これらの批判はもともと国籍法の求める日本人と大きくずれている。国籍法が、一定の家族観をもってその家族に包摂されることで国籍を取得するという考えに立っていることは何度も論じてきた。夫婦が互いを愛し合い、子は親を尊敬し、親は子を慈しむといった愛情共同体を否定しはしないが、ここでいう家族とは、これだけに回収されるものではない。むしろ、家が時代を超えて連続していくために、家のメンバーにはそれ相応の身分が与えられると同時に果たさねばならない役割があり、これに責任をもって行動していくことが強く求められる、ある意味冷徹な一面をも含んだ家族に包摂されることが要求されている。こうした家族に対する考え方は民法にも見ることができ、実父以外の認知を認めるのがいい例だろう。これは、一方で、それが家の存続にとって重要な手段となること。他方で、責任を取ろうとしない実父のもとでしか子が暮らせないよりは、進んで子の親になろうとする者のもとで育つほうが子の福祉にとっても有益である、という判断が背景に控えている。

国籍法は本論で示してきたように、日本社会の状況に合った家族観に左右されざるをえない。また制度的にも日本国籍者が必ず戸籍をもつことを原則として、国籍管理が家族管理と結びつくように制度設計がなされている。明治から昭和にかけての国籍法の変更は、もっぱら日本の置かれた国際関係上の理由で引き起こされ、その国際関係が国籍の定義にも大きな影響を与えてきた。国籍の決定のうえで内在的な理由より、外在的な国際関係上の理由が上位だったことは、新憲法のもとでの新国籍法になっても、父系制血統主義が採られ続けたことを見ると分かりやすい。新国籍法が一九五〇年に制定されて以後、父系制血統主義が現実に困るという議論はほとんど生じていなかった。枇杷田が論じていたように父母が日本人同士であれば、子にとって父系制であろうと父母両系制であろうと違いがないからである。この意味で、現実の国際結婚が増えることが大きな影響を与えた一九八四年改正は、基地が引き起こした国際結婚であったかもしれないが、最初の日本社会に内在した理由に基づく国籍法改正であったと言っていいのかもしれない。しかし、本章では、これを基地が引き起こした問題ととらえているので、日本社会に内在した問題による国籍法の改正とは考えない。また、法務省サイドも、西ドイツが一九七四年に、スウェーデンが一九七八年に、ノルウェー、デンマークが一九七九年に、ポルトガルが一九八一年に、スペインが一九八二年に、オーストリア、イタリアが一九八三年に、ギリシャ、フィンランド、ベルギー、オランダが一九八四年に父母両系制に転換しており、アジアにおいてもフィリピンが一九七三年に、中国が一九八〇年に父母両系制を採ったことを理由に挙げて、日本だけが父系制血統主義を採り続けることのほうが、重国籍を否定しつつ無国籍を防止するうえでより多くの困難を生じさせると論じている（法務省民事局第五課職員編、一九八五、一二頁）。これらを考慮すると、純粋に日本社会のグローバル化による国籍法の動揺は二〇〇九年国籍法改正が最初のものであったと筆者は考えている。

二〇〇九年改正は、明治から昭和の改正が国境線を含む物理的なボーダーや国際条約との関連が大きな影響を与えたのと比べると、社会の国際化によって引き起こされたものである。社会の国際化が進展したインターナショナルな時代に、国籍法はナショナルな理由に基づいて変更されたのである。

しかし、日本に固有の理由で国籍法が変更されるにいたったとしても、この際に国家は日本人の定義(日本国籍の定義)を改めることによって対処したのではなかった。国家は日本人の定義を書き改めるのではなく、正当な家族の幅を変化させる(=国籍法が当然としている家族像を法律婚のみでなく事実婚にまで広げた)ことで、新しい時代の日本人の境界を限界づけたのである。

注

(1) この点については、二宮正人(一九八三)および嘉本伊都子(二〇〇一)が詳しく論じている。

(2) 黒木・細川は「旧民法は、いわゆる法典論争の結果、施行されるに至らず、帰化に関する特別法も制定されなかった。しかし、旧民法の採用した国籍の得喪に関する原則の多くはその後制定された旧国籍法に、ひいては現行国籍法にも引き継がれており、旧民法は、我が国国籍立法の原型であると評されている」と評価している(黒木・細川、一九八八、二六〇頁)。

(3) 欧米諸国を含めて、この時代はまだ徴兵制がどの国でも存在しており、国民の義務として兵役に就くことは当然とされていた。そのため、国籍を離脱することを認めることは自国の軍隊を弱めることであると考えられたり、従軍経験のある者の国籍離脱は軍事情報が敵国に流出することと考えられたりすることで、国籍の離脱を国民が選択できる制度としてもっている国はほとんどなかった。

(4) さらに平賀は、新国籍法について、一九四〇年アメリカ合衆国国籍法三〇五条を範として、合法的に存在している日本国政府を転覆する意思および非合法的にこの政府を転覆する意思を持つ者の日本への帰化を拒否する条文（法四条六号）の新設があったことを指摘している（平賀、一九五一、三〇七頁）。この部分を除いて新国籍法が米国移民法を範としたことを平賀は述べてない。しかし、坂中・斉藤は入管法の逐条解説において「これ（入管法の逐条解説本が出版されなかったこと）は、主たる対象が外国人であるという法律の特殊性に加え、ポツダム政令として制定されたことに起因する立法資料の不足、その母法である米国移民法の研究が十分でなかったこと等の事情による」と記述し（坂中・斉藤、二〇〇七、vi頁）、日本の外事法の母法が米国移民法にあることを指摘している。だが、その根拠がどこにあるのかは論述されていない。これを考えると、平賀の記述は、戦後日本の外事法において米国移民法が大きな影響を与えたことを明確に立証している。

（5）　また、国籍法における血統主義を考えるうえで、国籍法における「認知」の特異な使われ方をも考えておかなくてはならない。内田貴は日本の認知に関して「単純に考えれば、血縁上の親子には当然に法律上の親子関係を発生させるべきだという議論も可能なように見える。（中略）事実上の問題として、認知した父親の家庭が破壊されることもある。親にとっても子にとっても負担となりうるのである。したがって、血縁主義を徹底することは、立法政策として必ずしも望ましくない。これと対極にあるのが、当事者にその意思がなければ親子関係を発生させないという立法政策である（意思主義）。親子関係の発生に親の認知を要求した七七九条や成年の子の認知に子の承諾を要求した七八二条は、そのような立場からの規定といえる。（中略）しかし、非嫡出子であることは子に責任はない。したがって、子が父親を捜しあてたのに父親が父子関係の発生を拒むというのは、無責任すぎるというべきだろう。そこで、子は親の意思に反しても実の両親と法律上の親子関係を発生させることができるという考え方が生ずる。これを制度化したのが七八七条の認知の訴え（強制認知）と呼ばれる制度である」と論じ、日本の認知に「意思主義」に基づく認知と「血縁主義」に基づく認知が並立しており、二つの立場を調和させることが困難で、民法上の解釈においても対立する見解を生じさせていることを論じている（内田、二〇〇四、一八六―一八七頁）。国籍法の場合は、認知制度を国籍の選択との絡みで用いることもあり、もっぱら意思主義の立場からのみ受け入れているように思われる。国籍上の血統主義を、上記内田の用語でいえば「血縁主義」として解釈し、血縁上の関係さえ明らかにすれば日本国籍を与えてもよしとすれば、認知や準正に基づく差別がなくなり血統主義の原理が貫徹するという見解もある。しかし、こうした見解は少数説にとどまっている。

（6） 国際化が進んだ日本社会では「国際人権規約」や「子どもの権利条約」など日本が結んだ国際条約に縛られなくてはならない社会環境になっており、日本人と外国人の間に生まれた子どもの国籍をはじめとする諸権利は、これらとの整合性をもたさなくてはならなくなっている、ということも社会環境の変化として挙げられている。

（7） 嫡出子の人数およびその割合からみれば、保守派が論じるような性道徳の乱れは日本では異常なくらいに見ることができない。もっとも、日本は西欧諸国と比べると人工妊娠中絶の多いことでも知られているので、単純に、嫡出子の割合が高いから性道徳の乱れがないとは言えない。しかし、日本人父―外国人母の非嫡出子に日本国籍を認めたからといって、日本人のアイデンティティがゆらぐとは思えないのだ。

第4章●日系人から考える日本国籍の境界
――最初の日本人に連なることの意味を考える

はじめに

国際結婚を扱った嘉本伊都子の『国際結婚の誕生――〈文明国日本〉への道』（新曜社、二〇〇一）は、日本における国際結婚の歴史と日本国籍との関係を扱ったものとして高い評価を受けた。筆者も、この本が出版されて比較的早くに手に取ったが、非常に面白く読んだことをいまでも覚えている。だが、筆者は外国人労働者の労働問題を主たる研究テーマとしていたこともあって、この本に直接言及しなければならない研究はしていなかった。しかし、日本の外国人労働者問題を考えるにあたって、日系人労働者問題は避けることができない。日本国籍とのつながりが外国人労働者の間における地位の差の根拠になっている。このことを考えていくと、嘉本と同じような問題意識もまたもたざるをえない。日本国籍の境界という問題である。

日系人労働者だけが、外国人労働者であるにもかかわらず、就労制限なく働くことが認められている。(1) 就労制限がないのは、日系人がビザカテゴリー上で定住者として受け入れられたのであって、外国人労働者として受け入れられたのではないとする議論もある。しかし、二〇〇八年のリーマンショック以後の世界同時不況のなかで、二〇〇九年四月から二〇一〇年三月まで、厚生労働省が失職したまま日本に滞在している日系人労働者とその家族に国費を投じて帰国を促す帰国支援事業を行ったことからも明らかになるように、日系人が外国人労働者であることは誰の目から見ても明らかなことだ。

日系人だけが、入管法上就労制限なく受け入れられるようになったのはなぜか。一九九〇年の入管法改正によるものというのが通常の答えだろう。筆者が考えたいのは、その入管法改正を含めた日本の法体系のなかで、①なぜ日系人のみに就労制限が置かれなかったのか。②日系人にのみ特別な地位を与える根拠に相当する考え方はどこから生まれたのか、ということなのである。そう思って嘉本を読み返すと、いくつかの点で、国籍に対する社会学的な理解と法学的理解の間に大きな溝が存在することに気づいた。

本章では、まずこの国籍をめぐる社会学的な理解と法学的な理解の対立点を示すことから始めて、日系人にのみ特別な地位を与えることがなぜ許されるのかを解明したい。そのうえで、日系人をめぐって行政上与えられる「日系」人と、ブラジルの日系コロニアで日系人や日系社会と語られるときの「日系」との違いが、さまざまな誤解をもたらしていることを論じる。

1　日本人になるとは

日本人であることは決して自明のことではない。だからこそ、国籍確認請求裁判が毎年何件も提起されている。その結果、最高裁や高裁といった上級審での判例もそれなりに積み重ねられている。にもかかわらず、国籍確認請求事件は絶えず提起されてくる。当事者が日本国籍であるかどうかの判断が問われる国籍確認請求事件はそのほとんどが渉外婚姻（日常用語では国際結婚と呼ばれる）であり[2]、国際結婚を取り扱った嘉本が国籍についての議論に踏み込んでいくのも当然だ。

ところで、日本国籍をもっている者は戸籍にも必ず載っている。反対に、「もし、誤って外国人が戸籍に登載された場合は、その記載は法律上許されないものとして削除されなければならない」（田中、一九六六、一一〇頁）。戸籍は日本人であることを証明する疎明資料の一つになっている。日本人がパスポートを申請するときに戸籍の提出を要求されるのはそのためである。しかし、戸籍登載者が必ず日本人であるとは限らないし[3]、本来は日本人であるにもかかわらず戸籍に登載されていない場合もある。近年の社会問題を例に挙げれば、離婚した女性が離婚後三〇〇日以内に生んだ子どもは前夫との子となる、いわゆる民法の三〇〇日規定のために戸籍に登載されていない子の問題を考えると分かりやすい。全国紙をはじめ新聞やテレビでも多々取り上げられた問題である。この問題を扱ったいずれの論説や特集記事でも、これを無戸籍の問題ととらえることはあっても無国籍の問題ととらえた見方はない。社会的にも、戸籍がないからといって、その子の国籍が日本であることには一片の疑いも差しはさまれないのである。もっとも、三〇〇日規定の問題は日本人の女性に関係している問題であって、この問題から戸籍に登載されないということは母が日本人であることは確実なのだから、現行の父母両系制の血統主義をとる国籍法では当然とも言える。

母が日本人であれば、婚姻関係を問わず子は日本国籍者になる。だからこそ、生母が日本人であることに疑いのない三〇〇日規定の問題は国籍法ではまったく問題にならない。しかし、父が日本人である場合にはそうはいかない。たとえ生父が日本人であることが確実であっても、手続きいかんによってては子が外国人となったり、日本人になったりする。このような手続きだけで子の国籍が変わってしまうことの問題が問われたのが二〇〇八年六月四日の最高裁判所大法廷における国籍法違憲判決であった。この事件は、婚姻関係が成立していない日本人父とフィリピン人母の間に生まれた二人の子が、胎児認知をしたかしなかったかで、フィリピン国籍と日本国籍に分かれてしまったことの合理性が問われたのであった。最高裁は胎児認知の有無のみで国籍が変わってしまうことを不合理と判断し、フィリピン国籍であった子も本来日本人として認められるべきものであると判示し、国籍法に違憲判決を下した(4)（第5章で詳細に論じる）。裁判所が認定することで、昨日まで外国人であった者も日本人になりうるのであり、日本人であることは決して自明のことではないのだ。

2　法務省はいかなる見解をとってきたのか

国籍が国籍法で定められている以上は、誰が日本人であるかを決定するのは立法者と言ってよいだろう。法務省民事局において国籍法を扱うのは民事五課、戸籍法を扱うのは民事二課である。戦後のこの法務省民事局民事五課長・民事二課長およびその経験者がその時点その時点での国籍法・戸籍法の概説書として書いた本が何冊かある。これらの本は著者の考えをまとめたものであり、そこでの見解が法務省の見解となるものではない。しかし、実務をつかさどる責任者が、法の運用の趣旨とどのように判断すべきかを細かく論じたものに、その時点その時点の法務省の国籍に対する見解が表されていると考えることはできるだろう(5)。

それではまずは、戦後の新国籍法の起草者である平賀健太にとって国籍とはどのようなものであったのか見ておこう。平賀によれば、国籍とは「個人と国家との間の政治的紐帯」であり、「個人の特定の国家の構成員たるの資格、特定の国民共同体の一員たるの資格」である（平賀、一九五〇、一頁）。中世封建国家では「主権者、すなわち君主の領土としての国家が観念され」ることにより属地主義・出生地主義（jus soli）が採られ、近代になり「言語・宗教・風俗・文芸等々総じて文化を共同にする共同体＝民族が『くに』として把握され」ることで血統主義の観念が発生してくる（平賀、一九五〇、二頁）。いずれにせよ、国土のうえに形成されている共同体との結びつきが国籍を考えるうえで決定的である。

元来、封建社会において、人は身分的にも地理的にも自由に移動することができず、自治都市を例外とすれば、むしろ人（とりわけ当時の人口構成で大部分を占めた農民）は土地の付属物であった。この時代においては、人の住所概念がダイレクトに国籍概念と結びつき、「その者がその土地の住民であること、すなわち一定の土地に常住する人々によって形成される地縁共同体の一員であること」は具体的・現実的に確認することができた。しかしながら、人の移動が増加してくると、「各人の単なる一時的な滞在の場所」、「多少とも継続的な滞在の場所としての居所」、「各人の日常生活が恒常的にそこでいとなまれる生活の本拠としての住所」（傍点は引用者）として、その土地に居住することが直ちに共同体を構成しているとは言えない状況が生じてくる。住所と居所が概念的に区別され、前者は個人が単にそこに居るということにとどまらず、当地においてさまざまな社会関係のなかに取り込まれて、個人を取り巻く社会の側からも一定の位置を与えられている場所を指す概念になったのである。このように、国土と個人の結びつきは人の移動の増加に連れて、中世までのような個人と国土との現実的なつながりだけではなく、近代的な国籍概念では、高度に抽象化された概念へと昇華していく。

近代社会のこうした状況に対応して、共同体の正規の構成員を検討し直す考え方が血統主義であった。平賀は、属地主義が国籍概念と住所概念を直に結びつけ「国人たる資格の得喪は、国土における住所の得喪に外ならなかった」が、血統主義は「国人たることの概念から国土との地縁関係が捨象されたときに成立」すると評した。そして、「この国籍概念の住所概念からの分離独立は、法制的には出生による国人たる資格の取得に関して生地主義に対する血統主義（jus sanguinis）の採用において表現され」る。なぜなら「血統主義においては、子は出生によって父または母の国籍を取得する。したがって出生の場所のいかんは国人たる資格の得喪に当然に影響を及ぼすものではない」からである（平賀、一九五〇、九―一〇頁）。

同書において、国籍に関する基本概念を最初に平賀が取り上げたのは、単に国籍法の解説書だからではない。日本国籍の仕組みを考えるキーとなる考え方、つまりは日本にとっての血統主義のエッセンスがそこに含まれているからである。平賀は、「我が国の戸籍制度においては、戸籍の記載を受ける資格のある者は、日本国民に限られかつ日本国民はすべて戸籍に記載されるという建前である。しかるに他方戸籍制度の基礎をなすものは本籍である。本籍は現実の居住の事実とは必然的な関連を持たないが、それでもなおそれはわが国の国土における一定の場所である。してみれば、日本国民はすべて戸籍に記載されることによって本籍をもち、この本籍をもつことによって観念的にではあるが日本の国土との間に地縁的なつながりをもっている」（傍点は引用者）と説明するのだ（平賀、一九五〇、一二―一三頁）。つまり、血統主義を採ることで国民の子どもは国民とするだけでなく、国籍を、家を管理する戸籍制度に結びつけることで、個人を家という共同体の一員として具体的に位置づけると同時に、日本の国土との観念的な結びつきが本籍を媒介に担保される。[6] 現在の戸籍法では本籍地を自由に定めることができるとなっている。しかし自由に定めることができるとはいえ、本籍地は日本の領土でなければならない。この本籍地を置ける領土には択捉島や国後島といった北方領土も含まれている。この結果、日本の国籍概念は属地主義の要素をも内包している。

ところで、平賀によれば、血統主義の採用が直ちに国籍法で規定される者＝国民になるのではない。一九世紀の前半までは国籍法で規定される者は近代的な国民ではなく、それ以前の存在すなわち「国人」なのである。国民概念で国籍を考えなくてはならないのは一九世紀後半以降であり、それには「他民族との対照において自民族を国家として意識させ、自民族の一員を他民族のそれから区別する者として国民の概念を成立させ、またこの国民を政治的組織体の一員として自ら政治に参与する市民としての自覚を可能にするばかりでなく、独立の個人を明確な意識にまでみちびいた」状態が必要となるのだ（平賀、一九五〇、三四頁）。

そのうえで平賀は血統主義を以下のように説明する。血統主義とは制度的には国民の子が国民となる仕組みであるが、そもそも血統主義が必要になったのは、属地主義では人の移動が起きてきてしまうと、言語・文化・さまざまな社会習慣を共通にする者を国家・共同体の外部に置いてしまうと同時に、言語・文化や習慣は異にするが国内で生まれた者を国民とすることで共同体の一体性が保てなくなるからである。この考え方のもとでは、個人は男女の共同体としての夫婦をつくり、夫婦のもとに子が生まれることで親子の共同体が形成される。そして夫婦の共同体であり、かつ親子の共同体である家族を通して国家内部の大小さまざまの共同体の言語・文化・さまざまな社会習慣を子は獲得する。この意味で国民の子が国民となるというのである（平賀、一九五〇、一〇八―一一〇頁／平賀、一九五一、二〇一―二〇二頁）。

一九世紀の前半までは、近代的な国民概念でとらえることができない、というスタンスは平賀以降の者も同じ立場を取る。この点をより明確に示したのが田代有嗣であり、田代は「明治開国前の日本は、前近代的国家であるが、国家である以上、実質国籍法（条理国籍法・不文国籍法）は存在したものというべきであり、そして、その条理国籍法の内容は、『住民＝国民同一思想』であったと考えられる」と述べる（田代、一九七四、五五頁）[7]。ただし、田代は国籍について極端な血統主義の立場でも知られるので注意も必要だ。彼は平賀の血統主義を否定するかのように「『血統』とは血脈、つまり生理上の血のつながりを意味する」（田代、一九七四、四五頁）と述べ、「『自然血統（生理上の血統）』のほかに、生理上の親子関係のない『法定血統』の如きものを考える余地があるかどうか」は「国籍法の根本問題である」が、「国籍法における血統は、生理的血統に限られるものと解しなければならない」とまで言い切るのだ（田代、一九七四、四五―四六頁）[8]。

ところで、法務省見解を述べたものとしてこれまで紹介した文献はすべて、日本の国籍法の沿革についても言及している。いずれも日本の国籍法の始まりを一八七三（明治六）年の太政官布告第一〇三号（以下、「明六布告」と記す）に求めている。嘉本もまた明六布告を最初の国籍法として自著の分析の主たるテーマと置くものの、そこでは明六布告以前に行われた国際結婚にも同じアナロジーに基づいて渉外婚姻が行われていたことが論じられ、連続性が強調されている。しかし、法務省の役人たちが書いた法務省見解を述べた書物では、いずれも明六布告以前の渉外婚姻・国際結婚は一切言及されない。これは、法学アプローチが明六布告以前の渉外婚姻・国際結婚を国籍法の範疇外ととらえているからであろう。法学アプローチにおける国籍と、社会学アプローチにおける国籍とにズレが生じるのはなぜなのだろうか。

3　日本の血統主義とは何であったのか——元祖日本人の発見

法学アプローチと社会学アプローチの違いが生じてくるのは、一八七一（明治四）年四月四日に布告された太政官布告第一七〇号である一八七一年の戸籍法（この法に基づいて翌年作られたのが壬申戸籍である）の扱い方だ。ところで筆者は、嘉本のアプローチをこれまで社会学アプローチと読んできたが、これは正確ではない。むしろ、嘉本の戸籍に対するアプローチの仕方は歴史人口学者速水融に依拠するものであって、嘉本—速水アプローチと言ったほうがいいのかもしれない。このことを端的に示すのが、速水を引き合いに出しつつ壬申戸籍を「この戸籍は、長州藩の戸籍を源泉《とじゃく》とする」と論じ、続けて「だが、『家』の箱でもって人口を把握するという機能的側面を考えるならば、江戸時代の宗門人別改帳も同じような役割を果たしてきたことがわかる」と記述していることだ（嘉本、二〇〇一、二一頁）。壬申戸籍をそれ以前の戸籍制度に連なるものと理解し、これを機能的な観点から宗門人別改帳との連続性の面から考察するのだ。

しかし、法学アプローチとしての戸籍は、壬申戸籍とそれ以前の戸籍制度を明確に区分する。この点の議論は次節に譲るとして、本節では、嘉本が論じたような江戸初期から明治のきわめて早い時期

（壬申戸籍の成立以前）の国際結婚を、現在の国籍法との関連からは論じられないことを示す。それが国籍法にとっての元祖日本人＝最初の日本人の設定なのである。

前節で見たように、法務省の実務の担当者の間でも必ずしも日本の血統主義とは何を示すのかについて共通の理解があったわけではない。しかし、血統主義とは、国民の子が国民となることであるという点では一致している。すなわち、日本人とは日本人の子である、という論理だ。この日本人の子が日本人という命題が成立するためには、最初の日本人が必要になる。有斐閣の法律学全集における谷口知平『戸籍法』（一九五七）をひもとくと、戸籍制度は八草の姓から始まっており、しかも戦後に出版された本であるにもかかわらず皇紀で年代が記されている。[9] いかに戸籍の概念と天皇制とが密接に結びついているのかを改めて感じさせる。だが、国籍法上で問題になる戸籍は、古代から連綿と続いてきた戸籍制度ではない。

この点を明確に示したのが、血統主義＝血縁主義にこだわった田代なのであった。田代によると、国民の子が国民となる、という原理を支えていくには、父母が日本人であるのか、さらにさかのぼって祖父母が日本人であるのか、といったことを逐次さかのぼって確証していくことによってしか知ることができない。そのうえで「血統主義ではさかのぼった先に根源となる日本人が先ず存在しなければならないということである。この根源となる日本人を『元祖日本人』と名づける。まず、この元祖日本人が存在してそれからその国籍を相続する日本人の子孫が生ずるのである。『はじめに元祖日本人ありき』。これが血統主義国籍法の本質である」（田代、一九七四、五二頁）とする。

それでは元祖日本人をどのように決定するのかというと、新国籍法は旧国籍法と入れ替わって施行されるから、新国籍法で日本人となるものは旧国籍法でも日本人であった者となる。そして、旧国籍法以前は明文による国籍法はなかったが、「『国家あるところに国籍あり』であって、国家が存在する以上、その構成員たる国民を決定するための法、つまり（実質）国籍法は当然存在するものというべき」である（田代、一九七四、五四頁）。すでに述べたように開国以前の実質国籍法は住民＝国民同一思想に基づく条理国籍法であった。この観点から、彼は明六布告を最初の国籍法として位置づける。

この布告は「日本人男に嫁した外国人女は日本国籍を取得して夫婦ともに日本人ということになり、逆に外国人男に嫁した日本人女は日本国籍を喪失してその夫婦はともに外国人となり、結局、夫婦同一国籍主義の建前に帰するから、その夫婦間に生まれた子はその両親と同一の国籍を取得すべきものとする思想の下に立っていたと思われる。つまり、夫婦同一国籍主義は親子同一国籍主義を当然に包含していたと考えられ、さらにこのことは親の国籍を子が受け継ぐという血統主義を意味し、生物主義に対するものとしての血統主義の萌芽がここにきざしたとみることができる」と論じた（田代、一九七四、五九頁）。すなわち、明六布告は、開国によって開国以後に新たに入ってきた外国人は外国人となり、海外に出て行った日本人は日本人のままであるとし、居住者＝国民とする条理国籍法に修正を加えたものであると田代はとらえるのだ。国籍法の本質として、中核部分たる国民—国民カップルの子としての国民については自明視できるから、条理に任せてもそう混乱は起きない。反対にフリンジの部分は単なる条理ではすまされないから、法による規定はフリンジの部分から明確化せざるをえないのだ。つまり、一見フリンジ部分だけのように見える規定が、条理国籍法であったことを前提とすると、フリンジ部分には限らない国籍法としてとらえることができるのである。[10]

最初の国籍法たる明六布告は外国人との婚姻についての布告であった。この布告の対象となったのは外国人と婚姻する日本人である。だが、布告の文言に日本人とは誰なのかの規定は一切見ることができない。しかし、布告が法文として成立するためには、そこに規定がないとしても、外国人と婚姻するにあたって政府に許しを得なくてはならない対象者が日本国籍者であることは論をまたない。それでは、この布告の対象者となったのは誰なのであろうか。それは一八七一年の戸籍法に基づいて、「臣民一般」に対する戸籍としてまとめあげられる壬申戸籍登載者なのである。最初の全国的な統一戸籍が、最初の日本国民の登録台帳となるのである。そして壬申戸籍登載者が、国籍法上の最初の日本国籍者となるのである。

4　元祖日本人が壬申戸籍登載者に求められるのはなぜか

ではなぜ壬申戸籍に元祖日本人が求められるのであろうか。それが最初の日本国民の台帳だからというだけでは弱い。そこで、法学者による戸籍研究をみていこう。筆者がここで主に言及するのは、一九五九年から一九六七年に出版された福島正夫編の『「家」制度の研究』(本編および資料編三冊)と、これらの家制度研究の集大成たる福島正夫『日本資本主義と「家」制度』(一九六七)である。なぜ福島の手による研究を法学者による研究の代表例とするのかと言えば、それが三冊の資料編に示される明治期の戸籍法制定過程に関する細かな資料や議論を集め、さらに各藩・各県で実際に行われていた戸籍行政に関する資料のうえに立った見解だからである。また、福島は占領下に法務省の前身である法務府（後に法務庁）で平賀の同僚として勤務した経験をもっており、行政の先例や資料の読み込みで彼が誤読することは考え難い。

福島によると、一八七一（明治四）年の戸籍法に先立って、一八六八（明治元）年に京都府戸籍仕法が公布され、これが翌年民部省により政府直轄領に施行される。この京都府戸籍仕法は、都市部に施行する市中戸籍仕法、農村部に施行する郡中戸籍仕法、さらには族属別に施行する士籍法、卒籍法、社寺籍法等の一郡の戸籍法となっており、そのなかの庶民に関する戸籍法が長州藩に由来する戸籍《とじゃく》であった。同じ一八六九（明治二）年には東京府戸籍法令で、京都府戸籍仕法をもとに、地主戸籍、借地戸籍、借店戸籍といった新しい区分が用いられたり、他国から来て一定の期間居住している者を町籍に加えたりといった若干の修正が行われつつ、戸籍の運用が始まったとされる。だが、一八七一年の戸籍法に先立つ京都府戸籍仕法・東京府戸籍法令はいずれも身分ごとの戸籍や市中と農村で違いが設けられており、一律の戸籍制度とはなっていなかった（福島、一九六七、七七—八二頁）。しかも農村部の庶民が郡中戸籍に入れられるこれらの戸籍制度は、農民が土地から離れることができないことを前提としており、身分制が維持されているだけでなく（だから族属別戸籍になっている）、農民が土地に緊縛されており徳川政権までの封建的伝統の色濃い戸籍制度であった。

だが、一八七一（明治四）年の戸籍法はそれまでの戸籍制度とはまったく異なったものと理解される。まず「明治四年戸籍法は、廃藩置県に先駆し、かつその方向を規定したとともに廃藩置県後、全国統一の政治の規定となった維新政権の最重要立法の一つ」であり（福島、一九六七、四二頁）、一八七一年戸籍法以前の戸籍がもっぱら戸口の多寡を計測するものとして考えられていたのに対し、一八七一年の戸籍法は人口把握の面があったとしても、これまでの族属別の籍ではなく身分の違いを超えて一つの様式の籍にまとめあげられ、すべての人々に同じ義務を課したことに「四民平等」のイデオロギーが胚胎していたことを重視するのだ（福島、一九六七、四四頁）。つまり、嘉本―速水アプローチにみられる戸籍の機能的な把握ではなくて、法学アプローチは戸籍のもつイデオロギー的側面に注目するのである。

そのうえで福島は、一八七一年の戸籍法のイデオロギー的源泉を、高知藩における藩政改革に求める。板垣退助が大参事、五箇条の御誓文を起草した福岡孝弟が権大参事として携わった一八七〇（明治三）年一一月発布の藩大改革の告諭が決定的であったとする。この告諭には「（1）藩統治機構における官僚制の確立」「（2）四民徴兵制の採用」「（3）士族の処分と禄券の創設」「（4）卒の処分」「（5）農工商の身分制からの解放」、そして（1）から（5）を行うために「士族平民一般」をまとめあげるための「（6）藩庁による一般戸籍の編製」を行うことが含まれていた。高知藩内のことであったが、士族平民一般の戸籍を作ることは、士族を廃止し、兵役をすべての身分からのものとし、旧来の身分制を廃止して職業移動や地域間移動を可能とさせることが意図されるものであった（福島、

一九六七、五三―五七頁)。

高知藩の改革は、さしずめ日本の縮図であった。士族を廃止すると、その士族が何らかの職業に就かざるをえなくなる。これまでの身分ごとの籍があったのではそれができない。すべての人々を一般籍にして職業移動ができるようにし、かつ一般籍にすることでそれまでは禁じられていた身分間の通婚を認め、これらの結果として地域間移動(旅行の自由)をも認めるようになったのである。戸籍を一つの制度にまとめるということは、単に一つの書類にすべての人が載るということではなく、このような身分間移動(現代で言えば階級移動や階層移動であろうか)や地域間移動をも引き起こす社会制度全般に影響を与えるものなのだ。

そして、福島はとりわけ板垣の会津戦争のときの経験を重視する。板垣が「上下隔離シ、士族ノ階級カ独リ其楽ヲ専ラニシテ民ト其ノ楽ヲ分カタサリシ」と会津藩士が戦っているときに庶民が無関心であったことを嘆き、「士ノ常識ヲ解キ四民平等ノ制ト為シ国民皆兵主義ヲ行ナワサルヲヘカラス」との意思を持って改革にあたったことを重視する。[11] そして、高知藩の改革にあたっては「士族平民一般の戸籍」と呼ばれたものが、高知藩は改革にあたってこれを行うための弁官伺を政府に対して出したときにはそれが「国民一般の戸籍」と変わり、一八七一年の戸籍法では「臣民一般」へと変化していくことに注目する。「布告で『士族平民一般の戸籍』といい、弁官伺では『国民一般の戸籍』と呼んでいる(中略)これはそのイデオロギー的源流を板垣のいう『四民平等ノ制』、『愛国心』にくみ、またその制度的発展として、一八七一年戸籍法における『臣民一般』につながるとみられる」(福島、

一九六七、五七頁)。

板垣の構想には新しい統治機構と愛国心をもった国民の創設とが含まれている。いまで言うところのステートビルディングとネイションビルディングに相当するものなのである。四民平等を一つの観念的価値に置くが、この観念的価値が置かれる主目的は富国強兵なのだ。すべての身分・階級の者による近代国家の建設や軍隊への参加が必要不可欠で、これを動員し、動機づけるものとして四民平等が措定されていたのである。この発想を基本イデオロギーとして組み立てられた全国法が一八七一年の戸籍法であり、近代日本にとってここが出発点となるのはこの理由に基づくからであろう。壬申戸籍登載者につながる者を最初の国民とみなすことには十分な理由があるのである。

5　戸籍概念の観念化と国籍上の日本人

ところで、壬申戸籍を最初の日本人とみなしてその後の血統主義国籍法における原点、つまり、最初の日本人と考える理由はもう一つある。一八七一(明治四)年戸籍法の第一則は「戸籍旧習ノ錯雑アル所以ハ族属ヲ分ツテ之ヲ編製シ地ニ就テ之ヲ収メサルヲ以テ遺漏ノ事アリト雖モ之ヲ検査スルノ便ヲ得サルニ依レリ故ニ此度編製ノ法臣民一般(華族士族卒祠官僧侶平民迄ヲ云以下准之)其住居ノ地ニ就テ之ヲ収メ専ラ遺スナキヲ旨トス」としている。福島は、これは「身分別戸籍という従来の方式によっては完全に人民総体を把握できないという根本的欠陥を自覚し、これを改革し統一戸籍を編製して、住所地主義により一人もあまさず、戸籍に包括することとしたのである」と述べる（福島、一九六七、一二一頁）。つまり、壬申戸籍は徹底した住所地主義を採ったことによって、それ以前の戸籍ともこれ以後の戸籍とも異なり台帳と実態が合った戸籍であったのだ。観念だけではない実態のある元祖日本人の台帳なのである。

しかし、壬申戸籍を作成してからさほど時間が経過しないうちに、戸籍は実態を反映しなくなる。封建時代の土地緊縛から放たれ、四民同一のイデオロギーのもとで人々の空間的・社会的移動が頻繁に行われるようになっていく。しかし、土地緊縛ではなく戸籍緊縛として人々を戸籍台帳に縛りつけておくことは、戸籍台帳に人々は載り続けるが、戸籍の所在地に個人が居住していないということも引き起こす。極端な場合は、戸籍の所在地に家族が一人も存在しない、という事態まで起きる。戸籍が実態を伴ったものではなくなるのだ[12]。

それとともに戸籍の様式も変化していく。壬申戸籍が、「住所を基礎として『戸』（世帯）を単位として編製され、本籍、氏名、年齢、職業、氏神、宗旨、犯罪等を記載するほか印鑑をも登録」するものであったのから、明治一九年（一八八六）式戸籍では「登記目録の制度が創設され、加籍、除籍および移動の三目録が備えつけられ、もっぱら身分関係の動態についての事項がこれに登録され」るようになる。そして、明治三一年（一八九八）式戸籍で「戸籍制度の本質的な改革とともに身分登録制度の樹立にともなって、戸籍は本籍を基に『家』を単位として編製されるに至った。従って戸籍の様式も戸主欄に『前戸主トノ続柄』及び『戸主トナリタル原因及年月日』欄が設けられ、戸主以外の者については、『家族トノ続柄』欄が設けられ」る（瀧口、一九六六、三五七―三五九頁）。戸籍は住所地主義から本籍主義による戸主との身分関係の台帳へと完成されていく。

戸籍上の家族から居住実態が失われることで、戸籍制度は危機を迎えたのであろうか。そのようなことはない。福島は末弘厳太郎が「我民法上の家は社会的に實在する團體ではなくして、思想的にのみ存在する法定の家族團體型に過ぎない。それは祖先の靈を宿しつつ連綿として縦に存續する思想的存在であって、現實に存在する横の團體ではない」と述べ（末弘、一九四〇、二五九―二六〇頁）、現実には存在しないが思想的観念的に存在する家を末弘が「『型』としての家」として論じたことをあげて、「構成員が全部いなくなり、その『家』の戸籍が戸籍簿から除かれても（絶家）、『家』は無となるのではなく、思想的存在としては依然として存在し、さればこそ絶家再興が可能である」と論じる（福島、一九六七、六頁）。そして、実態を失っても家制度が存続し続けるのは、戸籍法という国家法による強制があることを重視する。国家法としての戸籍法が制度としての家の実効性を担保していくのだ。そこでは、型としての家がイデオロギー化し、縦のつながりとしての祖先崇拝を家の内部の成員に実行させていくことで、戸籍は形骸化していくが戸籍を媒介に形成される家制度の実態を規定していくというのである。

このように戸籍制度の形骸化は、他方で家制度の観念化・イデオロギー化につながっていく。戸籍制度の観念化は必然的に国籍についてもイデオロギーとしての機能をもったものとなっていくことを予想させる。筆者は、戸籍制度のイデオロギー化と結びついた国籍概念にたどり着くことによって、帝国主義時代の戸籍制度に基づく日本国籍の差異の導入にも理由が見いだせるようになると考える。つまり住所地主義であったがゆえに壬申戸籍登載者をその時点で存在していた最初の日本人を認定できることを、壬申戸籍登載者とその子孫が国民国家日本を建設してきたという歴史的経緯につなげることで、戸籍を区分として日本国籍者のなかに上下関係を持ち込むのである。すなわち、内地籍に基づく日本国籍者、下関条約による領土の割譲とともに日本人となる台湾戸籍の日本国籍者、そして日韓併合条約による韓国の対人主権と領土主権の譲渡を根拠にした朝鮮籍の日本国籍者といった具合である。

実際、日韓基本条約を締結したすぐ後に、この時点で民事二課長であった家弓吉巳は、昭和四一年四月二日法務省民事甲第一〇二五号民事局長回答を挙げて「なお、附言すれば、法務省においては、従来在日朝鮮人に日本国への帰化や、日本の国籍離脱の際に官報告示において、朝鮮人の国籍につき、『国籍、朝鮮』とか『朝鮮の国籍を有する云々』というふうに記載しているが、この『朝鮮』の記載は、昨年十月二十六日の外国人登録上の国籍欄の記載について発表された政府統一見解と全く同一の趣旨で用いられているようである。すなわち、在日朝鮮人は、もと朝鮮戸籍に属し、日本国内に居住していたまま日本国籍を失い外国人となった特殊事情から、旅券、または、これに代わる国籍証明書を所持していないので、便宜の措置として『朝鮮』という名称を記載したもので、この意味において『朝鮮』という記載は、かつて日本の領土であった朝鮮半島から来日した朝鮮人を示す用語で何らの国籍を表示するものではないとの見解をとっている」（傍点は引用者）と述べる（家弓、一九六六、二五二頁）。国籍による表記よりも、戸籍にこそ、区別の源が求められるのである。

6 日系ブラジル人から見る血統主義の台帳主義への転化

日本国憲法の施行は、それまでの家制度を否定し、個人の尊厳に第一の価値を置くことになった。戸籍法も改正され、戦後の戸籍法は「夫婦及びこれと氏を同じくする子をもつて戸籍編製の単位としており、三世代以上又は二夫婦以上が同籍することを許さないのであつて、同法によつて編製される戸籍は、旧民法の家を単位として編製された旧法の戸籍とは、編製の基本を異にしており、その内容及び体裁ともに著しい相違がある」と言われる（岩佐、一九五九、二〇五頁）。戸籍法はその編製原理を大きく変えたのである。

では、国籍法にとっての戸籍の意味も変わったのであろうか。そのようなことはないのだ。第1節で論じたように、日本国籍者は必ず戸籍に登載されることになっているが、親が届出をしていなかったり、親が届出をしたにもかかわらず役所の職員が手続きを懈怠したりすることもあるし、偽って戸籍の届出をすることもありうる。そのため、戸籍登載者であれば日本国籍者であると確定的に言うことはできず、反証されない限りにおいて戸籍登載者は日本国籍者である、とされる。

しかし、戸籍が偽りであることを反証するには限界がある。偽った当事者や関係者が存命で証言が取れるのであれば反証できるが、関係者が死亡し、もはや偽りの戸籍であることが反証できないと覆すことができなくなる。『古い戸籍』は反証をあげてその内容を覆すということが不可能となると事実上公信力を有するにひとしいということにもなるのである。そして、血統主義国籍法は、このもはやくつがえすことのできない「古い戸籍」の登載者を確定的に日本人である者（事実上の元祖日本人）とみなして、そこからその子孫の日本国籍の有無を決定することになるのである」（傍点は引用者）（田代、一九七四、七八頁）。このようにして、「古い先祖の国籍は戸籍の記載に依存せざるを得ないことになるのであって、そうなると事実上国籍決定の先決的基礎にむしろ戸籍があることになるのである」（田代、一九七四、七七頁）。最初の国籍法たる明六布告が壬申戸籍登載者に対するものであったように、国籍の先決問題として戸籍の問題が出てこざるをえないのは[13]、国籍法の法制史の論理にも合致している。

新憲法のもとでの、新国籍法・新戸籍法になっても、国民の台帳としての戸籍に連なる者のみが国民となるという仕組みは変わらないのだ。そして、日系人の受け入れを見れば明らかなように、家制度が否定された新戸籍法に変わったといえども、新戸籍は旧戸籍につながっており、新旧の戸籍を問わず戸籍につながっていればその者は一般の外国人・外国籍者とは区別すべき存在となる。日本国民となる者が戸籍に記載されていなくてはならないという法の構造は、外国人といえども戸籍とつながりをもち、戸籍上の位置づけを確定することのできる外国人には特別の地位を与えることを可能とさせる。明治四年の戸籍法は単なる戸籍法ではなく、天皇―府県官吏―戸長―戸主を通して統治する根拠法であり、統治の基本思想たるものである（福島、一九六七、第五章）。近代日本の統治思想の中に、壬申戸籍登載者とその子孫を位置づけることは可能なのだ。イデオロギー的にも、近代日本の建設に加わったメンバーの子孫という立ち位置がこのように考える根拠を与えることになる。

戦後のブラジル日系コミュニティのリーダーの一人でサンパウロ人文科学研究所の創設者の一人にも名を連ねる安藤潔（ペンネーム安藤全八）は、戦前からブラジルの日本人移民社会がブラジルに同化していくことの必要性を強く説いていた。彼は、戦後の日系コロニアでの日本語教育の到達目標を小学校四年生程度の日本語能力とし、これを実践するための教科書を作って各コロニアに配布している。戦後のブラジルでの日本語教育はこの程度のものであったことはラテンアメリカ社会を知るものであればよく知られていることであり、一九九〇年の入管法改正に関して日系人労働が認められたのは日本との文化的つながりが斟酌されてとまことしやかに語られるが、こうした見解そのものが、実態を知る者からすれば「日系」という言葉のイデオロギー性を強く物語るものと映る。

先に挙げた家弓は、一九六一（昭和三六）年四月五日の最高裁大法廷判決を挙げて[14]、「この最高裁判所の判決によれば朝鮮人の日本国籍喪失の根拠を平和条約第二条(a)項に求め、喪失の範囲を血統主義によらず、戸籍主義に基づき、条約発効の時点において朝鮮戸籍に登載し、または登載されるべき事由のあった者としているのである」（傍点は引用者）と論じて、婚姻や養子縁組等の身分行為を通じて血縁主義的には日本人であった者でも（田代的にはこれは日本人となるはずだが）、戸籍上朝鮮戸籍に入った者については内地籍から除籍され、平和条約の発効とともに日本国籍を喪失するととらえる（家弓、一九六六、二四四頁）。明確に「戸籍主義」という言葉を用いて、国籍の区別が戸籍に求められるべきことを示す。

筆者は、旧日本人の子のうち韓国朝鮮籍や台湾籍の子孫と内地籍の子孫＝日系人の違いを、言ってみれば独立した植民地の子孫と宗主国の子孫との取り扱いの違いと考えていた。しかし、この取り扱いの違いは明治の国民国家日本の建設に参与した者の子孫とそうでない者との取り扱いの違いと考えると、日系人にのみ居住制限も就労制限も、そして家族帯同についても制限が置かれず、国民である日本人との違いは選挙権の有無のみで受け入れられたことに説明がつくようになる。これらから考えると、血統主義とは国民台帳たる戸籍登載者とのつながりを示す概念が血統となるのであって、証明しなくてはならないのはつながりの性質いかんではなく（だからこそ血縁的に日本人であっても朝鮮籍に入っていた者の日本国籍は認めない）、つながっている先に戸籍（内地籍）という国民台帳があるかどうかなのである。

注

（1） 在日の韓国・朝鮮人や同じく在日の台湾・中国人も、外国籍であっても同様に就労制限がないが、旧植民地との関連で日本に存在する彼・彼女たちを外国人労働者と扱うことはできないので、本章では就労制限のない外国人労働者は日系人のみと考えて議論を進める。

（2） 渉外婚姻以外では、海外で出生したが領事館への届出ができなかった子どもや、戦前・戦中期に日本の植民地で出生し帰国できなかった子どもらで争われることが多い。

(3) この問題を扱ったものとしては鳥山淳(二〇一〇)が興味深い分析をしている。

(4) この事件の判決文と解説については、『判例時報』二〇〇二号および『判例タイムズ』一二六七号で特集が組まれて、詳細に論じられている。

(5) 本章では民事五課長として戦後の国籍法の草案を書いた平賀健太が残した『国籍法』上下巻本、一九七〇年代に民事五課長を務めた田代有嗣が残した『国籍法逐条解説』、そして父系制血統主義から父母両系制血統主義に変わる時点で民事五課にいた黒木忠正・細川清が残した『外事法・国籍法』を、国籍について法務省見解が示されたものとして扱う。

(6) 「国籍とは原始的には国土に生活の本拠たる住所をもっていることの謂れであり、戸籍制度とは国土に住所をもつ者をその住所地において登録する制度なのであった。しかし、国籍も戸籍もその根底には共通の住所の観念があったので、現在ではまったく観念上の存在となってしまった『本籍』は、右の住所の観念の名残であり変形であると考えられる。現行法制の建前のもとにおいても、国籍の観念は国土との現実のつながりを失ったけれども、観念的にはなお国土とのつながりを断っていないということができる」(平賀、一九五〇、一七八―一七九頁)

(7) 嘉本は、『国際結婚の誕生』第一章をウィリアム・アダムズとその日本での妻おゆきとの関係から始めているが、筆者が思うに法務省見解に照らし合わせれば、これは国際結婚ではなかったということになるのではないだろうか。住民=国民同一思想であったとする考えからすれば、徳川家康から日本名三浦按針を与えられ、ましてや日本で家族を形成し、最終的には故国に戻らず日本で没したことを考えれば、法学アプローチ的にはアダムズは日本人となったと考えることができると思われる。

(8) 平賀は子が日本人親の家族のなかで社会化されることを重視し、そのため田代のような血縁主義は採らない。これには、平賀が、国籍法の親子とは法律上の親子を指していることを根拠に、国籍決定に必要な親子関係とはあくまで法律上の親子関係であって血縁上の親子関係ではない、とのスタンスを取ることに関係している。対して、田代は、法律上の親子関係もそのほとんどが血縁のある親子関係のうえに成り立っていることを重視し、徹底した血縁主義を唱える。

(9) 筆者はこの本を読む前に、谷口（一九五九）や谷口（一九八六）等を読んだことがあった。これらの論文で谷口は、戦後憲法のもとでの個人の尊重を価値とし、親子関係の旧慣の残る社会的実情に対していかに憲法的価値と合わせることができるかを理性的に論じていた。ところが谷口『戸籍法』は一ページ目から皇紀で表記されており、筆者は最初皇紀表記であることに気づかなかったため、誤植が続いているのかと思ってしまったほどだ。戸籍と天皇制の関係の強さに改めて驚かされた。

(10) 田代のこの見解は、筆者が思うに法学アプローチにとっては語る必要もない前提であるので、法学者が書く国籍法はすべて明六布告から始まるのであろう。

(11) 板垣は『自由党史』においても「夫《か》の會津が天下の雄藩を以て稱せらるゝに拘らず、其亡ぶるに方《あた》つて國に殉ずる者、僅かに五千の士族に過ぎずして、農商工の庶民は皆な荷担して逃避せし状《さま》を目撃し、深く感ずるところあり。憂國の至情自ら禁ずる能はず、因て以為《おもへ》らく、會津は天下屈指の雄藩なり、若し上下心を一つにし、戮力《りくりょく》を以て藩國に儘さば、僅かに五千未満の我が官兵豈容易《あにたやす》く之を降《くだ》すを得んや。而かも斯くの如く庶民難を避けて遁散し、毫《ごう》も累世の君恩に酬ゆるの概なく、君國の滅亡を見て風馬牛の感を為す所以《ゆえん》のものは、果たして何の故ぞ。蓋《けだ》し上下隔離、互に其楽を倶にせざるが為なり。既に楽を倶にせず、曷《な》んぞ其苦を倶にせしむることを得んや。今や封建の勢既にせまり、時局これより一新するに際す。此時に方《あた》り、我帝國にして苟くも東海の表に屹立し、富國強兵の計《はかりごと》を為さんと欲せば、須らく上下一和、衆庶と苦楽を同ふし、闔國《こうこく》一致、以て經綸の事に従はざるを可からず。蓋し國家は國民各個の力を集めて之が基礎と為すべく、単り一階級の力に依頼して以て足れりとすべからず。故に今より後ち断然階級の制を解き、士族の権利を専らにするを止めて、四民齊しく倶に護國の務に任じ、互に喜戚憂楽《きせきゆうらく》を倶にするの端を啓《ひら》かざる可からずと」と同じ趣旨のことを論じている（板垣、一九五七、二八―二九頁）。

（12）そのために戸籍とは別に、人民の住所地を把握するための住民票の制度ができることになる。

（13）血統主義の国籍法を採るということは、出生したその子どもの国籍を決定するには、まず子の親が誰なのかを決定しなくてはならない。国籍の先決条件としての親子関係の決定が存在するために、民法および戸籍法上の身分が決まっていることが求められる。

（14）この判決文は『最高裁判所民事判例集』（一五巻四号、六五七―六九四頁）で見ることができる。

第5章●国籍法の法社会学

——国籍法違憲判決に見る日本人の境界

はじめに

二〇〇八年六月四日午後三時に最高裁判所大法廷が開かれた。傍聴人が起立を命じられ裁判官に礼をし、着席する。裁判長が「主文、原判決を破棄する。被上告人の控訴を棄却する。控訴費用及び上告費用は被上告人の負担とする」と読み上げ、裁判官はすぐに退廷した。少し間をおいてから、傍聴席から小さな歓声が起こった。筆者は、最高裁判所の傍聴は初めてであったので少し期待もあり、何となくはぐらかされた気がした。筆者にも、この裁判で国が敗訴したことはすぐに理解できた。しかし、その場で判決理由は開示されなかった。

この事件、判決が出ると、すべての全国紙が翌日の朝刊一面で伝えた。法務省にとっても衝撃は大きかったらしく、判決の直後に、法務大臣が国籍法の改正に乗り出すことを表明した。『判例時報』

（以下、「判時」と記す）と『判例タイムズ』（以下、「判タ」と記す）は、どちらも七月一日に発行する号に、判決文全文と解説を掲載した。『ジュリスト』（一三六六号）では、判決文だけでなく、この事件の特集が組まれた。その中の鼎談では「日本の最高裁が、法律を違憲と判断することは非常に珍しいことであり、今回の違憲判決を含めてもこれまでに八件しかありません。それだけに最高裁が違憲判決を書いたということだけでも大ニュースなのですが、違憲判決を支えている論理の中に、最高裁の法的な思考方法が最も鮮明に現れている」とまで述べられている（高橋・岩沢・早川、二〇〇八、四四頁）。

　この事件はすでに東京地裁の段階で違憲判決が出ていたので、当初から注目されていたが、決して「国籍確認請求」事件ではない。『判時』（二〇〇二号、三―二五頁）、『判タ』（一二六七号、九二―一一六頁）、どちらでも確認できるが、「退去強制令書発付処分取消等請求事件」なのである。判例雑誌において、「国籍法違憲判決最高裁大法廷判決」と紹介されている事件は、実は在留特別許可をめぐって提起されていた。

　戦後憲法のもとで、日本では、私人が憲法問題を地裁、高裁、最高裁のいずれの段階でも争うことができるようになった。しかし、そこでは法律の合憲性の問題を具体的な紛争と独立して、それ自体として裁判所に持ち込むことはできず、「憲法問題は、具体的な争訟の一部として、特定事件の裁判に関連する限りでのみ生じる」（小林、一九七七、二八頁）。つまり、本事件で言うならば、具体的な退去強制令書発付処分取消と在留特別許可をしない旨の裁決の取り消しを求めた事件のなかで、国籍法が争点の一つとなっていたのである。憲法問題があらゆる段階で提起できる反面、個別具体的な事件に関して争われる結果として、憲法判断もまた「個別の具体的事件との関連で当事者限りでの（inter partes）、いわゆる個別的効力を有するに過ぎない」とされる（小林、一九七七、二九頁）。本事件に関する違憲判断も、この事件に対する違憲が確定したのみで、同様な状況下に置かれている人々の国籍取得について、直ちに効果が発生するわけではない。「しかし、違憲問題を生じた具体的事件に関する限りで、無効として適用を拒否されるだけでも、その実際的な効果は少なくない。それによって、単に関係当事者が違憲の適用から救われるだけでなく、同時にそうした法令の廃止又は改正が、立法府等の政治的責任として課せられたと考えられるからである」（小林、一九七八、一九〇―一九一頁）。実際、このように考えられたから、法務大臣が直ちに国籍法改正の準備に取りかかる発言をしたのであろう。

違憲判決が出て国籍法の改正まで行われることになった本事件の法解釈は法学者が行うであろう。法学者でなく社会学を専攻する筆者は、法の解釈よりも①事件そのものがどのように変転しながら国籍法に関する違憲判決につながっていくのか、②外国人は日本法の求める法秩序においていかなる位置を占めるのかという観点からこの事件を整理してみたい。「法秩序は、その社会のさまざまな生活分野において現実に生起し形成される諸秩序態が、社会体制の諸基準にもとづいて整序されて公共秩序の形式を与えられたものである。したがって、このような、諸種の法規範に表明される秩序の『実態』は、現実の社会過程とともに進行してなんらかの形で法秩序の構成要素を生成し実現する『過程』として把握できる」と言われる（井上、一九七二、三頁）。そうであるならば、日本国籍者（＝国民）と外国人との間にはこの境を分かつどのような過程が存在すると考えられるのか。本事件を通して、考察・検討していきたい(1)。

1 「法の問題」と「法を問う問題」

本事件における当事者である子側代理人（以下「子側代理人」）と国の主張はそれぞれ一貫している。これに対して裁判所の判断は、東京地裁における違憲判決での子側勝訴判決→東京高裁における子側敗訴判決→最高裁判所における違憲判決での子側勝訴という展開をたどり、地裁判決と最高裁判決とでは異なる解釈で国籍法の違憲性を指摘した。本章は、最高裁までのすべての裁判における論争の経過に配慮しつつ、なぜ裁判所における決定が変わっていったのかについても考えたい。

また、本章はとりわけ代理人側からの立論から検証していくことによって、法社会学的なアプローチをとるものと考えている。井上茂は、一九六九（昭和四四）年一月九・一〇日の東大安田講堂前事件およびラグビー場事件をめぐって提訴されたいわゆる東大事件を題材に「裁判における正当性とは何か」という論文を書いている（井上、一九七二）。彼は、東大事件の裁判をめぐって、裁判所、検察官、そして弁護側がこの事件を異なるスタンスから評価を与えており、議論が噛み合わない状況になっていたと指摘する。そして、その根源に、事件を「法の問題」としてとらえようとするのか、それとも「法を問う問題」としてとらえようとするのか、という違いがあったのではないかと問いかける。

井上は、弁護側が事件を「法を問う問題」として考えたからこそ、裁判所や検察官が捨象した事件を取り巻く社会状況のなかでの事件と個人を位置づけようとしていた、と概括する。本国籍請求確認事件も同様である。代理人のみが「法を問う問題」として問いを立て、法の枠組みのなかでの問題と考えず、法を成立させている社会の問題として声を上げている。そして何より、東大事件は、井上から「ほんらい、裁判官を審判者にして被告人・弁護人と検察官とが対峙する法廷が、この事件では裁判官と被告人・弁護人との対決という異例を現出しているのである」（井上、一九七二、二〇二頁）と評されたが、在留特別許可をめぐっては井上の言うところの異例が日常となっており、常に裁判官（＝裁判所）と原告・代理人との対決がみられてきた。在留特別許可の基準は、判例の積み重ねが新しい基準となることで拡大してきた（丹野、二〇〇七a）。なぜなら、在留特別許可をめぐる裁判では、裁判官から認定されることが即国家から認定されることにつながるからだ。そのため、裁判が入管（＝法務省）との闘いとなる以上に裁判所との闘いになっていたのである。

本事件は、男女が出会って子どもができる、というきわめて自然な流れの出来事において、認知がどの時点で行われたかということだけで日本国籍となるのか外国籍となるのかが問題となった事件である。すなわち、本事件を通して手続的に日本人になるということ（手続上の日本人）、手続上の日本人が観念としてどのように存在することが予定されているのか（観念上の日本人）が問われることになった。本事件は、法律行為としての認知がどこで行われたかで、人間の間に差別が生じたことが問われた事件であるから、時間的な経過がきわめて重要になる。そのため最初に本件事件における当事者家族の形成過程および入管への出頭までの事実関係を整理する。

本章で用いる本事件の判例文は、本事件の判例が紹介された『判時』と『判タ』、最高裁判所のホームページの重要判例集に収められている該当ページから用いる。事件における具体的な国、裁判所、そして代理人とのやりとりについては、筆者がこの事件の主任代理人の事務所で、予め個人情報に関する部分を塗りつぶしてもらった資料で見せてもらい、筆者がノートに書き写したものを用いる。なお、筆者の裁判資料のノートへの写しは、①すべて筆記すること（コピーは禁止）、②ノートは弁護士および事務スタッフがチェックできるように一冊書き終わるまでは事務所のラックに置く、③一冊書き終えて持ち出す前に弁護士に確認を取ること、④論文を書き発表する際には事前に弁護士のチェックを受けることとし、個人情報の保護に努めた。

2　在留特別許可を求めて――東京入管への出頭と退去強制令書発付までの経緯

東京地裁判決、東京高裁判決、そして最高裁判決の各判決文から、原告が東京入管に出頭するまでの経緯を確認しておこう。本章では訴訟に関わる父をX、母をY、子をZと表記する。

Yは一九九〇年か一九九一年一月に在留資格「興行」で最初の日本上陸を果たす。一回目の来日では在留期間の更新を一度行った後に、期間内にフィリピンに帰国する。一九九二年三月に在留資格「興行」で再来日する。前回と同様に在留期間の更新を一度行うが、定められた在留期間である一九九二年九月を超えて日本に滞在している。一九九五年八月に当時勤務していたA市のスナックに客として来ていたXと知り合う。二人は一九九六年八月頃より親しく交際するようになった。一九九七年一一月にZが誕生した。Zは、出生後に在留資格取得申請をしなかったため、出生から六〇日が経過した一九九八年一月より、在留資格のないまま日本に滞在することになっている。XはZの認知をすべきか悩んだが、Zの幸せとZへの責任を考えて一九九八年一〇月（Zが一〇カ月のとき）に認知した。

Zが二歳三カ月の二〇〇〇年二月半ばに、YはZと今後も日本に滞在できることを願って、母子での在留特別許可を求めて東京入国管理局第二庁舎に出頭し、入国警備官に違反事実を告げて在留特別許可を希望している旨を申し出た（東京入国管理局を以下、「東京入管」と記す）。入管審査官の違反認定を経て、二〇〇二年九月に東京入管特別審理官から入管法四八条七項に基づき、入管法二四条七号に該当するとの判定を受けたので、YとZは直ちに入管法四九条に基づいて法務大臣に対して異議を申し出た。東京入管局長は、二〇〇二年一〇月に申出人の異議の申出に理由がない旨の裁決を下し、申出人に通知する（この東京入管局長の裁決を以下、「本件裁決」と記す）。本件裁決が行われた翌日に、申出人母子に対して退去強制令書が発付された。その後、母子に対して仮放免が行われた。

本事件は本人から出頭した事件でもあり、Yの日本滞在中の事実関係、Zが生まれてからの事実関係についての争いは一切ない。

3　東京地裁への提起

二〇〇二年一〇月、YとZは東京入国管理局長と東京入管主任審査官を相手に、この事件を裁判所に提起した。事件の概要は、以下のようになる。日本人の父をもつZとその母Yが、入管法四八条七項に基づいて行われた東京入管特別審理官の判定について、法務大臣に対して異議の申出を行った。これに対して東京入管局長がZについても、Yについても異議の申出に理由がないとの裁決をした。この裁決を不服とする申出人母子が本件各裁決と裁決に基づいて出されたそれぞれに対する退去強制令書発付処分の取消と、退去強制令書に基づく身柄の収容と強制送還の停止を求めた。

子側代理人は、まず①Yが仕事をすることなくもっぱらZの監護養育を行っていること。次いで②XがYとZの経済的な援助を行いつつ、週の三分の一はともに過ごしており、XはYとZにとっての精神的な支えになっていること。さらに③Zが日本の幼稚園に通って、日本で生まれた日本人と同様に日本語の習得が進んでいることを示し、④YとZが適法に日本に暮らしていること、および⑤XがZの父として親子の交流が進みつつZが育っていることを説明した。

子側代理人は本件裁決がなされた裁量こそ問題であると考える。そこで子側代理人は、これを①法務大臣の裁量権、②入管局長の裁量権に分けて、それぞれの法的位置づけといかなる裁量論が取られているのかを明らかにしていく。まずは法務大臣の裁量権である。入管法五〇条一項に関する処分とその判断には、法文上も法務大臣の自由裁量論が取られてきたし、裁判でも「外国人の出入国及び滞在の許否は、元来国家が自由にこれを決しうることがらであるから、特別審理官の判定に対する異議の申立てにつき法務大臣が審理の結果その申立てを理由なしと裁決するかは法務大臣の自由な裁量に委ねられていると解すべきものである」と説明されてきた（『最高裁判所民事判例集』一三巻一二号、一四九八頁）。

他方で、東京入管局長は、そもそも法務省の局の一つである入管局の下にある八つの地方入国管理局の一つの長にすぎない。法務大臣と違って閣議に出席するわけでもなければ、内閣の一員として国会に責任を負うわけでもない。法務大臣が「その時々の国内の政治・経済・社会等の諸事情、外交政策、当該外国人の本国との外交関係等の諸般の事情を総合的に考慮」する能力や「政治的配慮」をする資格があるのに対し、地方入管局長は管轄地域内における外国人の在留状況や過去の在留特別許可に対する取り扱いに通暁しているだけである。法文や判例が理由づけるような裁量を、地方入管局長がもっているとは考えられない。

平成一四年二月二八日法務省令第一三号（二〇〇二年）により、法務大臣は在留特別許可の拒否に関する法務大臣の裁決を地方入管局長に委任するとなった。これは在留特別許可を受ける者が多数に上るようになり、ごく特殊な場合を除きその拒否に関する判断が画一的に行われていたという実態に合わせたにすぎない。そうであれば、在留特別許可の地方入管局長の権限行使はある程度の裁量の行使が予定されているとはいえ、まったくの自由裁量論ではない。つまるところ、地方入管局長は、事実を正確に把握したうえで、憲法、国際人権法、各種の通達、先例、出入国管理基本計画等の示すところに従い、退去強制が著しく不当であるか否かを判断するのみである。

本件裁決においては、①Zが日本人であるXの子であること。②Xの愛情と経済的援助を一身に受けている事実があること。③YがZのことを日々監護養育している事実があることを無視して裁決が行われている。これは考慮すべきことを考慮せず、考慮すべきでない事実を考慮して判断が行われたのであり、許されている裁量権の範囲を超えた濫用にあたり違法となる。それゆえ本件各裁決とそれに引き続く各退去強制令発付処分は取り消されなければならない。

さて、本事件の主たる内容は、東京入管局長による異議の申出に理由がないとする裁決、さらには当該裁決を受けて東京入管局長が発付した退去強制令書を取り消すことを求めた訴訟であった。決してZの国籍確認請求を求めた事件ではなかった。

子側代理人は以下の四点から、本件各裁決および退去強制令を取り消すべきであることを主張した。第一に、二〇〇〇年三月に発表された第二次出入国管理基本計画の告示は「在留特別許可を受けた外国人の多くは、日本人等との密接な身分関係を有し、また実態として、様々な面で、我が国に将来にわたる生活の基盤を築いているような人である（中略）個別事案において、日本人、永住者または特別永住者との身分関係を有するなど、我が国社会とのつながりが十分に密接と認められうる不法滞在者に対しては、これまで行ってきたように人道的な観点を十分に考慮し、適切に対応していくこととする」としている。(2) YとZは十分にこれにあてはまる。

第二に、父から十分な愛情と経済的支援を受けているZを、本人の意思に反して父から引き離すことで、いま受けている愛情と支援を受けられなくすることは、児童の権利条約違反である（児童の権利条約の九条および一八条に違反する）。そして第三に、日本人父と外国人母の場合、胎児認知を受けていれば出生と同時に子は日本国籍を取得する。認知が出生後であっても、出生後三〇日以内に在留資格取得申請をすれば、父母がいかなる関係であっても在留資格「日本人の配偶者等」を得ることができる。しかし、認知にしても、在留資格にしても、本件裁決との結果からすれば、生まれたばかりの子に「認知ないし在留資格取得申請の遅れ」の責任を帰せしめている。明らかにこの件について子に責任を帰せしめることはできない。かつまた、子にとっては何ら責を負うべきでない事情に基づいて、子を他の日本人父の子と差別し、強制送還という重大な不利益を与えている。これは憲法一四条の定める平等原則に違反する。

最後に、本件裁決には、ZがXに妻子があるなかでYとの間に生まれたという関係が消極的に考慮されたであろうと推測される。しかし、この問題は当事者間で私法的に解決すべき問題である。本件裁決のような権利の問題に関する処分に際しては、理由にすべきではない。近代国家としての行政処分である限り特定の道徳観の押しつけはあってはならない。入管法の目的は外国人の出入国の公正な管理なのだから、入管法上の処分・裁決はすべてその目的に資さなければならない。同時に、これと何ら関係のない動機に基づくことは許されない。本件裁決に、父母の関係が関わっているとすれば、それは子の責任ではない。これを子に負わせるとしたら、正義を守る手段が著しく正義に反することになる、と子側代理人は主張するのである。

また、退去強制令書の執行停止を求めた裁判で必ず国が主張してくる⑴収容の執行停止と⑵強制送還の執行停止についても予め検討を加えている。前者について国は、適法に在留している外国人が法のうえで在留管理をされ、仮放免中の外国人には逃亡防止のために保証金納付等の制約が科せられている。これに対し不法滞在者が全く制約を受けないというのは、在留資格による管理制度を混乱させる、と主張する。また、行政機関が行った行政処分に対して、裁判所が積極的に干渉して仮の地位を定める結果を招来することは三権分立の建前にも反することになるという。後者について国は、裁判が係争中であるということだけで安易に送還の停止を認めていれば乱訴が起こるし、法違反者の送還を長期に不可能にさせ入管行政の停滞を引き起こす。ひいては公共の福祉に重大な影響を及ぼすという。子側代理人は、予想される国からの抗弁に対して、こうした事柄が起こったとしてもそれは入管行政に対する一般的な効果であり、本件裁決の理由とはならない。本件裁決は、あくまで個別事案として判断されなくてはならず、退去強制令書の執行停止についても裁判の提起と係属を理由に執行停止を求めたものではなく、行政事件訴訟法（以下、「行訴法」と記す）二五条との関連で執行停止を求めているのであるから、こうした反論は反論として成立しないものであると主張した（行訴法二五条は「執行停止」を定めており、本事件では二五条三項の「執行停止は、公共の福祉に重大な影響を及ぼすおそれがあるとき、又は本案について理由がないとみえるときは、することができない」に該当するかどうかが争われる。なおこの二五条三項は近時の改正により、現行法では二五条四項になっている）。

以上が、本事件の最初の問題提起である。この時点で、国籍法の問題がほとんど触れられていないことが分かるであろう。国籍法の違憲判決にまでたどり着く裁判は、在留特別許可をしない裁決と退去強制令書発付処分の取り消しを求める事件として始まっていたのである。

4　東京地裁における国と子側の論争

国側は、この問題提起に対して予想された通りの回答書と意見書を出してきた。本事件の事実の経緯に争いはないことを確認したうえで、以下のように主張した。①YとZに対する本案裁決および本件処分が法に定めた手続きに沿って行われたこと、そして②その裁決および処分が法務大臣および法務大臣から委任を受けた入管局長によって異議の申出に理由がないと判断された時点で、法的には退去強制処分しかなくなる。③たとえ強制送還されたとしても訴訟代理人が選任されているのだから、外国にいながらもこの事件の裁判を続けることは可能であり、情報通信手段が発達している現代では、外国にいることが訴訟の妨げになることはない。④訴訟の遂行に支障がないから送還部分の執行の停止が、行訴法二五条に言う回復の困難な損害を避けるための緊急の必要性があるときに該当することはない。⑤本件について執行停止を認めれば、基本事件の係属している期間中、原告のような法違反者の送還を長期にわたって不可能とし、出入国管理行政に停滞をもたらすから「公共の福祉に重大な影響を及ぼすおそれがあるとき」にむしろ該当する。よって、本件裁決と処分に対する行訴法二五条の「回復困難な損害を避けるための緊急の必要性」の要件を欠いている、というのが国の主張であった。これらの回答は予想された通りのものであった。

　退去強制令取消訴訟として始まったが、代理人には当初から憲法違反という問題意識があった。だが在留特別許可が出るどうかで入管と闘っている最中に、国籍のことにかまっていられる余裕はなかった。しかし、この件では退去強制令が出てしまった。退去強制令はたとえ裁判中であっても執行できるものだ。もしこれを執行されてしまったら勝訴したとしても意味のないものになる。そこで代理人は国籍をめぐる争いを提起することにした。もしかしたら日本人かもしれないとなれば、裁判の決着がつくまで強制送還できなくなるからである。その後、子側は国際私法・国際親子法の第一人者である奥田安弘作成の二通の意見書を出しつつ論駁を加えた[3]。①YとZと同様な場合で、子側代理人が担当して在留特別許可が認められた例がある。②二〇〇二年二月二八日以前の行政庁内部での母子案件での在留特別許可の審査の仕組みがいかなるものであったか。③二〇〇二年二月二八日以降に地方入管局長がこの判断をできるようになっても、運用のうえで従来と大きく変わったとは思われない、ということが主張された。

　さらに、入管法の法文が詳しく検討された。退去強制令は「次の各号のいずれかに該当する外国人については、次章に規定する手続により、本邦からの退去を強制することができる」（傍点は引用者）という入管法二四条に基づいて出されるが、入管法二四条は退去強制を行う主体が誰かを具体的に明示していない。国際法上認められた国家の権限として行われるならば、国家の中でそれを担当する行政庁について別の条文で具体的に指定されることを当然予定している。つまり、入管法二四条に定めのない事項は、以後の退去強制手続きに関する条文で規定することが予定されている。それゆえ、入管法二四条は単に退去強制事由を列挙したのではなく、具体的な行政庁の権限行使のあり方も同時に規定したものである。

法文が「することができる」と規定している場合、裁量の範囲がまったくの自由裁量か羈束《きそく》裁量であるかの点を別にすれば、立法者が行政庁に一定の効果裁量を認める趣旨を与えたものと解するのが一般的だ。また、退去強制処分は侵害的行政処分であり、個人にとって何ら受益的な側面はもたない。こうした処分については、法律の文言に裁量が示されていると解することに何の支障もない。伝統的な行政法の解釈としてみたとき、①権力の発動要件が充たされていても、行政庁はこれを行使しないことができ（行政便宜主義）、②出入国管理の分野は警察法にあたるから、なおさら権限の行使は公共の秩序を維持するための必要最小限にとどまるべきだ（警察比例原則）。退去強制令をめぐって入管に権限が与えられているのも、こうした伝統的な解釈に沿ってのことである。

こうした観点から、入管法の退去強制の手続き規定（入管法五章）をみると、主任審査官の行う退去強制令書の発付が退去強制されるべきことを確定する行政処分として規定されている。すると、入管法二四条の退去強制令に関する実体規定は、担当行政庁の入管と、より具体的には主任審査官の判断として裁量が存在することとなる。主任審査官に与えられている裁量権の内容は、退去強制令書を発付するか否かの裁量（効果裁量）、発付するとしていつこれを発付するかの裁量（時の裁量）となる。

同時に、警察比例原則に違反してはならないという規範も与えられている。そうであれば、退去強制させなければ公序良俗や公共の秩序が守られないという場合にのみ、これは認められるものであるし、たとえそれらが認められたとしても、事態を放置することによって発生する弊害が低くかつ当該処分を行うことによって発生する権利や自由の制限がこれを大きく上回るときは、行政庁はその権限を行使できないと解することができる(4)。

ところで、主任審査官の裁量論は、退去強制処分の各段階で行われるそれぞれの担当部門の裁量行使を否定するものではない。ここでいう主任審査官の裁量論は入管法二四条との関係でのものである。この限定された場合において、主任審査官の裁量論は法務大臣の裁決の処分性を否定しないと導き出せないというものではない。よって、退去強制令書が発付されたことの違法性と法務大臣裁決の違法（加えて法務大臣裁決の結果として発付される退去強制令書の違法）は、それぞれが独立し並列した問題である。このように申立人側代理人は入管法の法文を詳しく読み込み、それを入管法の中で位置づけ、行政法やこれまでの前例との関係を吟味した高度な法秩序についての解釈を加えつつ、本件裁決の違法性を改めて主張した。

5　東京地裁の違憲判決にいたる判断過程

裁判化された事件を通して在留特別許可が許可される場合、しばしば理解に苦しむ形でこれが出される（丹野、二〇〇七a）。本事件もそうだ。YとZが在留特別許可を求め、それが不許可とされることで始まった法務大臣裁決に対する事件と東京入管主任審査官裁決に対する事件は、すでに述べたように裁判中に退去強制令が出されてしまい、代理人はやむなく国籍確認請求事件を提起する。この裁判が係争中で裁判が終結する前日の二〇〇四年一二月二八日、YとZに対して在留特別許可が出た。子側代理人からすれば、先例に照らして在留特別許可が出てもおかしくないケースであったから、それは当然であった。そして、この頃、事件は新たな展開を見せることとなる。たまたまであるが、XとYの間にZの弟になるZ2が生まれることになったのだ。両親は、前回は胎児認知の必要性を知らなかったが今回はこれを行った。その結果、父母の関係は変わらないにもかかわらず、認知がいつ行われたかだけの違いで、兄弟の間の状況がまったく異なる事態が生じたのである。

東京地裁は、まず憲法一〇条で日本国民たる要件が法律で定められることを確認したうえで、国籍法（以下、単に法と表記しているものは国籍法を指している）の各条文の関係を確認する。[5]それは、法二条が国籍の生来的国籍取得を定めたものであり、[6]法三条は伝来的取得を定めたもの。[7]そして、法四条が帰化の定義を示し、[8]法五条は帰化の条件を定め、[9]法八条は法五条の条件に合致しなくとも帰化が許可される場合を定めたものであるということだ。[10]

現行国籍法の条文の確認が行われた後、判決文はこれまでの国籍法の沿革を振り返る。[11]一八九九（明治三二）年制定の旧国籍法は、家制度を原理として作られていたため生来的取得と伝来的取得の区別をすることなく、身分行為としての国籍取得を広く認めていた。そのため旧国籍法では、日本人と結婚した外国人妻、婿入りした外国人夫や養子として日本人に迎えられた外国人、そして日本人に認知された子も日本国籍取得が認められていた。戦後、一九五〇（昭和二五）年に現在の国籍法が制定されるが、新憲法が家制度を否定し個人の尊厳を尊重することとしたので、旧国籍法における身分行為による国籍取得制度は廃止された。その一方で、父系制血統主義を採ったために、外国人を父とし日本人を母とした非嫡出子の日本国籍は取得できないとされた。国籍取得原因を出生による国籍取得と帰化申請に限ったため、日本人を父とする非嫡出子の場合、出生時に父と法律上の親子関係が成立していない場合は日本国籍が取得できなかった。国連における女性差別撤廃条約への批准に合わせて、国籍法は父系制血統主義を修正し、父母両系制血統主義を採用することになる。これに伴い、母を日本人とする非嫡出子は出生による国籍取得が可能となった。加えて、国籍取得に生来的取得と帰化以外に、伝来的取得として法三条一項が設けられ、生後認知を受けた子の届出による日本国籍の取得が認められた。しかし、この伝来的取得は父母が子の出生後に婚姻し、子が嫡出子としての身分を取得した場合に限られていた[12]。

東京地裁はこのように現行国籍法の文意と国籍法の経緯とを確認した後に、原告の主張と被告（国）の主張の論点を整理し、東京地裁の判断を述べる。東京地裁は法二条一号が出生時に日本国民と法律上の親子関係が成立している子に当然に日本国籍を与えるものであるのに対して、法三条は出生の時点では日本国籍取得が認められなかった子＝そのため出生時に外国籍を取得した子に日本国籍を与えるものである。だが、日本が血統主義を取るからということだけで、出生後に両親が結婚し日本人たる父と法律上の親子関係が成立しただけでは、国籍取得をさせなければならない理由とはならない。だから、本人の日本国籍取得の意思の表明が必要とされて、国籍取得の届出を法三条二項で要件化し、日本国籍の取得が行われる。

しかし、そもそも法三条の趣旨は、日本国民との間に共同生活を営んでいる子を自国民として認めようとするものであり、国籍取得を認めるに足るだけの日本国民との間の結びつきを問題にしたものである。ただし、この場合でも、日本国民との共同生活が成立している指標は何らかの形で必要であり、この指標として日本国民である親から認知を受けて家族関係・共同生活が成立していることが用いられ、このことは合理的である。これが東京地裁の判決を下す立場だ。

東京地裁は、法三条が立法化される際の国会での議論、とりわけ法務省の説明を立法者意思として確認する。そこにおいても本事件のように渉外結婚・内縁関係が議論されていたが、当時の価値観では日本国籍を取得させるに足る結びつきは認知を受けて嫡出子となった子に限っていた。このことにそれなりの合理性はあったが、これが今日では困難になっている。①父母が法律上の婚姻関係を成立させているかどうかだけで、家族としての共同生活の実態が類型的に異なると認めるに足りる事情が存するものとは言い難いし、②価値観が多様化している今日では、父母が法律上の婚姻関係を成立させている家族こそが正常な家族であって、そうではない内縁関係は家族としての正常な共同生活を営んでいないとする社会通念や国民感情があるとすることもできないからである。「そうすると、日本国民を親の一人とする家族の一員となっている非嫡出子として、我が国との結びつきの点においては異ならない状況にあるにもかかわらず、その父母の間に法律上の婚姻関係が成立している場合には国籍取得が認められるのに、法律上の婚姻関係が成立していない場合にはそれが認められないというのは、我が国との結びつきに着眼するという国籍法三条一項本来の趣旨から逸脱し、また、それ自体としても合理的な区別の根拠とはなり得ない事情によって、国籍取得の有無についての区別を生じさせるものであって、そこには何らの合理性も認めることができない」「法三条一項は、父母が法律上の婚姻関係を成立させてはいないが、内縁関係（重婚的なものも含む）にある非嫡出子との間で、国籍取得の可否について合理的な理由のない区別を生じさせている点において憲法一四条一項に違反するというべきものである」と判断したのである。

このため法三条一項は「父母の婚姻及びその認知により嫡出子たる身分を取得した子」となっているものを、①「父母の婚姻」を法律婚に限らず事実婚を含めて解釈し、②「嫡出子」の文言に対しては子が嫡出子の身分を取得した場合のみとなっていることを違憲一部無効として、この部分を「認知により嫡出子又は非嫡出子たる身分を取得した子」としたうえで、日本国籍を取得する規定と理解すべきである、と判示した。そしてＺが父親Ｘに出生以来扶養されており、日常的には同居していないが週末は必ず一緒に過ごしていること。またＸは幼稚園等の子どもの行事にも参加していること。さらにＸはＺの下に弟Ｚ２をもうけてこの子には胎児認知を行っているという一連の事実を認定した。そのうえで、Ｚにとって、日本国民であるＸが認知によって法律上の父となっているだけでなく、母Ｙを含めて生計を一つにする夫婦関係・家族関係を認めることができ、Ｘ、Ｙ、Ｚの「三者の間には家族としての共同生活と評価に値する関係が成立している」と評価して、「原告は、国籍取得の届出によって国籍を取得したものというべきであり、原告の主張はその限度で理由があるものというべきである」と判断した。

6 最高裁への上告書[13]

さて、東京地裁で違憲判決を勝ち取ったものの、この事件は東京高裁では逆転されてしまった。地裁への申し立てが在留特別許可を求めた事件として始まったことと比べると、この裁判闘争の途中で在留特別許可は出てしまっているから、高裁以後の争いは、純粋に国籍法上の問題が争点となる。子側の主張、国側の主張ともに高裁への主張と最高裁への主張で大きな違いは見られない。

東京高裁は、以下のように判示する。国籍法三条は認知を受けた準正子が日本国籍を取得する制度である。法三条一項の規定が無効であれば、準正子が日本国籍を取得することができなくなるだけで、もともと認知のみを受けた子が日本国籍を取得する制度がない以上、法三条が無効となっても子が日本国籍を取得する制度は開かれない。よって、法三条一項の違憲無効の主張自体が法理論的に矛盾を含む主張であると。

この東京高裁判決に対して、子側代理人[14]は本件訴訟が決して法三条全体の違憲性を問うたものではなく、「父母の婚姻」および「嫡出子たる身分を取得した」という部分のみの違憲性を主張したものであること。法の条文全体を否定しないと違憲性を争うことができないとするような解釈は、これまで最高裁判所が下してきた違憲判決の法理論と矛盾する。最高裁判所大法廷は尊属殺重罰規定を定めてきた刑法二〇〇条が死刑または無期懲役刑にのみ限っている点が不合理であると判示している（『最高裁判所判例集（刑事）』一八七号、二一一二六頁）。また、郵便事故が生じた際の規定を定めている郵便法六八条、同七三条をめぐって、郵便業務従事者の故意または過失によって損害が生じても不法行為に基づく国の損害賠償責任を免除・制限していることは、憲法一七条が立法府に付与した裁量の範囲を逸脱しこれを無効とした判決がすでに存在している（『最高裁判所民事判例集』五六巻七号、一四三九－一四八〇頁）。これらは、問題となっている条文全体を違憲無効とするのではなく、法律の規定をできる限り合憲的に解して、一部を無効とすることで合憲解釈できるのであれば合憲的に解している。従来、法令の違憲無効、立法上の文言や趣旨を新たに解釈することは、裁判所による新たな規定の創造である。しかし、これは従来の法令の制限的な規定を撤廃したことによる結果なのであって、裁判所による法の創造ではない。同じことを法三条一項についても求めるのである。

さらに、上告人Ｚが日本国籍を取得することのできる根拠規定は、「父母の婚姻」および「嫡出子たる身分を取得した」という部分が違憲無効となった法三条一項にある。この部分が違憲無効となった条文のもとでは、東京高裁判決が主張するような準正子の国籍取得が否定されることはない。

東京高裁判決のような、生後認知のみを受けて準正子とならない子が国籍取得することが現行国籍法ではできない、とするのは現行法が違憲無効ではないとの結論を先取りすることによって可能になるので、現行法の違憲性を争っている事件でここに踏み込まないで判決を下すことはできない。判断するには、憲法判断に踏み込む必要がある。その際には、憲法一四条に照らして判断する必要がある。なぜなら、国籍法では日本人父と外国人母が出生前に婚姻していれば、子は生来の日本国民となる（法二条）。しかし、出生時に婚姻していなくとも子の父から胎児認知されれば子は生来の日本国民となる（法二条）。また、出生後認知であっても、父母が婚姻すれば日本国民となる（法三条一項）。しかし、認知が出生後で、父母が出生後も婚姻できない状態であると日本国民にならない。つまり、婚姻および認知がどの時点で行われたかによって、子の国籍が変わらざるをえないのは、「すべて国民は、法の下に平等であって、人種、信条、性別、社会的身分又は門地により、政治的、経済的又は社会的関係において、差別されない」とする憲法一四条に反しないのかが問われなければならない[15]。

一九九七年一〇月一七日最高裁第二小法廷は、法律上夫のある外国人女性が産んだ子が、出生後に夫と子の間の親子関係不存在を確定する裁判が提起され、この裁判が確定した後速やかに認知された子が出生による国籍取得を定めた法二条一号によって日本国籍を取得することを認めた（『最高裁判所民事判例集』五一巻九号、三九二五―三九六一頁[16]）。二〇〇三年六月一二日最高裁第一小法廷は、日本人の夫と離婚した翌日に外国人女性が産んだ子に、出生後に前夫と子の間の親子関係不存在を確定する裁判が提起され、この裁判が確定した後速やかに認知された子が出生による国籍取得を定めた法二条一号によって日本国籍を取得することを認めた（『家庭裁判所月報』五六巻一号、一〇七―一一二頁[17]）。

これらの最高裁判決では、憲法判断は行われなかったが、出生による国籍取得ですら例外的なものをつくることで何とか違憲状態が発生しないよう努力している。

すでに一審以来、事実確認として認められているように、上告人Zにはまったく同じ父と母から生まれた弟がいる。外国人になってしまうか、日本国籍を認められるか否かは、子どもにとって、①日本在留および日本入国の権利、②指紋押捺を強制されない自由、③国政／地方の参政権、④管理職公務員への公務就任権に決定的に異なる状況をもたらす。とりわけ、第一の日本在留および日本入国の権利は決定的で、父母子が離れて暮らさざるをえなくなる状況すら発生させかねない。仮に、長期に在留が認められたとしても、今度は参政権の有無や公務員への就職の可能性で、同じ父母から生まれた弟とあまりに違う状況に置かれてしまう。父から認知を受けて法律上の親子関係が成立し、かつ実質的にも日本人父と家族をつくっている上告人Zが、その弟と比して権利の制限を受けなければならないか否かはきわめてセンシティブな問題であり、上告人Zに日本国籍が認められれば弟との差は解消されるのだから、上告人Zの日本国籍取得を否定することは慎重に判断されなくてはならない。かつまた、上告人のようなケースのみ届出による国籍取得さえも認めないためには相応の理由が必要である。そして、届出による国籍取得さえ認めないことは差別である。

国は、国籍取得の要件について立法裁量を広く解釈し、その結果、現行国籍法に基づく行政庁の行為の裁量もまた広く解釈し、国籍法における嫡出子と非嫡出子の取り扱いの差異を合理的な理由のない差別とは言えないとする。しかし、国がこうした根拠として持ち出す二〇〇二年最高裁判決でも、「立法裁量の余地が大きい」という判断はしていない（『判時』一八〇八号、五五—五九頁）。この判決は憲法判断にまで踏み込まなかったが、人間の重要な権利に関わるものであるがゆえに、違憲審査の基準が広範なものとされてはいない。

また、法三条の立法趣旨を考えると、①認知による法律上の親子関係の成立は重要な要素だがこれだけでは足りない。②嫡出子と非嫡出子で取り扱いが異なるのは民法が非嫡出子は認知者との生活の一体化がないとしており、国籍法でも認知者父のみが日本人のときは当然に日本国との結びつきが強いとは認められない。③立法時点での外国立法でも、国籍取得を準正に限っている場合が多い。準正を要件とする根拠はこれら三点を主としている。

しかしながら、民法上の嫡出子と非嫡出子の区別で、国籍法の規定を正当化することはできない。民法が嫡出を根拠に取り扱いを区別しているのは、それが相続に関係しているからであり、それゆえ家族としての生活の一体化が問題となっている。しかも、非嫡出子であっても、親権にせよ、氏にせよ、非嫡出子が裁判所の許可を得て父を親権者としたり、父の姓を称したりすることは可能であるし、認知を受けて以後は嫡出子の二分の一で相続することができる。ところで、非嫡出子の相続が嫡出子の二分の一とされていることは、生活の一体化が問題にされたのではなく、嫡出子家庭と非嫡出子家庭との財産上の利害調整を目的としたものだ。このように、民法上の嫡出子と非嫡出子の取り扱いの差は、生活の一体化と関連してはなく、状況に応じて変更可能なものであり、国籍のような一度決定されると変更がきわめて難しいというものではない。また、出生による国籍取得を定めた二条とその補完措置とされる三条一項は、離婚後三〇〇日以内は嫡出推定がかかる関係で、法二条に基づいて当然に日本国籍を取るべき子がそうでないこともありえるのであって、ここではまったく生活の一体化は問題とされていない。出生前に日本人父が認知すれば法二条に基づいて出生による日本国籍が取得されるが、民法上の親権、氏、相続の関係は出生後認知の子と変わることはなく、日本国籍取得と生活の一体化がここで問題にされていることはない[18]。

外国の立法例についても、国籍法の制定当時はともかく、現在では状況が一変しているし、日本の国籍法の制定において影響を与えた、フランス、ベルギー、イタリアなどでは認知のみを受けた子について一貫して国籍を与えてきている。これらに鑑みると、国の言う外国の立法例はあてにならない。また、出生後認知を認めない大きな理由として、国は偽装認知のおそれを主張する。しかし、偽装認知のおそれがあるからといって真実のケースが保護されないことの理由にはならないし、それでは認知制度そのものを否定してしまうことになる。認知は父が一方的にできる行為であるとはいえ、認知者の扶養請求権や相続権を認めることになるのだから、安易な気持ちでできる制度ではない。また、安易な気持ちでできないことを前提にしているからこそ、届出のみで成立する制度となっている[19]。

また、国側は一審以来、届出による国籍取得ができない以上、認知のみを受けた子の国籍取得は帰化手続きによるべきとする。しかし、届出による国籍取得は国が届出を拒むことができないことに対して、帰化は法務大臣の自由裁量による許可が必要になる（法四条二項）。たとえ簡易帰化（法八条一号）の対象となって、一般帰化よりは要件が緩和されても、法務大臣の許可を受けなくてはならないことに違いはない。法務大臣が必ず帰化を許可する保証がない以上、帰化は届出の代替措置にはならない。国会での答弁でも準正という身分行為だけでなく、本人の意思としての届出を要件化することで子の意思を重視する立場を取っている。しかし、父母の婚姻は子の意思によってどうかなるものではないし、生まれたばかりの子が本人の意思で届出を行うということなぞできるはずもないから、届出が子の意思の尊重というのはフィクションにすぎない。本来、こうした子の意思に基づかない要因に基礎を置くことは、子の意思の貫徹という観点からすれば矛盾する。出生前認知をしようとしたのに、専門家が間違ったアドバイスをして、これができずに国籍取得できなかったケースも出ている。懐胎の判明した時期から出生までの間での出来事の運不運で子の国籍が左右されるのは、社会通念から見ても非合理的である。これが生後認知を受けた子を認めただけで、不都合は大きく緩和される。

　ところで、この場合問題となるのは、国籍取得の時期である。代理人は、上告人Zが国籍を取得した時期を、届出を要件とする部分（法三条一項）が違憲無効であれば、法三条二項も違憲無効となるから、認知のときに国籍を取得した、と主張する。そしてこの主張は、旧国籍法が五条三号で「外国人ハ左ノ場合ニ於テ日本ノ国籍ヲ取得ス」として、国籍取得の時点は規定されていなかったが、「日本人タル父又ハ母ニ依リテ認知セラレタルトキ」を挙げていたことに求めている。なぜなら、この文言は旧国籍法の一条で、出生による国籍取得について、子は「日本人トス」と規定され、それとの対象で認知による国籍取得を定めた五条で「外国人ハ（中略）日本ノ国籍ヲ取得ス」と規定し、文言の違いを解釈していた。同様に、現行国籍法で出生による国籍を定めた二条が「子は、次の場合には、日本国民とする」としているのに対して、違憲部分を除いた三条一項は「父母の認知を受けた子で二〇歳未満のものは、認知をした父又は母が子の出生の時に日本国民であった場合において、その父又は母が現に日本国民であるとき（中略）は、日本の国籍を取得する」と読むべきで、同条二項が届出要件を前提としているため違憲無効であれば、旧国籍法と同様に、子は認知のときに日本国籍を取得したと解することができる、というものであった。

認知の時点での国籍取得という考え方は、届出要件がもたらしている不利益を回避する点でも都合がよい、というのが代理人の考えであった。届出は、届出者の意思の発露を意味する。すなわち、届出による国籍取得とは届出者が国籍を選択したとの法的フィクションである。こうした法理論的な構成をとる届出制度の下で、上告人が届出によって日本国籍を取得したとなると、フィリピン憲法四条三項のもとでは外国への帰化にあたってしまい、フィリピン国籍を離脱しなくてはならなくなる。[20] 日本人父と外国人母から生まれた子の場合、母の国籍を選択する機会も父の国籍を継承する機会と同様に認められるべきである。[21] 届出要件は、出生による国籍を取得できる法律婚の日本人父と外国人母の子および非嫡出子で日本人父から胎児認知を受けた子と、[22] 出生後認知の子との間に合理的でない区別を置いており、これも憲法一四条に照らして違憲である。子側代理人はこれらの主張を行って、法三条一項の一部違憲無効と、上告人の認知の時点による日本国籍の取得の確認を請求したのである。

7　国側の答弁書の検討

次いで、国側の主張を国側控訴状・答弁書で検討していきたい。控訴状としては東京地裁違憲判決を受けての二〇〇五年四月二五日付の東京高裁へのものを、答弁書としては前節で見た最高裁への子側上告書に対するものをここでは取り上げる。最高裁での答弁書以外に高裁への控訴状も取り上げるのは、国の考え方が一部で高裁への控訴状のほうでより強く論じられているからである。

地裁違憲判決を受けた東京高裁への国側控訴状は、法三条一項が憲法一四条に違反しないことから説明する。それによれば、「等しく日本人父の認知を受けた外国人母の子のうち、父母が婚姻した準正子とそうでない非嫡出子との間に差異があることになるが、準正子の場合には、法制度上非嫡出子と比べて父と子の親子関係が密接なものとされているから、このような準正子に生じる、我が国との強い結合関係に注目し、準正子についてのみ国籍を付与するとの立法政策を採る」ことには合理性があり、「そのような立法政策を採ることは、法律婚尊重主義という我が国の基本的な法政策全般（例えば嫡出子と非嫡出子の間で相続分に差異をもうける民法九〇〇条四号ただし書き）とも良く整合する」。

また、「内縁関係の態様は様々であり、いかなる場合に法律上の婚姻と同様の事実上の婚姻状態にあると評価するかは一義的ではなく、その存否の判断にも困難が伴う。したがって、届出という一方的意思表示で簡易な方法による国籍取得を認めるにあたり、法律婚という客観的に明確な基準を法三条一項の要件とし、これを満たさない日本人の子については個別的な事情の検討が予定されている法八条一号による簡易な帰化手続きの対象とすることにした」。つまり、法三条一項は父母両系制血統主義が採用されたときに、日本人母の子が父との婚姻関係を問わずに日本国籍を得ることができるようになったこととの均衡をはかる目的で新設されたのであり、非嫡出子を差別する目的ではない(23)。ただ、嫡出子と非嫡出子を区別するのは、日本が法律婚尊重主義の法政策を採るからであり、法の運用上客観的に明確な基準が必要となるからである。この客観的に明確な基準でかつ父子関係が実態の伴ったものであると判断できる類型的基準が準正要件であるというのである。

憲法一〇条は「日本国民たる要件は、法律でこれを定める」としてあって、それ以上に具体的内容についての明示がない。そうであれば憲法には国籍の得喪を定める規定はなく、日本国民たる父母が国籍を子に承継させる権利や日本国民の子が日本国籍を取得する権利も存在しない。「国際法上も、国籍の得喪に関する立法が国家の対人主権の範囲を画するものとして各国の自由にゆだねられていることを踏まえ、憲法は具体的にいかなる者を我が国の構成員とするかについては、代表民主制の原理に基づき、国会が全国民を代表する立場において我が国の歴史的事情、伝統、環境等様々な要因を総合的に考慮して合理的に定めることにゆだねた」。よって、国籍法として国会を通して定められた法律以外に、国籍の得喪を規定する法律はなく、国籍法に基づいて決定が下された以上、憲法違反になることはない。地裁判決にあるような法三条一項の「父母の婚姻」を事実婚も含めて解釈したり、「嫡出子」に関して合憲的な解釈を加えたりすることは、「裁判所が新たな国籍取得要件を定立し、国籍取得の範囲を拡張するものであって、司法による立法行為というほかなく、国籍取得の要件を立法政策にゆだねた憲法一〇条の趣旨に反し、法解釈の域を逸脱している」と、国は述べる。

また、届出による国籍取得制度の創設は単に出生後認知の場合にとどまるのではない。「この届出による国籍取得は、血統主義の補完あるいは実質的な日本国籍の再取得（回復）の見地から、ある者が我が国と特別な関係にある場合に、その者が日本国籍の取得を欲するならば、帰化のように法務大臣の裁量による許可を要することなく、法務大臣への意思表示（届出）のみによって簡易に日本国籍を取得することを認めようとするものである」[24]（傍点は引用者）。そして「婚姻や家族に対する価値観が多様化した」としてもなお「『法律婚を尊重すべき』という法律婚を基調とする家族観や社会倫理が根強く存在し、法律婚を保護することが、法律婚に基づく家族に社会経済上の一体性が認められる場合が多いという社会事情に合致し、国民感情に沿う」から、「嫡出子と非嫡出子との間で法的に異なる取扱いをしていることのみをもって直ちに不合理な差別との法的非難を受けるべきものではない」。また、民法上、非嫡出子は母の氏を称し（民法七九〇条二項）、母の親権に服している（同法八一九条四項）。これが準正になると、母とともに父の親権に服し（同法八一八条一項、三項）、「出生時から嫡出子であった子と同様、父母の下で監護・教育を受けて成長することが、民法上当然に予定されている（民法八二〇条以下）[25]」。

これらのことを鑑みるに、準正要件により父子の親子関係が強くなったと判断し、我が国との密接な結合が生ずるとして、届出のみでの国籍取得を認めることには十分な合理性がある。こうした主張の背景には二〇〇五年一一月一五日付で東京高裁に提出された国の第一準備書面に、「日本人父から生後認知を受ければそれだけで当然に日本国籍取得を認め、あるいは届出による国籍の取得を認めるべきとする被告の主張は、身分関係を通じた我が国との結びつきに着目するという我が国の血統主義の基本的立場を無視したものと言わざるを得ない」(傍点は引用者)という文言を見出したときに、国にとっての国籍を与える基準が暗黙知として身分関係に置かれていると理解できる。[26]

国は、最高裁への上告書に対する答弁書においても、基本的に上記の東京高裁への控訴状と同じ主張をより詳細に論じつつ列挙している。この答弁書で新たに論理的に説明されたものは①これまでの違憲判決の論理と国籍法の違い、②憲法一四条における「法の下の平等」への適合性の問題と③法三条一項をめぐって憲法八一条の違憲立法審査権が行使できるのかという論点であった。これを順に説明しておこう。

刑法二〇〇条の違憲判決を出した一九七三年大法廷判決では、刑法「一九九条の定める普通殺人の所為と同じ類型の行為に対してその刑を加重した。いわゆる加重的身分犯の規定」が違憲無効となるとした。郵便法六八条、七三条に違憲判決を下した二〇〇二年大法廷判決では、郵便法の「六八条、七三条の規定のうち、特別送達郵便物について、郵便従業者の軽過失による不法行為に基づき損失が生じた場合に国家賠償法に基づく国の損害賠償責任を免除し、又は制限している部分は憲法一七条に違反し、無効である」と判示した(『最高裁判所民事判例集』五六巻七号、一四三九―一四八〇頁)。だが、これは「憲法一七条が、国が国家公務員の不法行為による損害賠償責任を負うことを原則としたことを受けて、これを具体化した国家賠償法が制定されているところ、郵便法六八条、七三条は国家賠償法に基づく損害賠償責任を一部免除又は制限する特別規定であるから、これらの規定が違憲無効」となったものだ。国籍法三条一項では、刑法二〇〇条における一九九条、郵便法六八条、七三条に対する国家賠償法一条一項に相当する、「届出による国籍取得」に対する原則的な制度や規定が存在しない。あえていえば、法四条の帰化が原則規定となって、三条一項は創設規定であるから、これを無効とするならば帰化許可制度によるしかない。

憲法一四条の定める法の下の平等は絶対的平等を定めたものではなく、合理的な理由のない差別を禁止する趣旨のものである。「各人に存在する経済的、社会的、その他種々の事実関係上の差異を理由として、その法的取り扱いに区別を設けることは、その区別が合理的な根拠に基づくものである限り、何ら同規定に違反するものではない」。よって、国籍の得喪に関する法律の要件上の区別も、これが合理的な根拠に基づくものである限り憲法一四条違反とはならない。この「合理性の基準」は、「①立法目的が正当であり、②具体的な取り扱い上の違いが同目的の達成に合理的に関連していることをもって足り」る。

憲法八一条との関係では、日本国民である父から認知されたが、父と外国人母との婚姻の成立していない子が届出によって日本国籍を取得する制度はなく、三条一項を一部違憲無効としてこの条項を拡大解釈することは、裁判所が法に定めのない新たな国籍取得制度を創設するものである。これは憲法八一条の違憲立法審査権の限界を逸脱するものである。元来、法三条一項の立法目的は「父母の婚姻が子の出生の前か後かという違いだけで日本国籍取得のあり方に差異が生ずることの不均衡をできる限り是正することを目的としたものであって、その目的は正当であり、その手段として準正子に限って簡易な届出による国籍取得制度を設けたことは上記目的との合理的関連性が優に認められ、他方、法三条一項の要件を満たさない日本国民の子についても簡易帰化という制度が用意されているのであるから、立法政策論としても法三条一項が憲法一四条に違反しないことは明らか」である。

これらの主張を述べたうえで、国は、上告人Zが法八条で用意されている簡易帰化制度で帰化すべきであり、簡易帰化は申請者のほとんどが帰化許可を得ているので、現行の国籍制度でも上告人Zが不利益をこうむることはほとんどない、と主張する。[27]かつまた、諸外国を見ても、日本のように父からの認知のみの子に国籍を与えない立法をしている諸国は現在でも存在しているし、[28]認知のみの子に国籍を認めるよう法改正をした国では偽装認知が社会問題化している。これらを考えれば違憲を求めることができないばかりか、この訴えには訴えの利益すら存在しないとの論陣を張ったのである。

8　最高裁判所はどのように判断したか

最高裁判所は、二〇〇八年六月四日、国の敗訴を宣した。一五人の裁判官のうち九人が多数意見を構成し、準正要件を違憲として上告人Zに日本国籍の取得を認めた。一名は上告人Zに日本国籍を認めたうえで、非準正子に区別が生じていることは違憲であるが、これは準正要件が違憲なのではなく非準正子に対する立法措置が行われなかったことを違憲とした。二名は上告人Zに日本国籍は認められないが、非準正子に区別が生じていることは違憲とした。前者と同じで理由で、準正要件が違憲なのではなく、非準正子に対する立法措置が行われなかったことをその理由とした。三名が国籍法は合憲であり、上告人Zに日本国籍の取得を認めることは司法権の限界を超えるものであって認められないとした。多数意見者九名と少数意見一名の計一〇名の裁判官が上告人Zの日本国籍を認めた。

ここでは多数意見の論理についてのみ見ていく。多数意見は三条一項が「憲法一四条一項の規定に違反する旨をいうが、その趣旨は、国籍法三条一項の規定が、日本国民である非嫡出子について、父母の婚姻を得て嫡出子たる身分を取得した者に限り日本国籍の取得を認めていることによって、同じく日本国民である父から認知された子でありながら父母が法律上の婚姻をしていない非嫡出子は、その余の同項所定の要件を満たしても日本国籍を取得することができないという区別（以下「本件区別」という。）が生じており、このことが憲法一四条一項に違反する」と論じる。「所論は、その上で、国籍法三条一項の規定のうち本件区別を生じさせた部分のみが違憲無効であるとし、上告人には同項のその余の規定に基づいて日本国籍の取得が認められるというべきである」と述べ、その理由を続ける。

まず、憲法一四条に言うところの法の下の平等とは、「事柄の性質に即応した合理的な根拠に基づくものでない限り、法的な差別的取扱いを禁止する趣旨である」とし、たとえ国籍が憲法一〇条の規定に基づいて設けられた国籍法に従って立法府の裁量的判断にゆだねられるとしても、「日本国籍の取得に関する法律の要件によって生じた区別が、合理的理由のない差別的取扱いとなるときは、憲法一四条一項違反の問題を生ずることはいうまでもない」とする。そして国籍法の沿革が確認されて、法三条一項が設立された立法趣旨とそのときに準正子のみを対象としたことは立法裁量の範囲であることが確認される。「国籍法三条一項の規定が設けられた当時の社会通念や社会的状況の下においては、日本国民である父と日本国民でない母との間の子について、父母が法律上の婚姻をしたことをもって日本国民である父との家族生活を通じた我が国との密接な結びつきの存在を示すものとみることには相応の理由があった」。「国籍法制の傾向にかんがみても、同項の規定が認知に加えて準正を日本国籍取得の要件としたことには、上記の立法目的との間に一定の合理的関連性があった」。

しかし、「我が国における社会的、経済的環境等の変化に伴って、夫婦共同生活のあり方を含む家族生活や親子関係に関する意識も一様ではなくなってきており、今日では、出生数に占める非嫡出子の割合が増加するなど、家族生活や親子関係の実態も変化し多様化してきている。このような社会通念及び社会的状況の変化に加えて、近年、我が国の国際化の進展に伴い国際的交流が増大することにより、日本国民である父と日本国民でない母との間に出生する子が増加しているところ、両親の一方のみが日本国民である場合には、同居の有無など家族生活の実態においても、法律上の婚姻やそれを背景とした親子関係の在り方についての認識においても、両親が日本国民である場合と比べてより複雑多様な面があり、その子と我が国との結びつきの強弱を両親が法律上の婚姻をしているか否かをもって直ちに測ることはできない。（中略）日本国民である父が日本国民でない母と法律上の婚姻をいしたことをもって、初めて子に日本国籍を与えるに足りるだけの我が国との密接な結びつきが求められるものとすることは、今日では必ずしも家族生活等の実態に適合するものということはできない」（傍点は引用者）。「また、諸外国においては、非嫡出子に対する法的な差別的取扱いを解消する方向にあることがうかがわれ、（中略）国籍法三条一項の規定が設けられた後、自国民である父の非嫡出子について準正を国籍取得の要件としていた多くの国において、今日までに、認知等により自国民との父子関係の成立が認められた場合にはそれだけで自国籍の取得を認める旨の法改正が行われている」。また、日本が批准している国際人権規約B規約や児童の権利条約でも出生による児童の差別を禁じている。その結果、「準正を出生後における届出による日本国籍取得の要件としておくことについて、前記の立法目的との間に合理的関連性を見いだすことがもはや難しくなっているというべきである」。

日本国籍の取得が、日本における「基本的人権の保障を受ける上で重大な意味を持つものであることにかんがみれば」、「差別的取り扱いによって子の被る不利益は看過し難いものというべきであり、このような差別的取扱いについては、前記立法目的との間に合理的な関連性を見いだし難いといわざるを得ない。とりわけ、日本国民である父から胎児認知された子と出生後に認知された子との間においては、日本国民である父との家族生活を通じた我が国社会との結びつきの程度に一般的な差異が存するとは考え難く、日本国籍の取得に関して上記の区別を設けることの合理性を我が国社会との結びつきの程度という観点から説明することは困難である」。「非嫡出子についてのみ、父母の婚姻という、子にはどうすることもできない父母の身分行為が行われない限り、生来的にも届出によっても日本国籍の取得を認めないとしている点は、今日においては、立法府に与えられた裁量権を考慮しても、我が国との密接な結びつきを有する者に限り日本国籍を付与するという立法目的との合理的関連性の認められる範囲を著しく超える手段を採用しているものというほかなく、その結果、不合理な差別を生じさせているものといわざるを得ない」（傍点は引用者）。

法八条一号の簡易帰化による国籍取得の道は残されているが、「帰化は法務大臣の裁量行為であり、同号所定の条件を満たす者であっても当然に日本国籍を取得するわけではないから、これを届出による日本国籍の取得に代わるものとみることにより、本件区別が前記立法目的との間の合理的関連性を欠くものでないということはできない」。また、たとえ「仮装認知行為」（国および申立人側代理人との論争では偽装認知と呼ばれていたものを、最高裁判所はこの用語で説明している）を防止する目的で本件区別が設けられたとしても、「そのようなおそれがあるとしても、父母の婚姻により子が嫡出子たる身分を取得することを日本国籍取得の要件とすることが、仮装行為による国籍取得の防止の要請との間において必ずしも合理的関連性を有するものとはいい難く（中略）結論を覆す理由とすることは困難である」。「そうすると、本件区別は、遅くとも上告人が法務大臣あてに国籍取得届を提出した当時には、立法府に与えられた裁量権を考慮してもなおその立法目的との間において合理的関連性を欠くものとなっていたと解される。したがって、上記時点において、本件区別は合理的な理由のない差別となっていたと言わざるを得ず、国籍法三条一項の規定が本件区別を生じさせていることは、憲法一四条一項に違反するものであったというべきである」（傍線は判決文）と憲法違反であったと判断した。

法三条一項が憲法違反であるとして、上告人にどのようにして国籍を認めるのかは、「国籍法三条一項が日本国籍の取得について過剰な要件を課したことにより本件区別が生じたからといって、本件区別による違憲の状態を解消するために同項の規定自体を全部無効として、準正のあった子の届出による日本国籍の取得をもすべて否定することは、血統主義を補完するために出生後の国籍取得の制度を設けた同法の趣旨を没却するものであり、立法者の合理的意思として想定し難いものであって、採り得ない解釈であるといわざるを得ない。そうすると、準正子について届出による日本国籍の取得を認める同項の存在を前提として、本件区別により不合理な差別的扱いを受けている者の救済を図り、本件区別による違憲の状態を是正する必要があることになる」。つまり、「父から出生後に認知されたにとどまる子についても、血統主義を基調として出生後における日本国籍の取得を認めた同法三条一項の規定の趣旨・内容を等しく及ぼすしかない」のである。すなわち「父母の婚姻により嫡出子たる身分を取得したことという部分を除いた同項所定の要件が満たされる場合に、届出により日本国籍を取得することが認められるものとすることによって、（中略）合憲的で合理的な解釈が可能なものとなるということができ」る。こうした解釈を行うことは法三条一項の「規定の趣旨及び目的に沿うものであり」、裁判所による新たなる国籍取得の要件の創設にはあたらない。よって「日本国民たる父と日本国民でない母との間に出生し、父から出生後に認知された子は、父母の婚姻により嫡出子たる身分を取得したという部分を除いた国籍法三条一項所定の要件が満たされるときは、同項に基づいて日本国籍を取得することが認められると言うべきである」（傍線は判決文）。このように判示して、国籍法三条一項の一部違憲と上告人の届出による日本国籍の取得が多数意見として認められた。

おわりに――国籍法はどこに向かうのか

国会での国籍法改正においては、この作業に関係していた議員の事務所に大量のファックスが送られ、議員活動に支障が出るような事態も生じさせたが、新聞紙上でこぞって取り上げられるようなことはその後なくなった。最高裁の判決に沿った形での国籍法の改正も行われた。しかし、これで国籍法が安定したとはいえない。前節で見た最高裁違憲判決は九人の裁判官の多数意見である。しかし、多数意見の九人ですら、そのうち五人が補足意見を付けている[29]。

日本国籍者とは、本来、壮大なフィクションである。これを定義するのが国籍法であるが、法は法であるがゆえに手続規定しか書いていない。手続きを通してどのような内実をもった人を国が日本国籍者と認めようとしているのかは、立法者意思を読み解いていくほかにない[30]。では観念上の日本国籍者がいかなるものであるかといえば、「血統主義」としての日本人ということになる。ただし、この血統主義は、日本の国籍法に固有の血統主義であって、社会学者が考えるような民族としての血を意味するような血統主義ではない。一八九九（明治三二）年に施行された旧国籍法が、家制度の中での地位・身分の取得を国籍取得の理由として認めてきたように、家の原理こそ血統主義の核となるものであった。戦後の新憲法のもとで個人の意思を尊重する法体系に変更され、結婚や養子といった身分行為に基づく国籍変更はなくなっても、家族を通して言語・習慣・価値規範が伝達されることを前提に、家族に組み込まれることをもって「国民たるの資格」を認めることを基本思想とする血統主義なのだ。

前提条件である家族が国民たるに必要な言語・習慣・価値規範を伝えるということもフィクションであれば、家族に組み込まれれば国民たる資格をもつと考えることもフィクションだ。二重のフィクションによって構成されたものが、手続規定を実践することによって実現される。そしてフィクションであるがゆえに、現実の社会の状況や社会通念の移り変わりによって、手続規定は絶えず変更されざるをえない。日本国籍者の観念がフィクションであると同時に、手続規定もさまざまなフィクションを通して手続きの合理性が担保されている。たとえば、本章で問題とした生後認知子の届出による国籍取得もそうだ。ここでは届出によって本人の意思とみなして国籍取得を認める。これは明らかなフィクションだ。生まれたばかりの子や年端もいかない子が自らの意思で法務局に届け出るなどという実態があるはずもなく、明らかに届出は子の意思ではなく親の意思のはずだ。にもかかわらず、届出があったことをもってして本人の意思とみなしている。

平賀は、新憲法下で生まれ変わった新国籍法でも旧国籍法以来の父系制血統主義を採ることを「もしわが国で父系主義及び母系主義を平等に採用するならば、母が日本国民で父が日本国籍を有せず、かつ血統主義を採用する外国の国民である場合にはつねに国籍の積極的抵触を生ずることとなるので、現行法は主として国籍の抵触を防止するという見地から旧法とおなじく父の国籍を優先させたのであって、憲法のいう男女平等の原則に反することはないと思われる」と述べている（平賀、一九五一、二一二―二一三頁）。二重国籍の防止を優先したがゆえに、新憲法のもとでも父系制血統主義を採ったというのである。国籍法制定時はこれで問題なかったのであろうが、アメラジアンの増加（およびこの増加を問題であるという社会認識の高まり）や女性差別撤廃条約への批准といった外部環境が変わることで、観念上の日本人＝日本国籍者に変化はなくても、手続上の日本人＝日本国籍者は変わらざるをえない。

本章で見てきた事件で違憲判決を下した東京地裁判決、最高裁判決のいずれも、法三条が立法時は合憲であったことを認めている。しかし、法律婚にいたらない内縁関係の増加、内縁関係のもとでの渉外婚姻の増加およびこれらのもとで生まれる非嫡出子の増加が社会的に認められ、家族をめぐる社会観は変化している。児童の権利条約をはじめとする国際条約を守らなくてはならない社会になってきている等の外部環境の変化を考慮すると、事件の当該者たるZが生まれた時点には違憲状態になっていたと判断している。これは観念上認めている日本人に必要と思われてきた手続要件、つまりは準正子に限って認めてきた手続要件のフィクションが刷新されなければならないことを求めたものと考えられよう。来栖三郎は「擬制の使用には限界がある。その限界を超えるときは擬制の濫用となる。擬制によって、規定が簡略になるとはいえ、直接に規定するのより、法律関係が著しく不明確となるならば、擬制は合目的性を失うといわなければならない」と論じている（来栖、一九九九、八三頁）。

準正子要件による擬制（フィクション）の合目的性は、実態のある家族へ子が包摂されていることを示すと考えられるということだ。準正子要件の擬制が目的と合致しなくなれば、これは擬制の限界を超えたものであるのだから、必然的に擬制は濫用とならざるをえない。その意味でいえば、今回の判決でも、家族共同体への包摂を通して子は日本人になるという観念上の日本人のフィクションは保持されており、観念上の擬制の構造を保持したうえで、手続上のフィクションである家族共同体への包摂を示す指標が法律婚に限られることがなくなったということであろう。

長谷部恭男は、国籍法が改正され、本事件を違憲判決とするにいたった思考様式を解説した小論で、「国籍法が改正され、生後認知子も届出により日本国籍を取得できることになった場合、従来有していた国籍所属国の国籍法によってその外国国籍を自動的に喪失する場合が生じる。（中略）国籍法の改正後は不本意に本国国籍を喪失する子どもが続出することも考えられる。そのような事態が生じないよう、法務局等での情報提供が必要であろう」と論じた（長谷部、二〇〇八、九一頁）。この論文の中で長谷部は、父母の婚姻と認知および出生の時期によって国籍取得のあり方が変わることについて二つに区分している。第一に、法二条によって出生による国籍取得のできる子とこれのできない生後認知子との区別で、長谷部はこれを「第一の区別」と呼ぶ。第二に、法三条における生後認知子の中の準正要件によって生じる区別を「第二の区別」と呼んでいる。この二つの区別をつけたうえで、今回の問題は生後認知の非準正子が二重に異なる取り扱いを受けてきたことに問題の核心があると、指摘している。だが、二重の区別が問題になりこれを解消しようとしたら、最高裁への上告書のとおり、生後認知子も胎児認知と同様に出生による国籍取得を認めるしかない。こうすれば子は当然に父の国籍と母の国籍を承継することができ、二つの区別は一気に解消される。だが、今回の判決は第二の区別が引き起こす差別についてのみ救済が採られることとなった。

最高裁が示した法三条一項の解釈に基づけば、フィリピンや韓国のような法体系をもつ外国人母から生まれた場合、本国国籍を喪失するかもしれないことを理解して生後認知子に届出による国籍取得を求めよと要求する論が「法の問題」として出てくるのかもしれない。しかし、「法を問う問題」としては、長谷部の第一の区別を問題にすることは今後もできるはずだ。Zが弟Z2と同じように日本国籍を認められたことは大きな前進であった。だが、このことによって母の国籍を選択する機会を失ったとすれば、これが大きな権利の制限であることもまた間違いない。同じ国で同じ父母から生まれた兄弟間で、国籍を選択できる者と選択できない者が生じている。これで法の下の平等が達成されたといえるのだろうか。違憲判決が出たからといって、この事件が問いかけた権利の問題はまだ解決していない。法を問う問題として、この事件のケースはまだ違憲判決を完全には勝ち得ていない。生後認知子に胎児認知子と同様に出生による国籍取得が認められたとき、この事件の起こした法への問いかけは本当の意味で終わる。国際化の進展は、日本に居住する外国人を増加させると同時に海外に長期滞在する日本人も増加させる。その結果、渉外婚姻の増加傾向は持続するだろうし、いつの日か本事件の兄弟のようなケースが多数出ることによって、生後認知子と胎児認知子との差異について憲法判断が下される日が来るだろう。その日がいつになるか分からない。だが、この違憲判決はその日のための最初の一歩になったことは間違いない。

注

（1）二〇〇八年六月四日の国籍法違憲判決は、本章で扱った第一事件とこれと同様の状態にある一〇人の子どもが争った第二事件との二つに出された。広渡清吾は「二〇〇八年六月四日の最高裁判所判決は、外国人の母親から生まれる子が、出生前に日本人の父親に認知を受けたときには日本国籍の取得を認めるが、出生後の認知の場合には父母の婚姻がなければ日本国籍の取得を認めない国籍法の規定を不合理な差別に当たるとして違憲と判断した（日本経済新聞二〇〇八年六月五日付朝刊）。当該訴訟の原告は、フィリッピン人の母親をもつ一〇名の子どもたちであったが、同種の境遇にある子どもは数万人と推計されている。判決は、時代の変化に対応したものであるが、こうした制度上の論点も比較の重要な対象である」と第二事件から意義を説いている（広渡、二〇〇九、八八頁）。

（2）第二次出入国管理計画における本文に参照した部分についてはhttp://www.moj.go.jp/nyuukokukanri/kouhou/press_000300-2_000300-2-2.htmlを参照のこと。

（3）奥田安弘の提出した意見書は奥田（二〇一〇）で見ることができる。

（4）本事件において、Yはかつて超過滞在し、その間に資格外活動もしていたが、①現在は就労もせずZの監護養育のみにつとめていること。②入管法については法違反をしてしまったが、それ以外の法違反を日本滞在中まったく行っていないこと。こうした事実を鑑みると、③Yの存在が日本の労働市場に影響を与えることもなく、本件退去強制令書の発付処分は形式的な退去強制事由に該当する部分のみをとらえてなされたもので、法の目的から逸脱した判断であったと意見書においても訴状と同様の主張が付けられている。

（5）この東京地裁判決文は『判タ』一一七五号を参照のこと。
（6）国籍の生来的取得とは出生時点による国籍取得のことである。
（7）国籍の伝来的取得とは出生後の事後的な国籍取得のことである。
（8）法四条第一項で日本国民でないものは帰化により日本国籍を取得できるとされ、第二項でこの帰化には法務大臣の許可が必要であると定められている。
（9）法五条第一項は帰化できる条件を引き続き五年以上日本に住所を持っていること（一号）、二〇歳以上で本国法上、能力を有するとされていること（二号）、素行善良であること（三号）、自己または生計を一つにする配偶者その他の親族の資産または技能によって生計を営めること（四号）、国籍を有しない、または日本国籍の取得によって以前の国籍を失うべきこと（五号）、日本国憲法施行以後、日本国憲法またはこの憲法のもとで成立した政府を暴力で破壊することを企て主張したり、もしくはこれを企て主張する政党やその他の団体を結成したり、これに加わったりしたことのないこと（六号）と定めている。
（10）法八条は、日本国民の子で日本に住所を有するものについては、法五条の一項の一号、二号、四号の条件を満たさなくても、帰化を許可できるとしている。このため、法八条は簡易帰化制度とも呼ばれる。
（11）国籍法の沿革については、平賀（一九五〇、第一章第三節）、二宮（一九八三、第四章）、黒木・細川（一九八八、第二部第一章第三節）および嘉本（二〇〇一、第二章）等に詳しく論じられている。
（12）出生時点で父母が法律婚でなく非嫡出子として出生したが、子の出生後に父母が婚姻することで嫡出子としての身分を得ることを「準正」という。
（13）最高裁への上告書は『最高裁判所民事判例集』六二巻六号（一四〇九―一四四九頁）に「上告代理人山口元一の上告理由」として掲載されている。
（14）本節以降では東京高裁での敗訴を受けて最高裁へ上告してからが分析の対象となる。前節まで原告と記していたものは本節以降上告人となる。

(15) さらに、上告人がもし法三条ではなく、法二条に基づいて国籍取得ができるとするならば、国籍法上も認知の遡及効が認められることとなり、このような見解をとるには国籍法の認知に対する合憲・違憲の判断が必ずや必要になる。

(16) この事件で法二条一号が適用されることになったのは、「外国人母の非嫡出子が戸籍の記載上母の嫡出子と推定されるため、日本人である父による胎児認知の届出は不適法なものとして受理されない場合に、上記推定(嫡出推定のこと)がされなければ父により胎児認知がされたであろうと認めるべき特段の事情があるときは、上記胎児認知がされた場合に準じて、国籍法二条一号の適用を認め、子は生来的に日本国籍を取得すると解するのが相当である」と判断したからであった。そしてこの特段の事情として認めるべきものとして「①戸籍の記載上嫡出推定がされ、胎児認知届が不適法なものとして受理されない場合に、②母の夫と子との間の親子関係の不存在を確定するための法的手続きがこの出生後遅滞なく執られた上、③上記不存在が確定されて認知の届出を適法にすることができるようになった後速やかに認知の届出がされることを要するものと解すべき」としている。

(17) この事件は離婚した外国人女性に嫡出推定が働く期間に生まれた子にも、特段の事情にあたることが認められた。

(18) この部分で代理人は、民法起草者富井正章が胎児認知について「子ノ生ルヲ待ツテ居ツテハ死ヌト云フヤフナ場合ニハ認知ヲ許スヨリ仕方ナイ」と説明したことを根拠に、この制度が、本事件ではあたかも胎児認知をした場合の方が父の子に対する意思が強いかのように議論の前提として置かれていることに対して、妊娠期間中に父母が離縁してしまう場合や、母が出生の前に父が死亡してしまう場合を念頭に置かれたものであることを説明する。

(19) 代理人は、この「偽装認知」という概念は成立しないと考えていた。一審から三審までの国側答弁書および東京地裁・東京高裁の各判決文にも、この偽装認知という言葉が出てくる。そこでの使われ方は、実父以外が認知行為をするものとして使われている。しかし、本来、「認知」の概念は民法の相続との関係で出てきたものである。その民法上の認知においては、実父以外が認知行為をすることができるし、これは大審院判決としても確定している。日本の認知において問題なのは、子の親になるという意思であるし、これは実態としても家の存続という点からも正当視されてきた。そして事実として子の親が誰であるかよりも、子の親となることを自覚した者が親となることが子の福祉にとっても望ましい、との考えがそこにはある。ところが、国籍法になったとたんに、認知に遡及効が認められなくなったり、実父以外の認知行為があたかも問題行為であるかのように議論されたりする。これでは民法上の認知と国籍法上の認知とは、異なる法律行為であるかのようだ。しかし、これを分けて考えることは現実的ではなく、また分けて考えられないということが素通りされてしまうから混乱だけが生じる、と考えていた。

(20) フィリピン憲法では、フィリピン国籍の喪失は四条三項で国籍の喪失は法律によって定めるとなっており、一九三六年コモンウェルス法第六三号一条一号がこれにあたる。このフィリピン憲法では日本の届出による国籍取得も外国への帰化と解している。また、届出による日本国籍の取得によって、それまでの国籍を失う規定は韓国国籍法一五条一項、中華人民共和国国籍法九条、タイ国籍法二二条にも存在している(奥田安弘、二〇〇四、一二頁)。

(21) 国が想定するような届出による国籍取得だから本人の意思を尊重したというのはどこまでいっても法的なフィクションにすぎない。真の意味で本人の意思を尊重するならば父の国籍と母の国籍のいずれを選択するのかの機会を保障することの方が、フィクションではない本人の意思の尊重につながるはずという子側代理人の思いがこの主張には込められている。

(22) ただし、胎児認知をすれば必ず日本国籍を取得できるのではない。なぜなら、「胎児認知の場合には、子は出生前で国籍がないので、母の本国法が子の本国法であると解されている。また、胎児認知は、当事者双方の本国が許容する場合に限り、することができるものと解されている。したがって、父の本国法たる日本民法上は胎児認知が可能であっても(民法七八三条一項)、母の本国法上胎児認知の制度がなければ、父は胎児認知をすることができず、子は出生により日本の国籍を取得することができない」からである(黒木・細川、一九八八、二八七頁)。

(23) ここでは、子は一般に母に育てられるから日本人母の子は母との家族関係を通して我が国との結びつきが強いから婚姻関係を問題にする必要はなく、反対に父子関係については、法律婚を形成していないと実態の伴った子どもとの親子関係は形成されないと考えられているようである。

(24) この説明からは、届出による国籍取得の創設に当たって国が念頭に置いたのは旧国籍法の国籍回復に相当するものであったのではとすら思えてくる。

(25) 一九八四年改正後の入管法と国籍法の解説をしている黒木・細川(一九八八)でも「非嫡出子は、民法上原則として母の氏を称し(民法七九〇条二項)、母の親権に服するものとされていること(民法八一九条二項)からも窺えるように、非嫡出子の父との関係は、通常、母との関係に比して、実質的な結合関係ないし生活の同一性が希薄である」と論じている(黒木・細川、一九八八、二八八頁)。父が外に働きに出て母が家を守る、という伝統的な家族観がこの判断の基底には存在し、その母が外国人であるから日本人父の非嫡出子には家族を通しての言語、日本の文化、価値規範の伝承もまた希薄になるという論理が存在しているように思われる。もっとも、黒木・細川も日本人母の非嫡出子に日本国籍が認められることを、母が日本人だから子に日本の言語、文化、価値規範が伝承されるとは言っていない。「戸籍実務上は、形式審査主義との関係で、婚姻の届出のない日本人女性から子の出生の届出があれば、あらかじめ父から胎児認知の届出がない限り、父の知れない子として日本の国籍を取得したものと取り扱わざるを得ない」から、「見解の差異は表面化しない」と述べている(黒木・細川、一九八八、二九二頁)。父母の家族の中における役割は一切論及されておらず、戸籍実務との関係から母が日本人となる場合の非嫡出子が日本国籍となることの論理が説明されている。

(26) 同様の表現は、最高裁への国側答弁書においても見いだせる。そこでは「現行国籍法立法担当者平賀健太」を引きつつ、「我が国における国籍立法の沿革をみれば、法は、夫婦とその子からなる家族共同体を国民共同体の中の最も基本的な共同体と位置づけ、家族共同体に由来する我が国との密接な結合関係のうちに国籍を付与するにふさわしい関係を見いだしている。すなわち、血統的な家族関係を通して、我が国の言語、生活様式その他の文化的伝統が継承されるという実態を踏まえ、日本国民との同化という事象により、我が国との密接な結合関係が認められたときに日本国籍を付与するというのが法の基本理念である」（傍点は引用者）と国籍法の基本理念が述べられている。

(27) この国側の主張は、奥田安弘が書いた子側意見書で根拠のないものと論じられる。そこでは、帰化申請が自由にできるよう聞こえるが、帰化申請をめぐっては提出書類の厳しい事前審査が行われている。その結果、この事前申請段階で帰化申請を諦めてしまう者が多く存在している。よって、申請拒否率が小さいこと＝国が帰化申請を拒否していないというロジックは成立しない。この事実を見ることなく簡易帰化申請すればよいとの主張は、現実の制度の運用を知ればありえないはずとされている。

(28) この主張に対して奥田安弘は追加意見書で、①国が述べるような比較は無意味で日本の国籍法に影響を与えた国がこれを認めているかどうかが重要であること。なぜなら、②国民をどのように定めるのかは、国民をどのような人々と考えるのかに大きく依存する。そのため、考え方が異なる事例をあげつらっても諸外国の立法措置を見たことにならないこと。そして③日本の国籍法に影響を与えた国々では父から認知を受けた婚外子に国籍を与えていることを論じた。

(29) その他に少数意見者となった者たちも意見を付けている。これら意見として付けられた論点は、①国民の権利利益を与える場合に、その要件としてA、Bの二つの要件が定められ、A要件のほかにB要件が求められることが違憲となったときに、A要件のみで権利利益を与えられるか。②今回の判決で準正子と非準正子の間の不合理な区別は取り除かれるとしても、これらの子と胎児認知の子との間の区別はいまだ残ったままである（胎児認知となるか生後認知となるかは、準正子となるか非準正子となるかと同様に子にはどうすることもできない事実である）。③多数意見が言うような（①の考え方）過剰な要件がこの事件で問題になっているのではなく、法が不十分な要件しか置いていないことに問題があるのであって、この場合に不十分さを補うためには解釈による補充とならざるをえず、合憲補充解釈をすることについては問題が残る。④家族生活の実態に変化があったとはいえ、日本人を父とし外国人を母とする非嫡出子の絶対数の増加はあってもその程度はわずかであり、これによって国民の意識一般に家族観の変化が起きたとなぜ言えるのか。⑤母が日本国民である場合と差が生じていたとしても、これは出生時における子との種々の関わり方における父母の違いを示すだけであって男女間における差別とは異なる。⑥多数意見を認めれば、「創設的権利・利益付与規定について、条文の規定や法律の性質、体系のいかんにかかわらず、また、立法の趣旨、目的を超えて、裁判において、法律が対象としていない者に、広く権利、利益を付与することが可能になる」。これは司法権の限界との関係で問題が残る。⑦非準正子に届出による日本国籍を付与する旨の規定がないのは、立法不存在あるいは立法不作為の状態というだけである。違憲であるとすれば、法文にあるのではなくて、立法不作為であることにある、といったことであった。

(30) 黒木・細川も、戸籍法を通して日本国籍者は戸籍に記載されることになっているが、「戸籍の記載は、国籍の絶対的な証明ではない。国籍の得喪は、実定法たる国籍法によって定められるのであり、戸籍の記載は証明資料に止まるから、戸籍の記載の有無により国籍の得喪の効果に影響を及ぼすことはない。換言すれば、日本国民であっても戸籍に記載されていない場合もありうるし、戸籍に記載されている者でも日本国民でない者がありうる(中略)したがって、日本国籍の存否が問題となるときは、関係証拠資料により、個別的に国籍得喪事由の有無を認定する必要が生じる」ことを認めている(黒木・細川、一九八八、二七一—二七二頁)。国籍の有無は個別の証拠資料から観念上日本国籍者とみなされるものと照合しつつ個別に判断するしかない、ということだ。

第6章●定住告示の法社会学

はじめに

日系人労働者の日本就労が合法化されるのは、一九八九年に出入国管理及び難民認定法（以下、「入管法」と記す）が改正され、翌一九九〇年よりこの改正された入管法の施行に際し出された「平成二年五月二四日法務省告示第一三二号出入国管理及び難民認定法第七条第一項第二号の規定に基づき同法別表第二の定住者の項の下欄に掲げる地位を定める件」（以下、この告示を「定住告示」と記す）によってである。この告示によって日系三世（定住告示三号および四号）、日系二世および三世の配偶者（定住告示五号）、そして未婚で未成年で親の扶養を受けている日系四世（定住告示六号）へ在留資格「定住」が与えられることが定められた。一九九〇年の改正入管法によって認められた日系人とは、日本人の孫とひ孫、そして日本人の子の配偶者、日本人の孫の配偶者なのである。

ところで定住告示は、二〇〇五年に広島県で発生した日系ペルー人男性による女児誘拐殺人事件を受けて翌年改正されることになった（以下、二〇〇六年に改正された定住告示を「改正定住告示」と記す）。新規に日系人として在留資格定住を受けて入国する者や日本で定住者として滞在している者の在留資格の更新に際して、本国および日本滞在期間中の犯歴照会が必要になった。本章で問題になるのは定住者告示五号のハであるが、これは改正以前に「第三号又は前号に掲げる地位を有する者として上陸の許可、在留資格の変更の許可又は在留資格の取得の許可を受けた者で一年以上の在留期間を指定されている定住者の在留資格をもって在留する者（この号に該当する者として上陸の許可を受けた者で当該在留期間中に離婚をしたものを除く。）の配偶者」から、二〇〇六年四月二九日以降は「第三号又は前号に掲げる地位を有する者として上陸の許可、在留資格の変更の許可又は在留資格の取得の許可を受けた者で一年以上の在留期間を指定されている定住者の在留資格をもって在留するもの（この号に該当する者として上陸の許可を受けた者で当該在留期間中に離婚をしたものを除く。）の配偶者であって素行が善良であるもの」（傍点は引用者）となり、素行善良であることが要件化されたのである。

一九八〇年代以降、日系人労働者問題は数多く取り上げられてきた。だがそこではもっぱら外国人労働者として把握され、日系人の「世代」の違いや、日系人の配偶者として迎え入れられた者の在留資格付与にあたって検討されている差異の意味は考慮されてこなかった。しかし、定住告示が細かく三世を二種類に分けたり（祖父母が日本人の三世と二重国籍者の子となる三世。二重国籍者は日本人でもあり外国人でもあるが、その子は日本人の子とはされず外国人の子となり三世とカウントされる）、配偶者も三種類に分けたりしているのは（二世配偶者、二世の養子に迎え入れられた者の配偶者、三世配偶者）

何らかの意味の違いを国が付与しているということだ。さらに言えば、この意味の違いには定住告示を必要とすることのない二世の問題が隠れている。

本章では、日系人労働者における世代がもつ意味を「定住告示」が争われた裁判事例を詳細に検討することで、①定住告示上の区別とは何であるのか、②これらの区別を用いることで国がいかなる労働市場を形成しようとする意図をもっていたかを考えていきたい。

1　事件の概要

本章で吟味するのは、二〇〇七年に、東京地方裁判所へ提起された在留資格変更申請不許可処分取消請求事件である。二〇〇五年七月に日系三世の妻をもつAが在留資格「短期滞在」在留期間九〇日で入国した。Aは妻の待つ神奈川県に移動し、ここで外国人登録を行った。二〇〇五年一二月に短期滞在の在留資格を在留資格「定住」期間「一年」に変更の許可を受け、同日中に外国人登録上の変更も行った。Aは出身国で自動車運転免許を持っていたが、まだ日本の免許への切り替えの手続きを行う前の二〇〇五年一二月末に、購入した自動車が届いたこともあり、その自動車に乗って家族でレストランに行くことにした。その際に原付バイクと接触事故を起こし、被害者は全治二週間の軽傷を負った。その結果、道路交通法違反と業務上過失傷害で起訴され、Aは地方裁判所で略式命令を受け罰金五〇万円の刑に処された。

Aは二〇〇六年八月に、東京入国管理局横浜支局に在留期間更新許可申請を行ったが、翌九月に東京入管局長はこの申請を不許可とした。一〇月に東京入国管理局横浜支局川崎出張所に、いま一度、在留期間更新許可申請を行うも、一二月に東京入管局長は川崎出張所の審査官を介して在留資格「定住」を定めた告示の「素行が善良であるもの」の要件を満たしていないことを理由とし、この再度の申請も不許可とした。ただし、入管局長は「出国を準備する目的」へ申請を変更するならば申出書の提出により変更できることをAに通知し、Aは自らの状態が違法性を帯びたものになることを嫌って、申出書を提出し在留資格「特定活動」期間「三月」の在留資格変更許可を受けた。二〇〇七年一月、Aは東京入管横浜支局で定住者になるための在留資格変更許可申請を行うが、その翌日にこの申請を不許可とされ（本章が分析の対象とする在留資格変更許可申請の不許可事件はこの処分に対するものである）、その後在留期間三カ月で得ていた在留資格特定活動の期限を超え超過滞在者になった。

本件は、国が定住告示（この時点では改正定住告示）に定められた要件に合っていないことからAの在留期間更新許可申請を不許可とし、同じ理由によってAの在留資格変更許可申請が不許可となったものであるから、裁判での争いはAの在留資格「定住」への資格該当性が争点となった。Aは日系三世の配偶者であり、日本でも子どもを育てながら夫婦で暮らしているから定住告示五号に該当する。にもかかわらず、「素行が善良でない」ことを理由に定住告示要件に該当しないと国が判断したのは、Aの起こした交通事故が改正定住告示で新たに要件化された犯罪歴にカウントされたためであることは明らかであった。そのため、この裁判では犯罪歴に入れなくてはならない犯罪とは何であるのかが問われ、定住告示およびその改正の趣旨が徹底して争われることになった。

2　裁判から明らかにされる定住告示改正にいたる経緯

代理人はまず改正定住告示が不当なものであると告発する。①法務省は改正定住告示の必要性を外国人犯罪の増加と定住者であるペルー人青年が引き起こした事件を理由に挙げる。だが、法務省が問題にしている期間は日本に滞在する外国人人口が増加している時期であるから、外国人犯罪の絶対数が増加したからといってそのことをもってして外国人が以前より犯罪に走るようになったとは言えない。②また、広島で事件をおかしたペルー人男性は偽造旅券で入国していたことが明らかになっているから、彼の在留資格はさかのぼって取り消されているはずなので犯罪を起こした者が定住者という論理はもはや成立しない。

③新聞や雑誌ジャーナリズム、そして一連のテレビ報道で外国人犯罪が増えているという報道が多々見られた。しかし、日本人であれば「低所得者」、「母子家庭」、「被差別部落出身者」等といった属性から犯罪者が多い少ないという議論は行われない。二〇一二年一〇月二六日号の『週刊朝日』で佐野眞一と週刊朝日取材班による「ハシシタ　奴の本性」というタイトルで始まった連載記事が、第一回で打ち切られることになったことを考えれば、こうしたアプローチ自体非難の対象となることは広く合意されている。恵まれない境遇が犯罪の根源にあることが原因として探られることはあっても、

個人の属性と犯罪を結びつけて議論することが無益であり、治安維持にはつながらないことが分かっているからだ。ところが、外国人の場合には、これが外国人犯罪と結びつけられ「外国人犯罪」というカテゴリーが作られており、明らかに治安維持との関連で用いられている。これらは法務省が宣伝する外国人犯罪は増加しているというメッセージに呼応するものであり、これは法務省設置法四条で「人権啓発及び民間における人権擁護運動に関する」ことが求められていることと大きく矛盾したものである。

④退去強制処分は入管法二四条（以下、「法二四条」と記す）で規定されているが、改正定住告示は一般的な入管法による規定よりも厳しいものになっている。また、改正定住告示が平成二年告示一三二号である定住告示に修正を加えるものであったとしても、定住告示はインドシナ難民、中国残留孤児等をも規定するものであったが、これらの人々への改正定住告示の適応は除外するものとなっており、素行善良性を要求し犯歴照会を必要とする者としてブラジル、ペルー、フィリピンと具体的国名が挙げられている。特定国出身者のみに一般的な法規定より厳しい対応をすることは、「法の前の平等」というわが国の根本的な法原則に反し、ひいては人種差別撤廃条約や人権規約にも反する、というものであった。

国は、代理人側の提起に対して①の告示改正の経緯についてはその過程を詳細に論じることで回答を行った。そこでは（ア）定住外国人の犯罪が増加していること。(1)（イ）広島で日系ペルー人による小学校一年生の女児に対する残虐な事件が発生したこと。（ウ）これら二つのことを受けて規制改革民間開放推進会議でも戸籍とのつながり以外に何の要件も設けられていないことが問題とされ、何らかの要件化を必要とする、ということが決められたこと。（エ）規制改革民間開放推進会議の決定を受けて閣議決定がなされ、改正定住告示となったことが論じられた[2]。

3　改正された定住告示はいかなる矛盾をはらむようになったか

国の主張によれば、在留資格「定住」はこの在留資格を設けた趣旨から言っても法務大臣の裁量の大きなものにならざるをえない。なぜなら、「『永住者』、『日本人の配偶者等』及び『永住者の配偶者等』の在留資格の項の下欄に掲げられている類型の身分又は地位のいずれにも該当しない身分又は地位を有する者としての活動を行おうとする外国人に対し、人道上の理由その他特別な事情を考慮し、その居住を認めることが必要となる場合がある。また、我が国の社会、経済等の諸情勢の変化により、これらの在留資格の項の下欄に掲げられている類型の身分又は地位のいずれにも該当しない身分又は地位を有する者としての活動を行う外国人の居住を認める必要が生じる場合も考えられる。このような場合に臨機に対応できるようにするため、入管法は別表第二の表の中に『定住者』の在留資格を設け、別表第二の『永住者』、『日本人の配偶者等』及び『永住者の配偶者等』の項の下欄に掲げられている類型のいずれにも該当しない身分又は地位を有する者としての活動を行うため入国・在留しようとする外国人を受け入れることができるようにしたものである」からだ（坂中・齋藤、一九九四、二一

○頁)[3]。

代理人側はこうした主張に対して、素行善良要件を在留資格「定住」に追加した際の前提条件の不合理性を訴える。改正定住告示では道路交通法違反に相当する罪による罰金刑は除くとされている。また、国側が改正定住告示にいたる経緯を説明する際の外国人刑法犯の増加を説明する際にも用いられていた、警察庁作成の『平成一八年犯罪情勢』でも「刑法犯」は「道路上の交通事故に係る業務上(重)過失傷害(中略)を除いた『刑法』に規定する罪」となっており、「来日外国人犯罪の検挙状況(平成一八年)」にいう「刑法犯」も同じ意義で使われている。にもかかわらず、本件では、交通事故の結果受けた罰金刑を理由として、在留資格「定住」の期間更新申請の不許可、出国準備のための在留資格から在留資格「定住」への資格変更申請の不許可の採決が行われている。本件では改正定住告示を必要としたと法務省が考える際に除いていて、改正定住告示でも除くとされていた罰金刑の道路交通法違反が斟酌されて判断が行われている。法務省が改正定住告示を必要とし改正定住告示で示した「刑法犯」と告示の運用における刑法犯とにずれが生じているのだ。代理人側はこの点の矛盾をついていくのである。

4　日系人とは異なる日本人の子

ところで、本件は争っている過程で新しい事実が判明する。日系三世の妻の地位が日系二世に該当することが明らかになったのだ。日系三世の妻の世代の移動が生じたのは、彼女の父親の国籍に関連している。妻の父はこれまで日系二世のボリビア人となっていた。ところが、妻の父は出生時の国籍法に照らしてみると日本人（＝日本国籍者）にあたることが判明したのだ。この父は一九五〇年四月に日本人移民の子としてボリビアで出生していた。このときの国籍法は一八九九（明治三二年）年に公布されたもので、海外で生まれた日本人の男親の子は当然に日本人とするものであった（現在の国籍法は一九五〇年五月四日に公布されたものである）。ペルーの大統領でもあったフジモリ元大統領が在任中に亡命生活を余儀なくされたときに、それまで政治亡命者を受け入れたことがなかった日本が彼を受け入れたのは、フジモリ元大統領もまた海外で生まれた日本人の男親の子であり、当時の国籍法からすれば彼は日本人であるからだ（ただし、大統領という一国の最高権力者になっていても日本国籍者であるという解釈が成立するかどうかという点については疑問符が残る）。そして、たまたま出生に関して日本に届出が出されていなく、戸籍が編製されていないので日系二世の外国人となっていると日本政府が判断したからであった。父親もまたこのフジモリ元大統領のケースと同様の事例で、日本への届出を欠いていたために戸籍編製がされていないケースと判断されたのである。

法務局が父を筆頭者とする戸籍編製の許可を行うと、本件の裁判はまったく異なる様相を見せるようになる。二世配偶者に対する定住告示には三世配偶者に要件化された「素行善良性」は改正定住告示でも盛り込まれることはなかった。裁判が始まったときに必要であった「素行善良性」とはなにか、改正定住告示が対象にしなければならない「刑法犯」とはなにか、といったことを問う必要はなくなった。むしろ、Aが日本人の家族にいかに必要な人間であるかが論じられる。Aは裁判が始まる前に超過滞在になっているが、彼を退去強制処分にするということが、これまで日本の入管行政が形成しようとしてきた法秩序と合致しないものであることが論じられるのである。

妻の父を戸籍筆頭者とする戸籍編製を通して、妻の父と弟妹たちが日本人となることになった。日本人となる弟妹の父母と妻の父母は同一人である。同じ父母の元で生まれて、同じようにボリビアに育ち、その後日本にデカセギに来たという状況も同じであるのに、長子である妻だけは国籍上ボリビア人となった。このような差異が出たのは、妻が出生したときには父母が法律婚をしておらず、妻の出生をきっかけにして婚姻届が出されたために、弟妹だけが日本法での嫡出子扱いとなったためである。前章で見た二〇〇八年の六月四日に国籍法違憲判決の際に問題になったケースと非常に類似している。代理人は、このような事情を鑑みれば、国籍上ボリビア人とはいえ、日本人の父、日本人の弟妹とともに日本で暮らしている妻の家族の日本での生活は保護すべき価値を強くもったものであると訴えた。そして、改正定住告示においても二世配偶者に素行善良要件を加えなかったのは、日本人の子である日系二世とその家族の滞在については、特別の配慮を必要とするものと国が考えていればこそなのであるから、超過滞在になっているAについては在留特別許可を出すべきだという在留特別許可を求める訴えに変化していく。

5　外国人労働者としての「日系人」

結局、Aは二世配偶者として在留特別許可が行われ、在留資格「定住」期間「一年」を得ることになったので、本件の裁判は途中で取り下げられることになる。残念ながら、裁判所が改正定住告示をどのようなものとしてとらえられるか結論を出すことはなかったのだ。しかしながら、本件を通して国が日系人労働者をどのようなものとして見ているのかが朧げながら見えてくる。この点を少し詳しく考えておこう。

ブラジルで調査をしているとよく聞かれることがある。「二世だと四週間でビザが出るのに、三世は短くて六週間、場合によっては二カ月も三カ月もかかる。しかも三カ月待たされてビザが出ないことも珍しくはない。ビザが出た人と出なかった人を比べて、出なかった人に何か問題があるようには思えない。三世でもまじめな人はいるし、二世でもだめな人はだめ。でも、二世でビザが出ないことはあまりない」というものだ。最初に、この話を聞いたときは正直驚いた。現地の人たちの思い込みではないだろうかと思った。サンパウロ領事館に行く機会があったとき、査証発給担当領事にこの話をぶつけると、「ええ、二世は四週間で、三世は六週間ほどビザの発給にはかかります。怪しい場合はこちらも調べますからその場合はもっと時間がかかります。怪しい場合では何世かは関係ありません」とも言われた(4)。違いがどこから来るのかの説明はなかった。

改正定住告示における「日系人」への素行善良要件化は、これまで隠されていた二世と三世との行政上の取り扱いの違いを可視化したものと考えられるのではないか。ビザ発給までにかかる期間が、もともと三世に対しては二世よりも二週間長く時間を取っていたのは、そこに二世には必要のない何らかの手続き（あるいは審査）が含まれていたからであろう（すべての三世でこの何らかの手続きを行っていたのではないとしても）。ブラジルの旅行社には理解されていなかった「二世であればビザが出ない人は少なく、三世だとまじめな人でもビザが出ないことがある」ことは、国の日系人に対する見方が理解できれば、一見不合理と思えたことも理解できるようになる。

二世が日本人の子であることを考えれば、親と子が、国籍が異なるだけで会えなくなったり、一緒に暮らすことができなかったりすることはあってはならないし、親が子に責任を負うのは当然のこととも想定できる。そうであればこそ、子の素行にたとえ問題があったとしても、日本人である親が責任を負っている限り、国が日本人の子の滞在に素行善良性を問わなければならない必要性は低い（むしろ、日本人の子の滞在に素行善良性を問うことの害悪の方が強く懸念される）。しかし、日本人の子の子である三世は、親として子に責任を負っているのは外国人である二世である。日本人は三世の祖父母にすぎない。同居している祖父母ならいざ知らず、祖父母が孫世代の素行にまで責任をもつようなことは、戦前の家制度のような強力な戸主権をもっている家長のような存在がなければ期待できない[5]。こうした論理が、日系三世の日本滞在にあたって、日系二世に問われることのない素行善良性が入り込む根拠になったのだろう。そしてこのことは、日本人の子で日本人の家族に包摂される外国人（二世）を含む家族を守ることと、外国人の子で外国人の家族に包摂される三世を含む家族を守ることを比較考量すれば、前者の方によりウェイトが置かれるのは致し方ないという考えにたどり着くこととなり、外国人犯罪が増えているという根拠のないイデオロギーのもとで正当化されたのであろう。「外国人犯罪」というラベリングは、雇用がシュリンキングするときに政府の見地からすれば積極的な秩序形成の道具となる。

元来、日系人労働者はバブル経済の時期に人手不足のなかで、労働力として迎え入れたのである。在留期間更新の可否は「法務大臣は、在留期間の更新の拒否を決するにあたっては、外国人に対する出入国の管理及び在留の規制の目的である国内の治安と善良の風俗の維持、保健・衛生の確保、労働市場の安定などの国益の保持の見地に立って、申請者の申請事由の当否のみならず、当該外国人の在留中の一切の行状、国内の政治・経済・社会等の諸事情、国際情勢、外交関係、国際礼譲など諸般の事情をしんしゃくし、時宜に応じた的確な判断をしなければならないのであるが、このような判断は、事柄の性質上、出入国管理行政の責任を負う法務大臣の裁量に任せるのでなければとうてい適切な結果を期待することができないものと考えられる」。マクリーン事件で判示されて以来、国がとり続けている原則だ。

マクリーン事件では具体的な国益として①国内の治安と善良の風俗の維持、②保健・衛生の確保、③労働市場の安定が掲げられている。このスタンスが踏襲された場合で、国益としての労働市場の安定のために容認された外国人労働者には、もし労働市場環境が変化すれば、国内の治安と善良の風俗の維持という新たな条件が課せられることは必然だった。しかし、上記の意味での国益のあり方によって、定住告示に素行善良要件が加えられたとするならば、皮肉なことに、労働者ではなく定住者として迎えたはずの日系三世は、やっぱり外国人労働者として迎え入れられたという解釈が出てこざるをえないのである。

おわりに――判例集を超える裁判研究の必要性と外国人

定住告示を問うて始まった本事件であるが、裁判の途中で当事者の日系の世代が変わることになったために、裁判の性質は定住告示を争うことに主眼を置いたものから、在留特別許可を求めるものへと変化した。しかも、裁判の途中で在留特別許可が出ることになったので、この裁判は原告側から取り下げられたのである。

在留期間更新許可申請、在留資格変更許可申請、そして在留特別許可の可否は、元来、法務大臣の裁量が認められてきた。こうした構造は、日本の植民地支配の論理と相通じる部分が見られる。伊藤博文が大日本帝国憲法の立法者意思を示すものとして残した『憲法義解』によれば、大日本帝国憲法の中に領土の規定はない。第一条「大日本帝國ハ万世一系ノ天皇之ヲ統治ス」の解釈を示す部分に「我が帝國の版圖、古に大八島と謂へるは淡路島（即今の淡路）・秋津島（即本島）・伊豫の二名島（即四國）・筑紫島（即九州）・壱岐島・津島（津島即対馬）・隠岐島・佐渡島を謂へること古典に載せたり。

（中略）推古天皇の時、百八十餘の國造あり。延喜式に至り六十六國及二島の区劃を載せたり。明治元年陸奥出羽の二國を分ち七國とす。二年北海道に十一國を置く。是に於て全國合せて八十四國とす。現在の領土は実に古の所謂大八島・延喜式六十六國及各島幷に北海道・沖縄諸島及小笠原諸島とす」として、日本の領土が天皇の統治する地域の拡大に伴って変わってきたものであることが示されている（伊藤、一九四〇、二三頁）。

統治地域の拡大が国土の拡大となる論理にあっては、台湾や朝鮮半島が植民地として、領土的にも対人的にも、日本に組み込まれていくのも必然のように思えるが、檜山によればそう簡単に帝国憲法一条との関係から植民地統治を論ずることはできない。むしろ統治構造としての植民地は帝国憲法十三条の「天皇ハ戦ヲ宣言シ和ヲ講シ及諸般ノ條約ヲ締結ス」に由来するという。伊藤の言うところの「本條の掲ぐる所は専ら議會の關渉によらずして天皇その大臣の輔翼に依り外交事務を行ふを謂うなり」という条約締結権において議会の承認を経る必要がないことが決定的であるという。このことが、植民地に天皇が統治権を一方的に振るえることとし、そこに形成した統治機構が現実には東京の内閣のもとで行政統治を進めているのであるが、常に法による支配よりも統治機構による行政支配のほうが優越することとさせてしまった。これらの事情ゆえに台湾統治の実態は、法制度的な検証以上に、行政権が行使された公文書を細かく吟味することでしか理解しえないという（檜山、二〇〇三／檜山、二〇〇四）。

裁判になった外国人の在留をめぐる事件も、法務大臣と地方入管局長に広範な裁量を認めてしまっていることから同様な性質をもたざるをえない。法による統治が厳格に行われていれば、判例を検討していくことで社会や行政統治の変化を押さえていくことができる。しかし、裁判の途中で当局に都合の悪い裁判所の判断が出そうになったり、判例として残したくないようになったりしたとたんに、裁判中であっても在留特別許可が出され、国家の恩恵として昨日まで強制退去を要求していた者の滞在が合法化される。こうした状況においては、判例集で公開される判例だけを検討していたのでは、日本の外国人の問題を理解することはできない。むしろ、本件のように判例としては残ることのない事件にも、日本の外国人の状態を端的に示すエッセンスが凝縮されている。とりわけ本件の事例は、日系三世の配偶者と日系二世の配偶者で滞在要件が異なることを端的に示す事件であり、日系人の配偶者と一口に言っても何世の配偶者なのかが決定的に重要なことであることを示す事例なのだ。日本人（一世）からの距離を考えるうえで、このうえないケースと言えるだろう。このように判例集に載ることのないケースを丹念に追いかけ集めることで、国民からの距離によって外国人への行政権力の行使が変わるという問題を考えることができるようになる。

注

（1）ここでは犯罪統計が実数として「『警察庁発表（平成一六・一七年）』によると刑法犯検挙人員のうち『定住者』の在留資格を有する者が、二年連続で二千人前後となっている」と示されている（国側準備書面二）。

（2）　ところで、在留資格「定住」を日系人が得るためには定住告示に定められたものに該当しなくてはならない。在留資格の「定住」は、日本人の配偶者となって日本人の子の親となったが、離婚して日本人の子を監護養育している外国人親のような場合もある。しかし、こうした外国人が日本人の子の親として在留資格定住を得ることは来日以前に予定されてはいなく、日系人の取得する在留資格「定住」とは性格を異にする。こうした外国人親として定住を得るのは非告示型と呼ばれ、フィリピン人エンターテイナー等で入ってきた人々が日本人と結婚し、子どもをもうけてきたという特殊な経緯が大きく影響を与えている。本章は、定住告示で日系人に設けられた差異と労働市場の秩序を検討するため、ここでの在留資格「定住」の検討には非告示型の定住資格は含まない。

（3）　この部分の前に「社会生活上、外国人の本邦において有する身分又は地位は多種多様である。上陸又は在留を認めることが必要となる外国人のすべての身分又は地位について、あらかじめ在留資格の決定の基礎となる身分又は地位として類型化することは不可能である」というくだりがあるが、ほとんど同じ文章を「特定活動」の在留資格の説明の部分でも見いだすことができる。

（4）　二〇〇五年に、サンパウロ領事館でこのように言われた。

（5）　筆者は、個人的に祖父母が責任をもって日系三世の孫の養育にあたっている例をいくつか知っているが、在留特別許可を争うようなことにでもならない限り入管局での審査も定型的な書類審査であり、生活実態まで含めた調査を伴うことは少ない。

第7章●外国人労働者問題の根源はどこにあるのか

はじめに

二〇〇九年の日本社会は厳しい雇用環境で始まった。アメリカ発の金融不安にこれまで対岸の火事のような感があった日本も、この火の粉から逃れられなかった。二〇〇八年の一〇月、一一月は大手製造業で「派遣切り」が顕著に見られるようになってきていたし、国会でも「派遣切り」とその対策が真剣に論じられていた。もちろん外国人労働者もこの火事の例外ではない。とりわけ、日本で唯一合法的に単純労働に就労している日系人労働者は、その多くが業務請負業から送り出されて工場で就労しているから、火の粉から逃れることはできない。さりとて、外国人労働者である彼・彼女たちは、今後も不安定な就労環境のなかで労働し、生活をしていかなくてはならない。しかし、同じ不安定な就労環境でも、日本人の非正規労働者とは大きな違いも明らかになってきている。社会的なコンテキストから生じる意味が、同じ非正規雇用であっても大きく異なっているからである。外国人労働者に矛盾が生じる原因は、日本の法社会が法秩序のなかに外国人労働者を位置づけることができないことにあると筆者は考えている。今後も外国人労働者に日本の労働力の一部を期待するならば、いかなる転換が求められているのかを考えてみたい。

1　世界同時不況下の外国人労働者

筆者は、二〇〇八年九月から二〇〇九年二月までの間に、外国人が就労している三二の事業所の経営者および事業所の労務管理担当者に聞き取り調査を行った。この間は世界同時不況が日々深刻化していく時期であったから、二〇〇八年九月に聞いた事業所の回答と同年一二月や翌〇九年二月の回答とを単純に比較することはできない[1]。しかし、このなかでいくつか見えてきたことがあった。本章は、この世界同時不況における外国人労働者をめぐる状況の変化から考えていきたい。

第一に、非正規雇用の日本人と外国人が同じ職場に就労していて誰かを解雇せねばならないとき、外国人が意図的に選択されている、ということはあまり見られなかった。むしろ、筆者の印象は日本人のほうが解雇されているというものであった。これは同じ場所で就労している者に解雇の優先順位をつけなければならないときに、生産性とコストというシンプルな経済原則が徹底されているためであろう。時間あたり賃金が高く、それに比して生産性が上がっていないから日本人のほうが多く切られている。筆者の印象は、日本人の非正規労働者のほうが職場からの退出を求められているというものだ。これは、生産性とコストが問題になるからこそ、外国人労働者にも日本語能力が解雇をめぐる決定的な要因になっているからだと思われる。

第二に、自動車産業を中心に発達したジャストインタイムの生産方法が実は冗長性を失っていた。正確な受注量を把握し、受注情報を親会社から最末端の下請けにいたるまで共有することで生産活動を同期化させるのがジャストインタイムだ。このことを通して、冗長性を極限まで小さくしつつも、生産システムが遅滞なく回転することを可能にしている。その結果、需要に応じて生産活動が増減するから、労働力が冗長性を担保する道具とならざるをえない。すべての生産活動を正社員だけで行うと、繁忙期を基準に労働者を雇用せねばならないが、この場合、閑散期には仕事をしていない労働者を抱え込む。反対に、閑散期を基準に労働者を雇用すると、繁忙期は需要に応えられずビジネスチャンスを失う。これが閑散期を基準に正社員を用意し、繁忙期との差は非正規雇用で労働力をやりくりすれば、生産活動を需要と同期化させても冗長性は担保できる。

ジャストインタイムの生産活動は、親会社からの「カンバン」に合わせて下請け会社が必要に応じた分量のみを生産すると言われる。だがこれは建前で、下請け会社は、現実には親会社の発注を見越して、三日から四日程度の部品ストックを持っている。そうでなければ、親会社の要求に応えることはできない。二〇〇二年以降の急激な自動車会社の規模の拡大によって、下請けシステムの間には膨大な部品ストックが発生していた。親会社の生産する自動車の台数が増えれば増えるほど、三日から四日程度のストックも量として大きなものにならざるをえない。この大きくなっていたストックの状態のところに、減産が急に始まった。親会社のラインの稼働率の低下は、当初は五％程度の低下であったかもしれないが、それが毎月大きくなって、完成車メーカーの操業率も平均で七〇％を下回る水準にまで落ちてきていた。下請けが抱え込んでいた三日から四日程度のストックは、生産車種によってはそれが二週間分、三週間分のストックとなり、ラインの停止も余儀なくされた。この部分に就いていた製造派遣や請負の外国人労働者の仕事が失われ、失業という形で労働市場から退出が続いていた。この退出は、小さくなった生産規模が必要とする労働力の量になるまで続くだろう。

第三に、こうした現実があるにもかかわらず、決して日系人労働者に対する需要は失われていない。なぜ、日系人労働者に対する需要がなくならないのか。安価で簡単に切れる労働力への需要が以前にも増して強くなっているからだ。自動車やエレクトロニクスが急激な生産拡大を行っていくなかで、親企業は自らの工場だけでなく、下請け企業の工場や生産設備の更新も積極的に進め、そのための金融的支援も行った。下請け企業は取引先からの要望ということもあり、これに積極的に応えた。その結果、現在の下請け企業の工場は、たとえばトヨタ自動車系の下請けであれば、トヨタ自動車の世界生産の規模が九〇〇万台であることを前提に、損益分岐点が決まっている。これが、世界生産が七〇〇万台に落ち込んでしまうと、工場の拡大に伴った設備投資は、小さくなった生産規模では回収できなくなる。生産規模が小さくなり、その一方で生産規模に見合わない工場の余剰生産力の存在は必然的に損益分岐点をシフトさせている。第8章で詳しく論じるが、ブラジル人の滞日人口はリーマンショック後四年で一〇万人以上減少した。過剰な生産設備を廃棄した後の状況では、現在の滞日人口規模が必要な労働力の規模に合致しているのであろう。

以上の三つの要因から、便利で安価な労働力への需要は以前にも増して強まっている。これは、日本で発行されているポルトガル語新聞"International Press"の求人広告が少なくなっているとはいえ、決してなくならないことに見事に表れていたし、二〇〇九年三月現在でもサンパウロのリベルダージ広場では日本就労者を集めるデカセギ旅行社のビラまきが依然として行われている。査証発給担当領事に聞いたところ、「二〇〇八年八月までは毎日一〇〇件の定住ビザを発給していた。秋以降少しずつ減り始めていたが一一月までは一日九〇件程度のビザを発給していて大きな減少はない。一二月に前月比五〇％の落ち込みとなって、一日四五件程度の発給量になった」とのことだ。[2] 日本へのデカセギ労働者の流入は世界同時不況で「派遣切り」がテレビや新聞、週刊誌等を賑わせている時期にも続いていたのである。その一方で、市町村や県の担当者に聞くと「日系人はほとんど帰国していない」との回答がほとんどだった。便利で蛇口をひねればいつでも出てくるように、労働力貯水池から汲み出せる日系人労働者への需要は底堅いし、国内と国外の労働力貯水池からこれまで以上にフレキシブルに汲み出されているのである。

2　冗長性問題としての外国人労働者

資本制社会は計画経済を用いる社会主義体制とは異なり、国家が需要および供給をコントロールすることはない。失業がある代わりに強制労働はない。そして、景気変動を避けることができない。しかし、景気変動を避けられないからといって、それがそのままでよしとされてきたわけではない。需要と供給を計画経済的に国家が決めはしないが、需要と供給が調和的に結びつくような計画的手法はとられ、景気変動を和らげている。こうした社会制度の発達が福祉国家と呼ばれる体制を形成してきた。

福祉国家体制が、一国内部では制度化された労使交渉を通して、経営側は生産性の上昇を、労働側は生産性上昇に見合った賃金の引き上げを確保していた間は、生産能力の拡大と国民生活の上昇を引き起こしうまく機能していた。しかし、生産性の上昇が頭打ちになり始めると、たちまち矛盾をきたすようになる。硬直化した労使関係を嫌った経営側は生産性を回復させるために、工場の海外移転（トランスプラント）や外国人労働者の導入を進めるようになった（Sassen-Koob, 1983; Sassen, 1988=一九九二）。グローバリゼーションが注目されたのは、資本制体制の存立基盤である資本蓄積の動機（これは福祉国家が租税国家である限り租税収入を確保するという意味で、福祉国家の存立基盤でもある）が、もう一方の存立基盤である国民の生活水準の保障（福祉国家が民主主義体制である限り、資本蓄積をなすがままにして貧富の格差を拡大していけば、民主主義的に体制転覆が行われかねない）と真っ向から対立することになったからであろう（オッフェ、一九八八／Offe, 1985）。とりわけ外国人労働者問題は福祉国家がその内部から掘り崩されていく状況を具体的に指し示すものとして認識された。こう考えていくと、外国人労働者問題（=移民問題）は当初から冗長性問題として存在していた。

ところで、労働市場の冗長性問題は、乗り越えるべき福祉国家の社会制度を基盤として新しい仕組みを構築した国ほどうまくいっている。日本でもオランダモデルとして取り上げられたオランダがそうであるし、近年はフレキシキュリティモデルとして取り上げられるデンマークもこの部類であろう。オランダにせよ、デンマークにせよ、企業社会が要求するフレキシブルな雇用制度を実現する代わりに、その負担をパートタイム正社員という形で企業も社会保障費を負担したり、企業から排出された失業者の再就職に必要な技能の習得を国および社会の側で引き受けたりすることで、一方でのフレキシビリティと他方での失業時の安定およびその間の労働者の能力開発を結びつけている（Madsen, 2002）。そして、このことが雇用の冗長性（経営側から見ればフレキシビリティ）を担保したうえで、労働市場から排出された人々が底辺に固定化されることがないような社会（労働側から見ればセキュリティ）の仕組みづくりを実現させている（Madsen, 2003）。

日本の場合、企業が求める雇用のフレキシビリティは外部労働市場がこれを担うことになった。とりわけ、バブル経済がはじけて以後は、この傾向が顕著になった。ヨーロッパのような同一労働同一賃金の社会慣習が成立せず、二重構造とも呼ばれる下請け組織間での賃金格差を前提にモノ作りが行われる日本の企業社会で、雇用のフレキシビリティを求めようとすれば、生産活動が行われる総体である下請け組織全体でフレキシビリティを発揮せざるをえなくなる。そして、下請け組織全体で利用できる雇用の冗長性を働かす機能が何らかの形で必要とならざるをえない。この機能が具体的には業務請負業（＝構内請負業）の拡大によって満たされたのである。

しかし、この部門で就労する労働者の能力開発はもともと考えられていなかった。そのため企業内で（業務請負業者内部でも、受け入れ企業でも）能力開発が行われることはなかった。また、彼・彼女らが失業した場合に、その能力開発の国家的・社会的制度化は日本では広がらなかった。結果、この部門での就労は労働市場の底辺での固定化に結びつきやすい性質をぬぐい去ることができなくなった。それでも経済活動が活発な限り問題も局所化されていた。しかし、局所化されたことこそが実は問題であった。これこそがこの労働市場に外国人労働者の集積を導くことになったからである。外国人労働者が、日本の企業社会の下請け構造を前提に、雇用の冗長性機能を発揮する。このことは、労働市場とそれ以上にホスト社会に経済学的思考に還元することのできない問題を引き起こすことになった。

3　なぜ外国人は権利なき労働者のままなのか

日本はいまだ単純労働者の受け入れは認めないというスタンスを堅持している。しかしながら、研修生・技能実習生（外国人研修制度は二〇一〇年七月に大きな制度の改編を受け、現在では技能実習制度に統合されている。旧研修生は技能実習一号にほぼ相当し、旧技能実習生は技能実習二号になっている）および主にラテンアメリカからやって来た日系人が単純労働力として働いていることは誰もが認めるところだ。にもかかわらず、研修生は、入管法上は労働者になる前の段階だから労働者ではないと定義されているし、日系人にいたっては、在留資格は「定住」で出され、住む人であって働く人ではないとされている。一九九〇年の入管法改正をめぐってなされた国会での議論では、明らかに就労することを期待した議論がなされていた。にもかかわらず、ブラジルやペルーからやって来た日系人は定住者として受け入れられることになった。

よく一九九〇年入管法改正によって日系人の就労が認められたと言われるが、厳密に言えばこれは正しくない。入管法改正から約半年後に示された「出入国管理及び難民認定法第七条第一項第二号の規定に基づき同法別表第二の定住者の項の下欄に掲げる地位を定める件（平成二年五月二四日法務省告示第一三二号）」（以下、「定住告示」と記す）で、①二世の配偶者（定住告示五号）、②三世（実子の実子）（定住告示三号および四号）、③三世の配偶者（定住告示五号）、そして④未婚で未成年で親の扶養を受けている四世（定住告示六号）を在留資格「定住」で受け入れることを告示しただけなのである。

告示は、行政庁の上級庁から下級機関へ法の運用に関する解釈やその解釈に基づいた事務取り扱いの指示を公表した文書にすぎず、決して法ではない。同様なものとして通達が存在するが、通達が行政庁内部の者しか確認できないのに対して、告示はそれを広く一般に公表したという違いがある。ただし告示に縛られるのは国民ではなく行政組織内部の者に限られる[3]。

こう考えると、一九九〇年以降、日系人労働者が入管法改正で就労が認められたという言い方は決して正しくはなく、日系人は改正されていない入管法の運用の上で就労制限が置かれなかったという言い方が正しい表現だろう。これだと日本は単純労働者の受け入れをしていないという国是と矛盾しないですむ。労働者ではなく就労制限のない住む人を受け入れたとの解釈を維持できるからである。だが、住むことを目的とした外国人を、日本は日本の法社会と齟齬なく位置づけることができているのだろうか。

この点で広中俊雄の市民社会論が参考になる。まずは広中市民社会論のエッセンスを簡単に見ておこう。彼は市民社会を三つの秩序からとらえる。第一の秩序が「財貨秩序」である。市民社会は「商品交換が、社会全体の存立を支える社会過程」に支えられ、「もろもろの財貨はそれぞれある者に帰属し帰属主体の意思に基づいて他の者に移転せしめられるという仕組みを正当なものとみる社会的意識を、社会構成員のなかに生じさせる」(広中、二〇〇六、三頁)。こうした意識の成立には、「個別主体への財貨の帰属および帰属主体の意思に基づく財貨の移転の仕組み」が必要となる。前者が「財貨帰属秩序」であり、後者が「財貨移転秩序」であり、合わせて「財貨秩序」となる。[4] この財貨秩序は、「私的所有の主体が他者からの私的所有の主体として承認され且つ意思の主体として承認されつつ関係しあうところに成り立つ商品交換過程」でもある。商品交換過程の実体的な人間的・社会的関係こそ「市民社会」と呼ぶべきものであり、いまや財貨の所有者としての市民は労働力という財貨の所有者としての市民(=賃労働者)にも拡大される。[5] ここに第二の秩序が出てくる。財貨秩序の貫徹は、市民が互いの人格を尊重し合う「人格秩序」の生成を必然とするからである。広中によれば、日照権や公害が社会問題として法的に認識されたのは、人格秩序への侵害ととらえられたからであるという。

だが、商品交換過程を成立させる財貨秩序と、財貨秩序の人間的な社会関係を成立させる人格秩序は、市民が存立すれば自動的に発生し維持できるというものではない。市民が相互に利益をぶつけ合うからこそ、市民相互が承認でき共同管理という形態で国家という権力を必ずや生じさせ、市民と国家の関係を規制する第三の秩序「権力秩序」も生成せざるをえない。

広中は市民社会を社会秩序の観点からとらえ返すことで、上記のような三つの秩序の布置連関のなかに人が生きた人間として位置づけられることにより、個人間および個人と国家間に対立を生じさせながらも、個人の尊厳が確保されるメカニズムを見いだそうとしている。この広中市民社会論に、外国人労働者を位置づけ、何が日本で外国人労働者を迎え入れるにあたって欠如しているのかを考えていきたい。

4　経済と法の裂け目に落ち込む外国人労働者

先に示した広中の市民社会と法の関係は理念として論じられたのではない。彼は自らのシェーマでとらえることのできる時期を明確に一九六〇年代以降としている。戦後憲法が最も重要な理念とした「個人の尊厳」が社会のなかに息づき、これをもとに社会形成が動くようになったからである。実態としての日本社会から法社会をとらえ直したからこそ、彼は公法と私法の区別を否定し、私法である民法を「財産法と身分法」という観点から整理することも否定した。法秩序が達成している全体としての秩序の連関から整理を行ったのは、彼が「個人の尊厳」という憲法上の価値の実現は、法秩序の布置連関における個人の位置づけこそ重要だと考えるからである。

一九九〇年の入管法改正は、この観点から評価することができるだろうか。法が現実との齟齬を解消しようとしたのであれば、法の運用による就労制限の撤廃だとしても、入管法改正はすでに家族として滞在していたデカセギ家族を齟齬なく受け入れるためのものであった。だがこれは法と現実のギャップを、入管法上の問題としてしかとらえていなかった。入管法を超えて、日本の法社会全体の秩序として、外国人であるデカセギ労働者とその家族をどのように位置づけるかは曖昧にされたままであった。人が家族として居住するようになれば子どもの教育の問題、家族の医療の問題、住宅問題は必ず発生するし、滞在が長期化しデカセギ就労者の高齢化が始まれば年金や介護の問題だって生じてくる。失業した際の失業保険の問題や、失業者に家族がいれば生活保護の対象にだって上ってくる。長期に居住すれば市民としてのニーズが発生するのは当然であったが、これらのニーズに対して権利としてどこまで要求できるのかはきわめて曖昧にされたままであった。

その結果、日系人が必要とする社会サービスは公的セクターから供給されるのではなく、労働市場と結びついた私的セクターからの供給が絶えず重要な部分を占めることになった。具体的には業務請負業者とエスニックビジネスがこの役割を担った。住居と健康保険（海外旅行傷害保険が多かった）は業務請負業者が用意し、エスニックビジネスが母語による教育機会や年金サービス、国際電話サービス、新聞やラジオといったコミュニティメディアを供給した。[6] こうしたエスニックビジネスは国内だけで労働市場が完結している場合には考えられないサービスも生み出した。ラテンアメリカに残された留守家族用の健康保険といったものがその典型だ。[7] デカセギ労働者が日本に来てしまうことで家族

表1　業務請負業者パンフレットに見る日本人労働者と日系人労働者の比較

		正社員のコスト	外部委託のコスト
給与	(100.0)	299,500円	300,000円
賞与	(33.3)	99,833	0
法定福利費	(15.2)	45,524	0
法定外福利費	(5.2)	15,574	0
労務管理費	(2.0)	5,990	0
退職金等	(7.2)	21,564	0
合　計	(163.0)	487,985円	300,000円

出所：林隆春（1995）「業務請負業について」『インフォメート Nagoya』

が国境を越えて成立するために、ラテンアメリカに残された家族にもまた健康保険を必要とさせてしまうからだ。ブラジル政府・ペルー政府から認可を受けたブラジル人学校・ペルー人学校も、外国人世帯に対する隙間産業に含まれる。あまり知られていないが、日本におけるブラジル人学校・ペルー人学校の増加には、ラテンアメリカで日本就労者を集めている日系旅行社・デカセギ旅行社が深く関係している。[8] いずれにせよ健康保険や年金、さらには学校といった公共財が労働市場の論理にのみ込まれているのである。

日系人の雇用は、もともと企業が直接雇用したのでは負担しなくてはならない社会保険や年金から逃れることに意味を見いだしたものである（**表1**はある請負業者が営業活動に使っていた表であるが、この点の比較の対象を明確に示している）。法定福利厚生費から逃れるために発生した雇用に、保険や年金の負担を求めるから、必然的に矛盾が生じる。また、外国人児童の不就学が問題とされつつも、国や自治体が動きださないのは、外国人児童の義務教育を受ける権利を、教育を受ける権利を主張してきた者を自治体は受け入れてもかまわないとして運用していることが大きい。日本社会に長期に居住しているにもかかわらず（または長期に居住することになるかもしれないにもかかわらず）、子どもの権利が日本人とは異なる基準になってしまっている。

広中市民社会論が人格秩序を問題にできたのは、「権利の主体たりうるのは、まずもって人（人間）であり（中略）すべての人は出生と同時に民法二条の解釈指針（『個人の尊厳』を旨として解釈すべしとの指針）のもと、生命及び身体（＝健康）の享受を内容とする権利（人格権の中核をなす権利）の現実的享有を始めるほか、もろもろの権利の享有資格（権利能力）を取得するのである。なお『外国人は、法令又は条約の規定により禁止される場合を除き、私権を享有する（三条二項）』」との立場にたったからである（広中、二〇〇六、九八頁）。広渡清吾は広中市民社会論のこのような人格秩序としての把握の仕方を、「人間が『商品交換の主体』としての自由と権利を有するのみならず、これを超えて、『その尊厳を保障されるべき存在』としてより総合的な、かつ、統合的な存在としてとらえられることを意味する」と述べて積極的に評価する（広渡、二〇〇八、六七頁）。

広中市民社会論は、人間が同じ社会で長期に暮らし、そこに市民社会が存立する基盤もしくは市民社会が成立していれば必ずや発生している社会秩序を示したものだ。広中が、先の引用文にも示したように「外国人は、法令又は条約の規定により禁止される場合を除き、私権を享有する（三条二項）」と論じていることは、決して外国人を日本の市民社会から排除したのではない。重要なのは外国人もまた「私権を享有」していることのはずだ。そうであれば、長期に日本社会に住む人には当然「個人の尊厳」を認めなくてはならないし、たとえ国民である日本人と同じに扱うことはできないにしても、

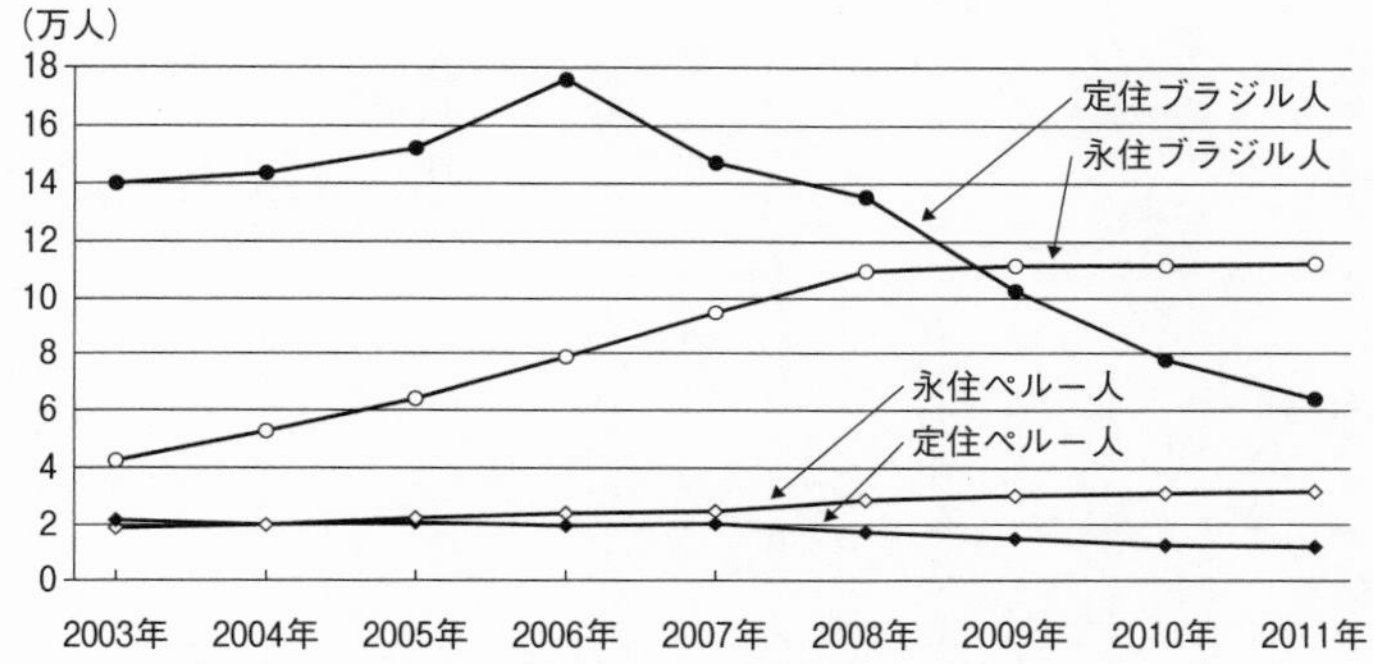

出所：入管協会『在留外国人統計』各年版より作成

図1　在留資格に見る日系人の近年の傾向

人格秩序のなかに位置づけられなければならない。そうでなければ、同じ社会に長期に住む人間同士のなかに、「一級市民（国民である日本人）」と「二級市民（長期に居住している外国人）」を作り出すことになってしまう。

しかし、日系人を見る限りにおいて「定住」または「永住」資格で長期に日本に居住するにもかかわらず、人格秩序の根源である生命および身体（＝健康）の享受が考えられてこなかった。教育問題以外にも、保険や年金を回避するような雇用にいることで保険や年金から漏れていてもそのままにされている（この問題の具体的事例を次の第8章で取り上げる）。外国人問題で国に働きかけをしている「外国人集住都市会議」を構成する自治体ですら、なかには日系人の生活保護申請を頭から否定しているところがあった。二〇一一年末のブラジル人の滞日人口二一万三二人に対して永住資格をもっている者が一一万九七四八人（その他に「日本人の配偶者等」二万三九二一人、「定住者」は六万二〇七七人）、ペルー人の滞日人口五万二八四三人に対して永住資格をもっている者が三万三三〇七人（その他に「日本人の配偶者等」五九二八人、「定住者」は一万三四九六人）、日系人はもうかなりの人々が永住資格をもっているし、**図1**が示すように急速な永住化が進行している。この人々の生活保護申請すら否定されてしまう現実が、就労および家族滞在に制限なく受け入れられたにもかかわらず、外国人労働者が日本の法秩序のなかに位置づけられていないことの証左なのである。

おわりに

筆者が本章を通して述べたいことは、日本の法秩序にあっては、たとえ長期に外国人労働者とその家族が日本に滞在することになろうと、個人がこの社会で生きていくために必要な財貨秩序である労働による収入の確保もままならないし、人格秩序のうえでも人格形成手段としての教育を確保されていないなど、当事者の自由がきわめて大きく制限されていることである。筆者に対して、宮島喬から「今日、日系人労働のゆくえを考える上で一つの大きな論点は、（中略）彼らの日本定住の可能性如何である。この問題が果たして労働市場や雇用システムへのアプローチから解けるかという点では、評者は疑問なしとしない。（中略）だが、定住か否かは、労働外の彼らの生活行動をみずに簡単にいえるものではない。その一つは、たとえば家族、特に子どもに関わっての行動である。今日、滞日ブラジル人の一五歳未満人口は一六％に達し、日本の学校への就学を通して日本化し、母国語を喪失している子は多く、帰国させて最《ママ》適応可能なのかどうか迷っている親は多い。（中略）この面から定住可能性を推測せざるを得ないのである」との指摘を受けている（宮島、二〇〇九、五五頁）。筆者も、事実認識は宮島に一〇〇％同意する。しかし、定住の事実が認められそれが継続する傾向にあるか否かの問題と、定住の事実が認められてもその定住が受け入れ社会で市民として位置づけられるかどうかの問題は峻別されなければならない。たとえば、ブラジル人学校・ペルー人学校が、教育費を払えない生徒が増えることで倒産し、教育費を払えている生徒の教育機会すら奪われている現状の問題は、事実として定住化が進行しているということに着目していたのではとらえることができない。リーマンショック前の二〇〇七年末と比べると二〇一一年末ではブラジル人は一〇万六九三五人減少しており、率にして三三・七％の縮減だ。三人に一人が帰国せざるをえなくなるような事態を、個人や家族の意思の問題に還元してしまうことはできない。問われるべきは、事実の問題以上に、事実を成立させている社会的条件設定の吟味なのだ。

日系人の「地位又は身分に基づく」在留資格によって、職業選択の自由は確保されており、この点で財貨秩序の出発点は確かに確保されているが、現実には日系人は業務請負業を通しての間接雇用か、もしくは直接雇用であっても期間工扱いがほとんどだ。法秩序が機能する「個人の尊厳」が担保されるような、雇用環境・社会環境になっていないことはいまさら論じるまでもない。特別法である入管法のみが法秩序を形成していることが問題なのだ。この観点から見れば、外国人の在留管理の一元化を目指した入管法改正が二〇一二年七月より行われているが、この改正でも外国人労働者問題を正常化することはできていない。これまで最長三年であった在留資格「定住」に新たに期間五年が加わった。法務省は、これを日系人の人々が入管に来なくてはならない手間を小さくしたと言うが、これは「永住」資格を取るための期間が五年伸びたと言うべきものである。また期間「五年」の在留資格になるには日本語検定二級程度の日本語能力を必要とすると言われている。この日本語要件は一般の在留資格「永住」より厳しいものであり、事実上、日系人の永住資格を排除するものになりかねない。

第1節で見ておいたように、世界同時不況で生産活動が縮小しているから、過剰となった労働力は失業者として排出されてきている。にもかかわらず、新たな入国が続くのは、日系人の日系人による置き換えが生じているからである。二〇〇九年三月にブラジルに出ている求人は、そのほとんどが弁当工場、デリカ工場（総菜工場）、そして賃金単価の低い就労場所の情報ばかりだ。[9] こうした安価な職場は、日本国内よりも海外で募集をかけることが多い。海外から集めるとコストはかかるが、その費用が債務として労働者に降り掛かっている間は、労働者を拘束できるからである。[10] 不況期になって、失業者が滞留しているからといって、国内の労働市場から求めるのではなく、安価な労働力は海外から求められる。その結果、日系人労働力間での労働力の置き換えは、絶えず海外からの流入を生じさせるのである（第9章で詳しく論じる）。そして、親企業から下請けまで生産規模の拡大による過剰設備投資に陥っている工場だからこそ、よりフレキシブルな労働力が求められているし、こうした労働力の存在があって初めてきわめて短期間に在庫調整が可能になる現実がある。この点で、どんなに「派遣切り」が問題になったとしても、製造派遣労働者や請負労働者といった非正規雇用に対する需要が弱まることはないだろう。グローバル化した企業活動を前にすれば、程度の問題は残るが、非正規雇用がもたらすフレキシビリティを全否定することもできない。

しかし、この雇用のフレキシビリティを担う部分に外国人労働者が求められると事情は異なってくる。オランダやデンマークのモデルが示すように、社会的な仕組みをうまく作れば、雇用のフレキシビリティとセキュリティを同時に解決する手段を見いだすことはできるかもしれない。日本でも、同様なことは考えられうるし、だからこそワークシェアリングがいま問題になっているのだろう。しかし、これには労働者が完全な職業選択の自由をもっていたり、市民として教育を受ける権利をもっていたりすることで、いったん底辺に落ちたとしてもその者を社会の底辺に固定化しない道を開くことを可能にしている。また、欧米先進国の多くが国籍とは別に市民権を認めることが可能だから、社会政策のなかに外国人も取り込んで何かをすることを可能にさせている。広中市民社会論的にいえば、財貨秩序・人格秩序・権力秩序がうまく機能し、その秩序に生きる人間が市民として存在する仕組みになっているのである。

残念ながらこの点で日本の法社会は、欧米のそれと比較すると、外国人を市民社会の論理に取り込むことができていない。このような法社会を前提に外国人労働者を考えざるをえない以上、規制緩和の対象領域に外国人労働者が就労せざるをえなくなることは避けねばならなかった。労働者保護がきわめて難しくなるのが必然だからだ。しかし現実は、この部分にこそ外国人労働者が集積した。時計の針を元に戻すことはできない。だからこそ、これからは外国人労働者も「個人の尊厳」を軸にしつつ、人格秩序のなかに位置づけられなくてはならない。とりわけ、長期にこの国に居住することが予定されている「定住」「永住」資格の外国人が、外国人であるがゆえに二級市民に固定されることはあってはならないことである。

注

（1）　期間は若干異なるが、二〇〇八年九月から同年一二月いっぱいの期間で二九の事業所からの回答に基づいて、本章とは異なる角度から筆者が外国人労働者から見えてくる非正規雇用の問題を考えたものとして、丹野清人（二〇〇九c）がある。

（2）　二〇〇九年三月一一日、サンパウロ領事館での聞き取り。領事館の稼働日数はブラジルおよび日本のナショナルホリデーの関係で若干変わるが、一カ月だいたい二〇日が目安となる。一日に一〇〇件だとほぼ一カ月に二〇〇〇件の定住ビザが発給されていることになる。

（3）　この意味で以下の塩野宏の引用文にある「通達」を「告示」と読み替えてもまったく意味は変わるところがない。「解釈基準としての通達は下級行政機関を拘束する。しかし、通達の効果はそれにとどまるのであって、対国民との関係で裁判所で基準として用いられることはない。その意味で外部効果を持つものではない」（塩野、二〇〇五、九四頁）。

（4）　財貨帰属秩序は私的所有の起点をなし、財貨移転秩序が商品交換の過程を規定する。しかし、商品交換の過程を規定するのは、財貨の移転に関する意思を確保するだけでは足らず、財貨を交換する者同士が対等に交換するための、「競争秩序」が必要となる。そして、この「競争秩序」は、「競争」を担保するために反対に無制限の財貨の集中や競争状態を回避する仕組みも必要とする。これを「財貨秩序の外郭秩序」と広中は呼んでいる。具体的には独占の排除であったり、労働者の団結権であったりがこれにあたる（広中、二〇〇六、第一章第二款）。
（5）「自らの持つ財貨を売り消費者として種々の生活資料を買う意思主体となるという社会的基礎の上で全ての人が人格として観念されるようになる。（中略）個々の人間は、生命、身体、自由、名誉その他その確保が各人の生存および人格性の条件であるような人格的利益の帰属主体として観念されるにいたり、（中略）個々の人間はすべて人格的利益の帰属主体として認められ人格的利益の帰属に対する侵害から護られるべきであるという社会的意識を社会構成員の間に定着させる」（傍点は引用者）（広中、二〇〇六、一二頁）。
（6）これには日系人労働者が日本の保険制度をよく知らなかったことが強く関係しており、筆者が最初に浜松で調査を行った際には、日系人労働者が自らの加入している保険が海外旅行傷害保険であるにもかかわらず、雇用先を通して加入しているため社会保険であると勘違いしている例が多数見られた。
（7）こうした保険サービスはもちろんブラジルでも加入できる。このサービスの最大手はＮＩＰＯＭＥＤであろう。この会社は那覇市出身の戦後移民の一世が立ち上げた。
（8）この点の詳しい説明は丹野清人（二〇〇九ｂ）を参照のこと。
（9）弁当工場やデリカ工場は賃金が九〇〇円を切っており、日系人の就労場所としては安価な職場となっている。
（10）タテカエ（financiamento）と呼ばれる渡航システムでは、日本渡航時にデカセギ労働者が一銭も費用負担をする必要がない。航空券代と職業紹介料（二〇〇九年三月現在で合わせて三三〇〇ドルから三五〇〇ドル程度）を、男性であれば概ね五カ月、女性であれば六カ月の分割で給料からの天引きで費用の弁済をする。このタテカエシステムを通しての実態については丹野清人（二〇〇七ｂ、第一〇章）を見てほしい。

第8章●グローバル化時代の働き方を考える

――ジェットコースター賃金と「生きづらさ」の構造

はじめに――いま何が問われなくてはならないのか

雇用が融解している、と言われる（風間、二〇〇七）。バブル経済が崩壊し、その後の「失われた一〇年」とも呼ばれた一九九〇年代にリストラの嵐が吹き荒れた。二〇〇〇年代に入ってからは日本経済の縮小＝ダウンサイジングが新聞や週刊誌上で盛んに伝えられた[1]。風間が問題にする、これまで日本型雇用と思われてきた「終身雇用制」は、日本の人口が拡大し、人口の増加するスピード以上に経済が拡大していく社会において成立したものである。そうであれば、人口が減少し経済が縮小していく社会においてこれが融解するのは必然ともいえる[2]。誰の目から見ても、戦後の日本社会の中核をなしてきた中流層がシュリンクしているのは明らかであり、一億総中流社会は完全に今は昔の世界となった。労働運動は低迷しているにもかかわらず、『蟹工船』が読まれ、ドストエフスキーがブームとなるとは誰が想像しえたであろう。

なぜ『蟹工船』が関心を集めるようになったのだろうか。労働人口の三分の一が非正規雇用に就労するから、その労働の苛酷さが自らの置かれた状況を思い起こさせ共感を集めているのだろうか。いや違うだろう。いまと比べれば自動車の普及率も低く、家電製品の種類もたいしてなかった一九七〇年代や八〇年代に『蟹工船』がブームとなるということはなかった。なぜこの時代に『蟹工船』は忘れ去られ、物質的には豊かになったいま甦ったのか。筆者は、これは賃労働者のあり方、つまりは労働者にとっての労働と賃金との関係が、『蟹工船』の時代に戻ってしまったかのような状況になっているからだと考えている。

賃労働を英語に直すとwage laborであることは論をまたない。筆者が学部生の頃のマルクス経済学の授業では、使用者と労働者の関係である賃労働関係はwage labor relationと習った。しかし、近代経済学をベースにした労働経済学では労使関係はindustrial relationであった。当時の筆者は、労使関係がindustrial relationとなることに違和感をもったが、同時に、多くの労働者が健康保険、年金、疾病給付等のフリンジベネフィットを享受している時代に、これらを含まない日労働(日払い)や週労働(週払い)の対価として支払われる賃金(wage)の概念から説明を受けることにも戸惑いを覚えた。(3)

ところがいまはどうだろうか。本人の年金や健康保険、疾病給付に加えて配偶者や子どもの手当までカバーされていたサラリーマン(俸給労働者)は基幹的な部分のみに縮小し、多くの人々が自らの働いた分だけを受け取る賃労働者になっている。賃金の歴史をひもとけば、一九世紀から二〇世紀の大きな変化は賃労働者から俸給労働者への進歩であったのに、二〇世紀から二一世紀への変化は俸給労働者から賃労働者への後退であるかのように見える。

一九九〇年代のリストラの嵐の後に増加した非正規雇用は、リストラの目的が労働者の福利厚生を省く（あるいは軽量化する）ことに置かれたのだから、賃金の観点から見ればバックラッシュが起きたように見えるのは当然ともいえる。そしてこのことが、現代の非正規雇用者をして『蟹工船』にシンパシーを覚えさせるのではないだろうか。働いた分だけを受け取るという姿だ。この、働いた分だけを受け取る、という賃金・報酬の原理は、非正規雇用にのみ押し寄せているのではない。正規雇用で働く人にも、「成果主義」の名のもとにこの原理は絶えず忍び寄っている。『蟹工船』へのシンパシーは社会全体に高まっているのだ。しかし、リアリティをもって『蟹工船』の世界を感じ取っているのは、やはり非正規雇用の人々であろう。本章は具体的事例を挙げながら、現代の非正規雇用、とりわけ国籍上は外国籍となる日系人労働者の状態を現代の『蟹工船』と考えて、この問題にアプローチしたい。

1　外国人労働者の生活の現実(4)

二〇〇四年の夏、工場がお盆休みになる時期に、ある日系人の青年がラテンアメリカに帰国した。

日本に就労に来る直前に結婚した妻との連絡が次第に疎遠になっていくなかで、自分は何のために日本にデカセギに来たのか考え直したい、と思い彼は戻ることにした。結婚した妻との間に子もできており、成長した子どもの顔を見たくもなっていた。[5]一年に一度は帰国する機会をもっていたが、すでに日本での就労期間は五年がたとうとしていた。この五年間、彼は浜松、鶴見、そして平塚で働いた。最後の平塚の工場を辞めるときには、派遣元のハケン会社からも、受け入れ先の工場の労務担当者からも、「戻ってくる気になったら電話してくれ」と言われた。来日当初はまったく話せなかった日本語は、日常会話には不自由しない程度になっていた。もう少し働いてからという気持ちもあったが、妻のことが心配で帰国することにした。一年後の秋に、妻と子どもを伴って、彼は日本に戻ってきた。

彼は二〇〇五年一二月から、ある自動車部品工場で働き始めた。筆者は、彼がこの工場に働きだして以降、毎月、彼に聞き取り調査をしている。この聞き取りは毎月の給与明細を見せてもらいながら行うものだ。本節では、彼に渡される給与明細から、日系人労働者がどのような状態に置かれているのかを見ていきたい。**表1**が彼の二〇〇六年二月の給与明細である。この明細には、いろいろな隠れた意味が含まれている。

彼は「時給一二〇〇円で働いている」と筆者に言っていた。なるほど、彼の支給額は時間給一二〇〇円を基準として計算されている。しかし、彼の時間給である一二〇〇円は基本給九〇〇円に使用者側が指定した就労日をすべて働いたときにもらえる精勤給三〇〇円を合算したものとなっていた。本人は、一二〇〇円が九〇〇円＋三〇〇円となっていることに気づいていたが、特に気にはしていなかった。ハケン会社の社長や担当者から、「休むことなく働いていれば、常に一二〇〇円だから」と言われていたし、本人も休むつもりがなかったからだ。会社側がこのような賃金の仕組みを設定しているのは、もし労働者が無断欠勤をしたり、使用者の休日出勤の要請を断ったりしたときに、懲罰的に時間給を九〇〇円とするためであることはこれまでの経験から分かっていた。実際、同僚や友人のなかにペナルティー的に時間給を減額された者の話を聞いたこともあった。

表1を見る限り、使用者側の言うことを聞いていれば労働者は結構な額をもらえると思うかもしれない。本人に支払われた三七万五一八〇円という額は、平均的な日本人の工場労働者が受け取る額よりもはるかに高いものだ。しかし、**表1**には、おかしなところがあちらこちらに隠れている。(6)

表1　ある日系人労働者の給与明細

年月	平成18年2月	基本給	900
氏名	S. K	精勤給	300
		合　計	1,200

	時給	時間	小計
常勤（昼）	1,200	88	105,600
残業	1,500	28	42,000
深夜勤務	1,200	28	33,600
深夜残業	1,500	124	186,000
休日出勤（昼）	1,500	8	12,000
休日出勤（夜）	1,500	9	13,500
特別手当	30	285	8,550
合計			401,250
雇用保険			3,210
所得税			21,860
立替金			1,000
差引支給額			375,180

彼の給与明細では、失業保険に相当する雇用保険は引かれているのに、健康保険や年金にあたる項目が存在していない。また、所得税は引かれているのに、住民税の項目は存在しない。これは病気になったり、年を取ったりしたときのリスクが労働者に押しつけられていることを意味するだけでなく、健康保険や年金を労使折半で負担する日本の社会保障制

度を考えれば、使用者側がこれらの負担から逃れてしまっていることも意味する。(7)さらに、雇用保険、所得税の項目があって住民税の項目がないのは、日本国内でビザの更新をするときに厳しくチェックされる項目だけを支払っているからだろう。(8)

また、給与明細を詳しく分析していくと、彼が就労先である工場の変動する部分のリスクを一手に引き受けているという一面も見えてくる。**表1**では九時から一七時までの常勤の時間帯の勤務時間が八八時間であるのに対して、一八時からが勤務時間となる深夜勤務および深夜残業の勤務時間は計一五二時間と、ほぼ昼の勤務時間帯の倍にまで及んでいるのである。

このことは、毎月の給与明細を並べていくと、工場の都合に合わせた働きになっていることがよりはっきりする。**図1**は、彼がもらった各月の給与明細から作成したものだ。彼は図に示した期間、一つの業務請負業者から同じ工場（事業所）に派遣されていた。(9)ところで**表1**に示した給与明細は、彼がこの間受け取った月給の一番高かった月のものである。実は、三七万五一八〇円を受け取っていた前月の二〇〇六年一月に彼が受け取ったのは一一万七七五〇円にすぎず、この間で最少の手取り額となっていた。よく言えば、彼の給料は働いた分だけもらえ、前の月の三倍以上の給与額を期待することも可能となっている。だが、同様に、どんなに頑張っても前の月の三分の一の収入になってしまうことがあることを考えれば、この「働いた分だけもらえる」ということを正当なことと認めることはできない。

どうしてここまで手取り給与額に変化が生じてしまうのだろうか。二〇〇六年一月の収入が低いの

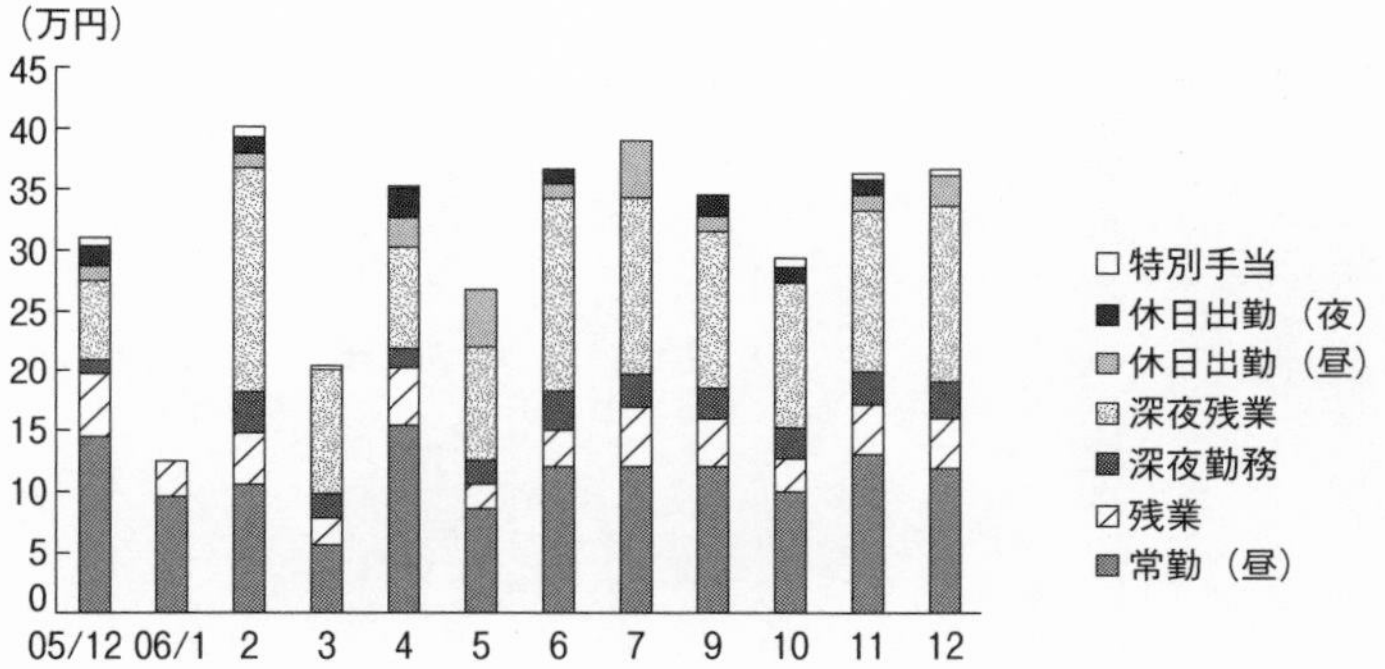

注:2006年8月は筆者が海外調査のため聞きとりできず、記録がない。

図1　ある日系人労働者の給与支給額の変動とその内訳

は、彼が無断欠勤や残業を拒否し、この月は懲罰的な給与にされたからなのであろうか。そのようなことはない。図1に示した期間、彼は一日たりとも無断欠勤をしたり、使用者側の要請を断って休日出勤をしなかったりしたことはなかった。給与の増減の理由は、純粋に自動車部品工場の稼働率が低く、深夜残業がなかったためであった。彼の給与の多寡は彼の労働時間の多少を示すだけではなく、彼の就労場所である工場の稼働率をも現していたのである。

工場の稼働状況に異常なほど収入条件が依存してしまうのは、彼の収入のうち、九時から一七時までの仕事に対する賃金として支払われる常勤の部分の割合の変化を見ると分かりやすい。妻と子ども二人をもつ彼の、常勤の時間帯の給与が月収の五〇%を超えたのは、最も収入が少なかった二〇〇六年一月のみである。家族との時間をもてた月の生活費は親子が暮らすのもギリギリの額になってしまい、支給額が三〇万円を超えている月は、常勤の時間帯の割合は五〇%を切っている。収入に余裕のある月は、猛烈に働いて子どもの顔を見る時間すらない生活となっている。そもそも彼の常勤の時間帯の収入は、五万六四〇〇円（二〇〇六年三月）から一五万三六〇〇円（二〇〇六年四月）と幅があるが、おおむね一〇万円をやっと超える程度の額である。残業なしには妻と子ども二人を安寧に養うことはできないように賃金設計されているのだ。

二〇〇七年一月に、彼は小学校一年生の長男の学校の授業参観に出るため有給休暇を取った。会社に相談すると、「有給休暇の制度はある」と言われた。家族で住むアパートには子どもの同級生もおり、自分たちだけが授業参観に行けないと子どもが寂しい思いをすると思っていた彼は、すぐに有給休暇の取得を申し出た。その結果待っていたのは、彼の想像もしていなかったことであった。彼の時間給は、一カ月まるまる九〇〇円にされた。有給休暇を取った日を低く計算されることは彼も覚悟していた。しかし、一カ月分の給料全部に九〇〇円の時給が適用されるとは思ってもいなかった。彼がこのことに抗議すると派遣先を変えられた。そして二〇〇七年三月に、彼は雇い止めに遭ったのである。

有給休暇という自らの権利を行使したとたんに賃金が引き下げられる。そして、そのことを抗議したら就労先を失い、最終的には失業に直面する。権利を主張しない、もの言わぬ労働者でなければ仕事をし続けることができない現実に、彼は初めてぶつかった。同じ場所で働く労働者に、この件について文句を言ったこともある。しかし、彼が同僚に言われたのは、「腹が立つのは分かる。でも、忘れろ」だった。この言葉を聞いたとき、なぜこのようなことになってしまうのか理解できなかった。

解雇されて初めて気づいた。ものを言ってはならなかったのだと。

2　もの言わぬ労働者とジェットコースター賃金

彼は言う、「日本での暮らしはラテンアメリカでは考えられない生活を与えてくれた。自動車も買うことができた。大型テレビも、ビデオも、パソコンも買った。向こうの家族にもパソコンを買ってあげることができたから、スカイプでいつでも話せるようになった」と。ラテンアメリカにいたのでは、この生活を望むことはできなかった。何かを得ることができても、どれか一つ、せいぜいのところ二つで、すべてを得ることはできなかったという趣旨のことを話す。

彼は日本に来る前はエンジニアとして働いていた。決して楽ではなかった。「工業技師として働いていた。必要な技能はＪＩＣＡ（ジャイカ）の研修施設で、日本から派遣された技師から習った。民間企業では最新の設備にもついていける技能だった。しかし、この技能で得られる賃金では、お母さんと二人の弟の面倒を見て、さらに彼女と結婚することは考えられなかった。ずっと貧乏、安定した貧乏だ」。こういう話を聞くと、「日本に来てよかったね」と言ってあげたくなることもないわけではない。だが、よくよく聞くと正反対のことが見えてくる。

彼は、日本での物質的に豊かな生活を「ジェットコースターに乗っているような生活だ」と表現する。**図1**に示したように、彼の収入は月によって大きく変わる。一一万八〇〇〇円弱しかもらえなかった月の翌月は三七万五〇〇〇円もらえ、その次は二〇万四〇〇〇円弱になる。日本での生活は、このように毎月大きく収入が変わる生活になった。ラテンアメリカでの生活は確かに貧しかった。「でもこんなに毎月の収入に変化があることはなかった」。

彼は家族で日本に滞在するようになったいまも本国に送金をしている。自分の母と弟たちだけでなく、妻の兄弟にも仕送りをしている。のちに年長の弟と妻の両親も日本で就労するようになったので、二家族に送金しているとはいえ、送金額は以前より減った(10)。これには、日本で家族が増えることで、日本での基礎的な生活費がより多くかかるようになったことも関係している。しかし、収入がジェットコースターに乗っているように上下するため、毎月欠かさずに送金することはできない。自分たちの日本での生活を優先させないわけにはいかないからだ。彼は、月の手取り収入が二五万円を超えるときに海外送金を行っている。しかし、手取り収入が三〇万円以下のときは、どちらか一方の家族にしか送ることができない(11)。これが三〇万円以上のときには両方の家族に送っている。

物質的には豊かな生活を得ることができた。ラテンアメリカにいたときには望むこともできないような生活だ。しかし、ラテンアメリカにいたのでは望むこともできないようなこうした生活は、「自分が望んで得たものではない」と言う。

二〇〇〇ccクラスの自動車を持ち、三二インチの薄型液晶テレビにビデオとブルーレイ録画装置が据え置かれたリビングには、大きなソファが置かれている。自動車を所有せず、テレビも小さなものしか持っておらず、ましてやビデオなぞ持っていない筆者より、はるかに豊かに見える。

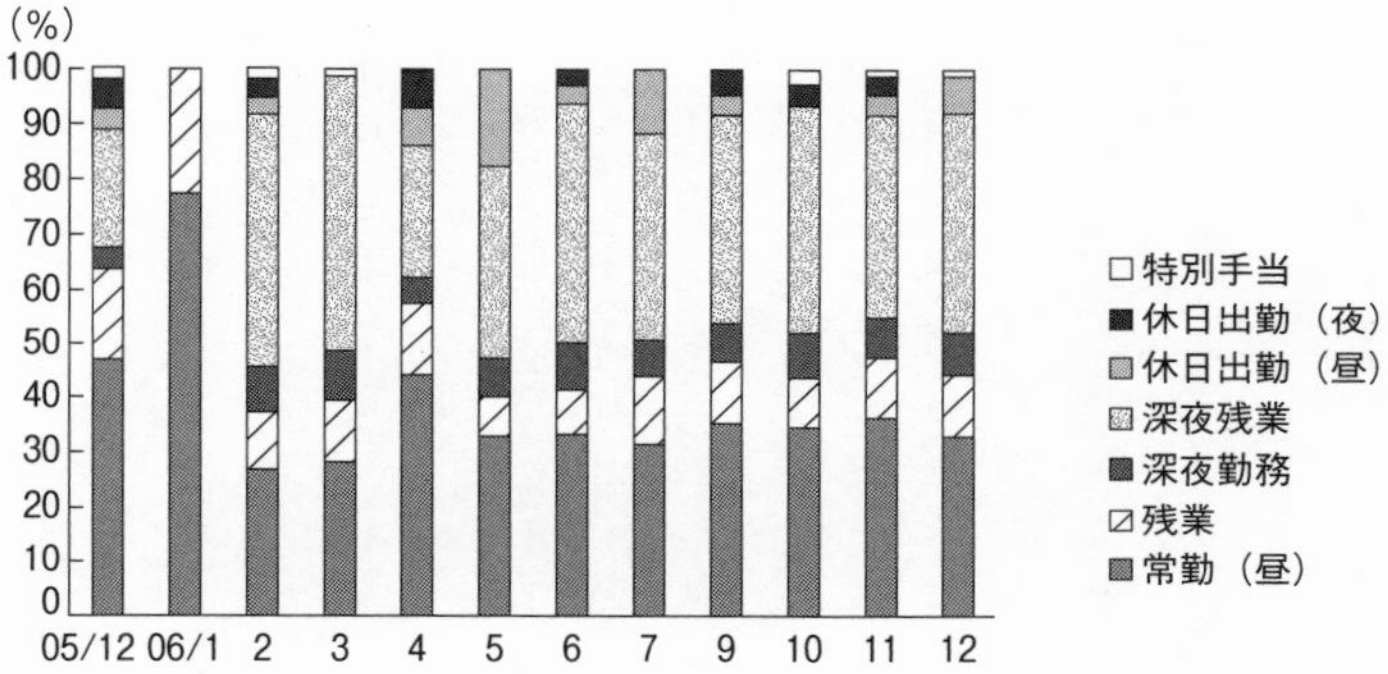

注：2006年８月は筆者が海外調査のため聞きとりできず、記録がない。

図２　ある日系人労働者の給与構成の変化

あるとき筆者は彼に、「僕より、いっぱいモノを持っているよ」と言ったことがある。彼はこれに「とにかく不安なんだ。今月は多くもらえても、次の月ももらえるとは限らない。場合によっては、日本にいる家族、親戚や友人から借金しないと生活ができないかもしれない[12]。だから、貯金もしておくけど、モノが買えるときに買うことにしている。本当は計画的に生活をしなければいけないのかもしれない。でも計画なんか立てられない。エンプレテーラ（業務請負業者をポルトガル語ではこのように言う）が何日来いというか分からない。欲しいモノがあったら買えるときに買うというのが一番スマートなやり方だ。どうしてもお金が足りない月があるから、モノに換えられるときに換えておかないと、何も残らないことになる」と言うのである[13]。つまり、彼の家族の物質的に豊かな生活は、不安定な雇用環境・収入状況のなかで何かを残そうとした結果だ、というのである。いささか逆説的だが、計画性のない生活を強いられることで、一見すると豊かな消費生活が生まれているのである。

図2は、図1の毎月の支払われる給与について、月ごとにその構成比がどうなっているかを見たものである。すでに論じたように、彼のジェットコースターのように変化する収入は、本質的には低賃金であり（だからこそ常勤の時間帯だけの収入では生きていくことができない）、収入の絶対額が大きくなるのは、残業や休日出勤が多いというだけのことである（絶対的な労働時間が多いということだ）。その結果は、図2にも現れており、二〇〇六年一月以外のすべての月で、常勤の時間帯以外の就労時間のほうが多いのである。

こうした雇用環境での生活では、子どもと接する時間を確保することができないばかりか、労働者本人も帰宅後や休日に何かをすることで消費を楽しむということは難しく（彼の場合は、図2が示すように休日出勤も一定の割合であるから、そもそも私的な時間をもつことすらできていない）、楽しみは子どもや家族が自分の労働の成果である耐久消費財を使っていることや、たまに自由時間を得られたときに妻子とドライブに行くことくらいしかない。そしてこのことが、自分は消費するわけでもないのに、彼を消費志向に走らせている大きな原動力になっている。

かつてヴェブレンは誇示的消費の一つとして、自分自身が消費活動を行うだけでなく家族が周囲の人に見えるように「代行的閑暇」活動を行うことを問題とした（ヴェブレン、一九六一、第三章）。彼の消費活動にもそのような一面が残されている。彼が家族と住むアパートの保証人には、妻の叔父がなっている。叔父は、彼が就労した成果を姪とその子どもたちが享受しているから、彼の給料が少なく生活が厳しい月の経済的支援を行っている。妻と子どもが彼の労働によって享受する消費活動（代行的閑暇）は、彼自身が日本での生活を成り立たせていくために必要な「信用」をコミュニティから調達するうえでも重要な役割を果たしているのである。

3　非正規雇用の本質＝ジェットコースター賃金

二〇〇八年六月、秋葉原で連続殺傷事件が起きた。若者がトラックで秋葉原に乗りつけ、歩行者天国の交差点で人を撥ね、車が止まってからは刃物で無差別に通行人に斬りつけた。この事件、当初は、容疑者は業務請負業者を通して車体メーカーで働いていたが、解雇通告を受け、職場での嫌がらせもあって犯行に及んだと伝えられていた。[14] 死傷者が出ている、という一報をテレビのニュース速報で知ったとき、筆者は日系人労働者の犯行ではないかと心配になった。

二〇一〇年六月には、広島県にあるマツダ本社工場で秋葉原事件にきわめて似た事件が起こった。この事件の容疑者は秋葉原事件をまねたと言っているのだから、似ているのも当然かもしれない。このときも、筆者は日系人労働者の犯行ではないかと心配になった。[15] 筆者からすると、日系人労働者の生活はそうした犯行を引き起こしてしまうことすら無理もないと思えるほど絶望的なものであったのだ。このことは前節までの議論を通して理解していただけると思う。

日系人の働き方について、可能な限り彼・彼女らの給与明細書を見せてもらったり、使用者サイドに日系人を雇用・活用することの意味を聞いたりしながら、筆者は一つの仮説にたどり着いた。それが、現代の非正規雇用問題の本質がジェットコースター賃金であり、ジェットコースター賃金の本質とは人間の存在が剝き出しの市場に連結するということだ。[16] このことを少し詳しく論じたい。

T・H・マーシャルはあまりにも有名な「市民権の三本の足」というテーゼを打ち立て、二〇世紀の福祉国家の成立によって完成した西欧的市民のあり方を説明した。国王の恣意によって生命や財産を奪われることのない、「生命および財産の自由」がまず市民の最初の権利として確立し、次いでフランス革命に代表される市民革命を通じて「参政権」が獲得される。参政権は次第に拡大され、労働者階級や女性にも広がり、成人であれば誰もが参政権をもつ普通選挙制が確立する。二〇世紀に入ると、市民権は為政者から生命や財産を守り、政治に能動的に参与することだけでなく、その社会のなかで人間として尊厳をもって生きる最低限の保障を要求する「社会権」もその一つとして考えられるようになる。①生命・財産の自由→①に②参政権を加えたもの→①、②に③社会権を加えたものへと市民権が拡大していくに従って、労働者は、病気になって仕事を休まなくてはならないとき、失業したとき、そして高齢になって働くことができなくなったときでも、生存していくことを社会的に認められるようになった。近代社会が成立していく過程は、働けなければ飢えと向き合わなくてはならないという状況を緩和し、少しずつ労働市場の条件から人間の存在が引き離され、できるだけ労働市場の影響をダイレクトには受けないようにするものであった。

しかし、日系人労働者に代表される請負労働者の働き方は、このような近代的な市民社会とその後の福祉国家の成立期に見られてきた、市民権の確立過程を全否定するものである。[17] 使用者サイドが、請負労働者を活用する最大の理由は、①正社員として雇用したのであれば負担しなくてはならない健康保険（社会保険）や年金といった法定福利厚生費から逃れることができるととらえていること、次いで、②雇用契約と異なって請負契約にすることで、雇用契約であれば解雇には三〇日以上前に解雇通告をしていなければならなかったり、解雇通告が三〇日の期限より遅れた場合にはその分の金銭補償が求められたりすることがなくなることだという（丹野、二〇〇七b、第八章）。つまりは、就労先が、労働者に「明日から来なくていいよ」と言える存在になるのだ。

　そしてこのことは、労働者が、労働市場から直ちに取り入れられたり・排出されたりする存在になるということにとどまらない。簡単に切るために、工場（真の使用者）は自らが直接に雇用するのではなく、工場は請負業者と契約し、請負業者（名目上の使用者）から工場に送り出してもらう。工場と請負業者の契約は、部品の購入費や下請け作業の委託費として部品調達を担当する調達部門の経理のうえで処理されている。現実には労働者が働いているにもかかわらず、工場の帳簿としては部品が購入されているだけなのだ。その結果、製造現場で労働者が労災事故等に遭ったとして、事故はなかったものとされざるをえなくなる。部品がケガをすることはないからだ。ジェットコースター賃金は、労働者に経済動向に合わせた労働市場への参入・退出を強いるだけでなく、現実には労働市場に参入しているにもかかわらず、工場の記録からそこに労働者がいたのかどうか判別がつかない、人以前の存在にまで引き戻してしまうのである。その結果、労働市場にかかっているさまざまな規制から漏れ落ち、[18] そこで働く者のあり方は個別の生産点における日々の労働力需要のあり方とダイレクトに結びついて、労働力需要が発生していた分だけ給与が発生する、ジェットコースター賃金が完成するのである。

4　ジェットコースター賃金の広がりと日本

この一〇年の日本に滞在する外国人の主な出身国を示したものが**表2**である。一九九九年に一五五万六一一三人であった日本の外国人人口は、二〇一一年には二〇七八万八五〇八人になった。およそ五二万人の増加である（ピークは二〇〇八年二二一万七四二六人であった）。しかし、二〇〇九年はリーマンショック後の日本経済の停滞状況、とりわけ二〇〇八年末からは帰国支援事業が始められるようになった時期である。失業した日系人の帰国支援を県費で行うことを最初に発表したのは岐阜県であった。筆者は、この岐阜県の帰国支援事業の企画立案者を個人的に知っているが、彼は帰国支援事業が必要になる理由を「日本はどうしても今後も外国人労働者を必要とせざるをえない。しかし、いまはリーマンショックから始まりトヨタショックも起きて、経済活動は縮むばかりだ。いつまで、そしてどこまで縮むかの予想もつかない。必然的に日本人、外国人を問わず失業者が出ざるをえない。いま必要なのは、失業した外国人を犯罪に走らせないことだ。ここで外国人犯罪が多発すると、国内に外国人労働者を忌避する雰囲気が生まれ、次に外国人労働者が本当に必要になったときに何もできなくなる。これが一番困る」と語った[19]。二〇〇九年三月からはこの帰国支援事業は厚労省が行う国の事

表２　近年の日本に滞在する外国人人口の推移

（各年末現在）

国籍（出身地）	平成11年（1999）	平成12年（2000）	平成13年（2001）	平成14年（2002）	平成15年（2003）	平成16年（2004）	平成17年（2005）	平成18年（2006）	平成19年（2007）	平成20年（2008）	平成21年（2009）	平成22年（2010）	平成23年（2011）
総　数	1,556,113	1,686,444	1,778,462	1,851,758	1,915,030	1,973,747	2,011,555	2,084,919	2,152,973	2,217,426	2,186,121	2,134,151	2,078,508
中　国	294,201	335,575	381,225	424,282	462,396	487,570	519,561	560,741	606,889	655,377	680,518	687,156	674,879
構成比（%）	18.9	19.9	21.4	22.9	24.1	24.7	25.8	26.9	28.2	29.6	31.1	32.2	32.5
韓国・朝鮮	636,548	635,269	632,405	625,422	613,791	607,419	598,687	598,219	593,489	589,239	578,495	565,989	545,401
構成比（%）	40.9	37.7	35.6	33.8	32.1	30.8	29.8	28.7	27.6	26.6	26.5	26.6	26.2
ブラジル	224,299	254,394	265,962	268,332	274.700	286,557	302,080	312,979	316,967	312,582	267,456	230,552	210,032
構成比（%）	14.4	15.1	15.0	14.5	14.3	14.5	15.0	15.0	14.7	14.1	12.2	10.8	10.1
フィリピン	115,685	144,871	156,667	169,359	185,237	199,394	187,261	193,488	202,592	210,617	211,716	210,181	209,376
構成比（%）	7.4	8.6	8.8	9.1	9.7	10.1	9.3	9.3	9.4	9.5	9.7	9.8	10.1
ペルー	42,773	46,171	50,052	51,772	53,649	55,750	57,728	58,721	59,696	59,723	57,464	54,646	52,843
構成比（%）	2.7	2.7	2.8	2.8	2.8	2.8	2.9	2.8	2.8	2.7	2.6	2.6	2.5
米国	42,802	44,856	46,244	47,970	47,836	48,844	49,390	51,321	51,851	52,683	52,149	50,667	49,815
構成比（%）	2.8	2.7	2.6	2.6	2.5	2.5	2.5	2.5	2.4	2.4	2.4	2.4	2.4
その他	199,805	225,308	245,907	264,621	277,421	288,213	296,848	309,450	321,489	337,205	338,323	334,960	336,252
構成比（%）	12.8	13.4	13.8	14.3	14.5	14.6	14.8	14.8	14.9	15.2	15.5	15.7	16.2

出所：法務省『在留外国人統計』

業になったこともあって、ブラジル人の滞日人口は二〇〇八年末と二〇〇九年末では四万五一二六人の減少をみることになった。ブラジル人の減少はその後も続き、二〇一一年末は二一万三二人となっており、リーマンショックの発生する前の二〇〇七年末に三一万六九六七人が滞在していたことを考えると、わずか四年でおよそ一〇万七〇〇〇人減少している。いかにブラジル人の日本滞在が労働市場と結びついているか理解できるだろう。

ところで、表2を見てしまうとこれまでは外国人が増える一方だったのが、リーマンショックでその方向が変わったのであれば、外国人労働者のことを考えるウェイトは下がったのではないかと思われるかもしれない。だが、そのようなことは断じてないのだ。

ここで注意を要することは、日本で日系人が就労できるようになったのは一九九〇年の入管法改正以後であるが、このとき以来、日本で就労可能な日系人は三世(「日本国籍者の子の子」と法文上は表現される)までとなっている点である。つまり、入管法改正からすでに二〇年を経過しており、JICAによる移住事業が終焉を告げた一九八〇年代以降に新たにラテンアメリカに移住する者が大量に存在することのないのを前提にすれば、日系人労働者の平均的な年齢は毎年一歳ずつ上がっていっているのだ。日本で就労する日系三世労働者の平均的な年齢は四〇代の前半になっている、といわれる。日系人労働者は、これまで日系人が主に働いてきていた自動車産業やエレクトロニクス産業の労働市場の要求する労働者の条件から、少しずつ離れてきていたのである。

実際、リーマンショックの前から、日系人労働者の他の労働力への置き換えは起きていた。この

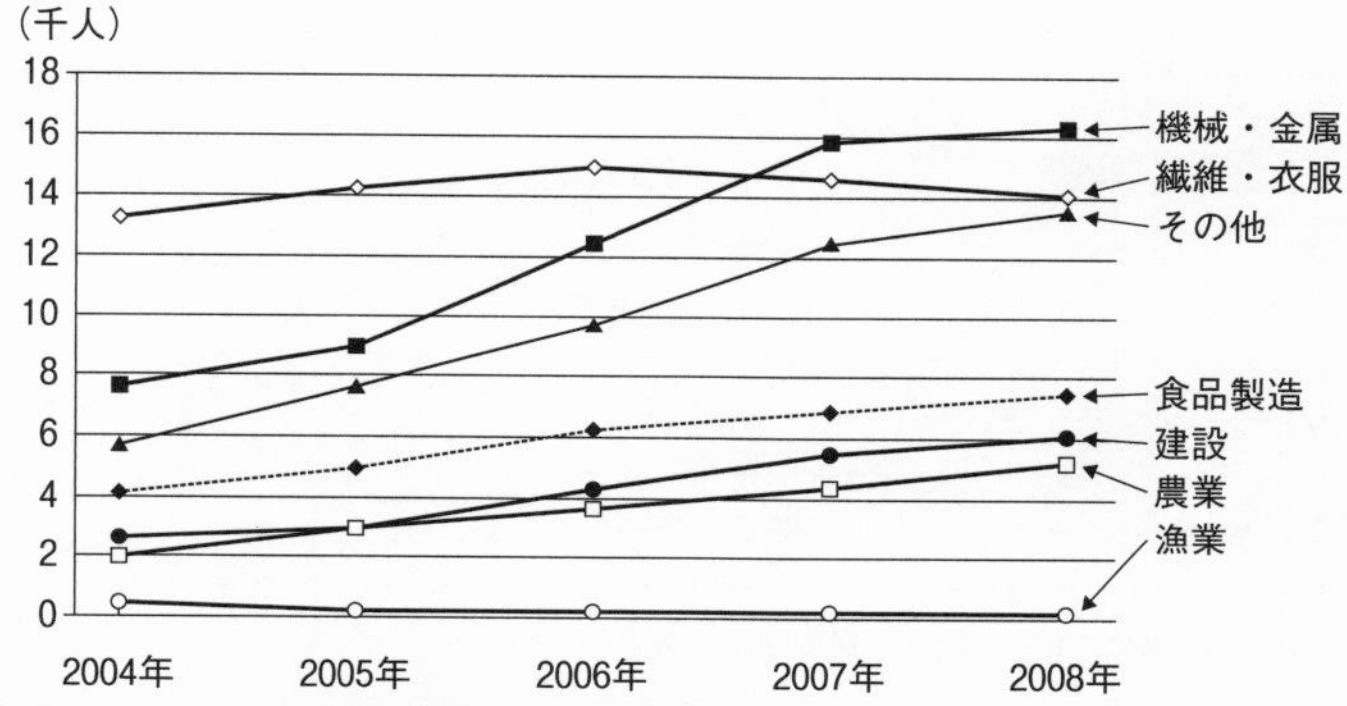

出所：JITCO（公益財団法人国際研修協力機構）データ

図3　近年の外国人研修生・技能実習生の業種別の推移

ことを示すのが図3である。図3は業種別に見た外国人研修生・技能実習生の近年の推移である。極端に低い賃金であったり、厳しい監視のもとに置かれていたりすることに注目が集まる研修生・技能実習生は、多くが繊維被服産業や水産加工業に就労していると思われがちである。確かに、これらの産業に就労する研修生・技能実習生は増加し続けている。しかし近年、急速に増えているのは、機械・金属産業や農業である。そしていままでは研修生・技能実習生を最も活用しているのは、これまで日系人に依存してきたと言ってもいい自動車産業の下請け企業なのである。

研修生・技能実習生に労働市場を奪われていっている日系人は、滞在資格上も大きな変化を迎えつつある。もともと日系人は、定住者として迎え入れられた。在留資格「定住」には就労制限が一切つかない。その定住者として迎え入れた日系人が、急速に永住者化しているのだ。図4は、ブラジル人とペルー人における在留資格「永住」と「定住」の推移である。ずいぶん前からペルー人は定住者を永住者が上回ってい

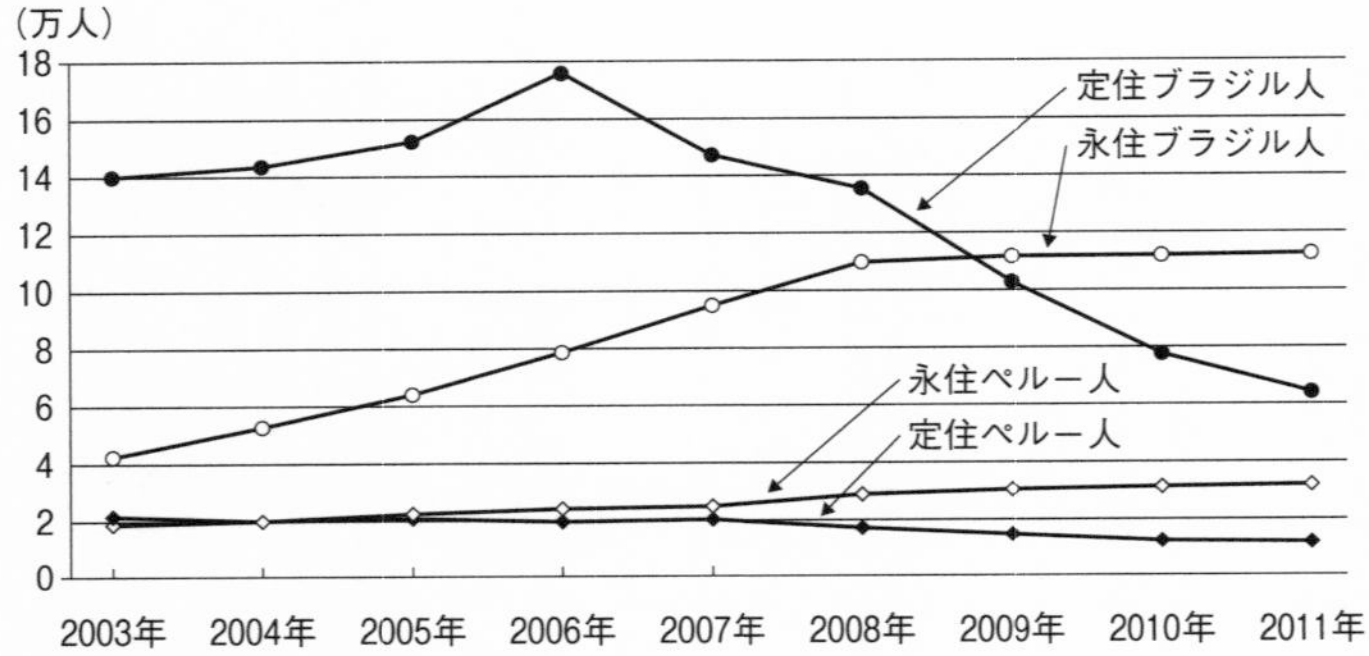

出所：入管協会『在留外国人統計』各年版より作成

図４　在留資格に見る日系人の近年の傾向

た。この点を考えれば、表２においてペルー人のほうがブラジル人よりも二〇〇八年から〇九年にかけての減少が少ないのも理解できる。そしてブラジル人も、この間の帰国支援事業を通して失業者とその家族を送り帰すということを行った結果、定住者人口を永住者人口が上回ることになった。

定住資格で居住しているときから、日系人は、選挙権はないとはいえ、外国人であっても生活保護等の公的扶助を受ける権利をもった外国人であった。本来ならば、定住資格であっても、外国人なんだから帰国させてしまえばいいという発想ともとれる政策を取ること自体、非難に値する（樋口、二〇一〇）。しかし、帰してしまえばいいという政策は、結局、政策当局の選択肢を狭めてしまった。なぜなら、永住資格で滞在する人口が過半数を占めるようになった以上は、今後は帰国支援事業に相当する政策を打つことが難しくなるからである。ブラジル人にしろ、ペルー人にしろ、いま日本に存在する日系の人々の多くは永住者になっているのだ。すなわち国籍上は外国籍かもしれないが、今後も日本に居続けることが予定されている人々なのである。

おわりに――日系人労働者から見えてくる日本の未来

筆者はかつて、リーマンショックに騒いでいる二〇〇九年初頭に、日本企業は急速なV字回復をし、一年とたたずに過去最高利益を出しているだろう、そのとき非正規雇用を散々切ったことに対していかなる評価を下しているのだろうか、というささか予言めいた見解を発表したことがある（丹野、二〇〇九b）。一部の企業は一年で回復したが、さすがに自動車産業では一年でV字回復する企業は多くはなかった。しかし、V字回復に二年は必要なかったようだ。自動車産業の工場、とりわけ親企業の工場では残業が復活し、どこも工場の稼働率は回復した。もちろん、この工場の稼働率の回復には、リーマンショック後の小さくなった市場に合わせて、余分になっていた生産設備を廃棄したことが関係している。

リーマンショックの起きた二〇〇八年秋、そして〇九年春の求人率が日本一低かった愛知県においても、雇用状況は〇九年末には劇的に転換し、新卒の高卒労働者に対する求人は、求職者を上回るところまで回復した。ところが日系人に対する求人は、日本人労働者が急速に戻ったのに比べると、まだ回復したとは言い難い状況にある。しかし、すでに述べたように、もともと日系人の労働市場は少しずつ製造業の求める労働者からずれてきていた。日本国内での工場の稼働率の異常な上昇が、平時であれば雇用しない人をも労働力として活用していたともいえる時期が続いていたのである。この極端な稼働率の高さが定常状態になっていた異常な時代に吸収した過剰人口を、国策＝帰国支援事業を通して排出し、本来の定常状態に必要な労働人口に戻ろうとしているともいえる。

筆者がインタビューをしている家族のなかには、帰国支援事業が始まった折に、日本で再就労する可能性が低い年齢層の者（五〇代以上の労働者）は帰国支援事業を用いて帰国し、同じ家族のなかで景気が戻ったときにすぐに働く機会のある若年層については自弁で帰国していく例がいくつもあった。日本に支店を置いている、デカセギ就労に関与するラテンアメリカの旅行社でも、同様の事例は珍しいことではないと聞く。帰国支援事業が始まったときに、この事業を通して帰国した者については日本での再就労の道が断たれるという噂が流れたことが、デカセギ家族に余計にこのような家族内での雇用戦略を取らせることになったのであろう。

日本とラテンアメリカには、デカセギ旅行社を通じて越境する雇用システムが形成されており、労働市場は国境をまたいで成立している。このことを考えれば、日系人として日本に入ってきている者の減少も単なる減少ではなく、経済環境が反転すればすぐに戻る傾向を示すものであることは予想がつく。実際、二〇一〇年夏からは、ラテンアメリカの旅行社に日本就労希望者をリクルートするよう日本の工場からの依頼が来始めている。

このような日系人労働者のあり方を見ていくと、一つの結論にたどり着く。現代の労働市場、その労働市場を具体的に成立させている各企業の労働力需要は、とにかくいま必要なものをいま手に入れる、という原理に集約されているということだ。その結果、近代社会が、人間の存在は可能な限り労働市場の変動から影響を受けないようめざしてきたのとは反対に、人間の存在が剝き出しの市場によって条件づけられる。生産点が必要なときに必要な分だけ働き、そして働いた者にはその成果に基づいて働いた分だけの給与が支払われる、極端な成果主義がまかり通る世界なのである。

本章で紹介したジェットコースター賃金は、日系人労働者に特有なことではない。非正規雇用で働く多くの者が同じような状況に置かれている。本人の能力がダイレクトに評価されるような専門性の高い職種で、それが高額な給与と結びついているような職種であれば、成果主義は妥当なものなのかもしれない。しかし、成果主義が普通の労働者の世界にも押し寄せるとき、そこではこれまで労働者の権利として認められてきたものは徐々に後退し、本章で見たように、ついには、労働者は人間として存在することすら制度的に否定されることになる。少子化が社会問題と化しながらも、労働者が子どもの授業参観に行こうものなら解雇が待っているような雇用環境が当たり前になる社会だ。「ソフトな蟹工船社会」と言ってもよいだろう。ここでは使用者側が物理的暴力をふるって労働者を抑圧することはない。ただ、契約に基づいて「使用者の要求を聞かないと解雇が待っているよ」と脅し続けるのだ。

ネオリベラルな思想の土台を作ったと言ってもいいハイエクは、自らの政治信条を示した著書『自由の条件』において、「強制が生じるのは、ある人の行動が自分自身の目的ではなく、他人の目的のために他人の意志に奉仕させられる場合である。強制された人は、まったく選択をしないということではない。もし、事情がそうであるとした場合、われわれはかれが『行動している』とはいわない。（中略）わたくしはなお選択をするのであるけれども、わたくしは他のだれかの道具とされている。というのは、わたくしの前にある別の途というのはすでに仕組まれてあって、強制者がわたくしに選択させたいと望んでいる行為はわたくしにとって、もっとも苦痛の少ないものとなるようになっているからである」と論じている（ハイエク、一九八七、四頁）。

実に皮肉なことだが、筆者には、ハイエクのこの言葉以上に日系人労働者のあり方を的確に指し示した言葉はないように思える。日系人労働者が正社員で雇用してくれる雇用先を探そうとしても、なかなか見つけられない。話すことはできても、日本語の読み書きまでできる日系人はそう多くはない。彼・彼女がいまを生きるために仕事を見つけようとすると、ジェットコースター賃金しか待っていない業務請負業を通しての雇用しかない。しかし、たとえそれしか選択がなく、ハイエク的に言えば仕組まれた選択でしかないとしても、このジェットコースター賃金は当人たちが選択したものなのだ。

ジェットコースター賃金のうえで、家族を含めた安寧な生活を築くことは難しい。それは本章で紹介したファミリーのあり方を見ても明らかだろう。そしてこの生きづらさに対しては、ある種のシンパシーが共有されている。だからこそ、二〇〇八年の秋葉原事件や二〇一〇年のマツダ本社工場事件を聞いたときに日系人が起こしたのではないだろうかと筆者が心配になったり、秋葉原事件のその後を伝える『AERA』の記事で、雨宮処凛がこの事件の動機に雇用関係がなかったことに言葉を詰まらせる様子が記事になったりしているのだ。もともと、秋葉原事件を雇用構造からダイレクトに論じることには無理がある。そもそも社会構造とは、さまざまな社会現象や社会に存在する人々に等しく投網のようにかかってくる制約条件なのであって、それがダイレクトに特定の問題を引き起こすという類いのものではない。ジェットコースター賃金のもとでも頑張って働き、生活を何とか成り立たせている人々のほうが多いはずだ。しかし、そうだとしても一定の制約は働いており、それが生きづらさの共有となっている。そうした生きづらさに対する関心の高まりが『蟹工船』ブームにつながっているのだろう。

ところで、日系人労働者の労働世界は、筆者には、多くの日本人労働者のゆくえを先取りしたようにしか見えない。彼・彼女たちのあり方をそのままにしておくことは、われわれ日本人の側により大きな影響を与えているのである。そして反対に、もし、彼・彼女たちのあり方を十分に再審し、そこにくさびを打ち込むことができたのであれば、外国人である彼・彼女たちの生活を向上させるだけでなく、非正規雇用で働く日本人労働者にこそ、より多くの受益をもたらすものであることを覚えておいてほしい。

注

（1）たとえば、二〇〇三年五月四日から一二月三〇日にわたって朝日新聞で掲載されたシリーズ「ダウンサイジングにっぽん――少子高齢化社会の衝撃」などがその典型である。このシリーズはのちに、朝日新聞社経済部編『日本縮小——ダウンサイジング社会への挑戦』（朝日新聞社、二〇〇四）として単行本としても刊行されている。少し遅れてだが、日本経済新聞社からも日本経済新聞社編『人口減少——新しい日本をつくる』（二〇〇六）が刊行されており、人口が減少することによる経済的・社会的インパクトへの関心が高まったことが理解できる。

（2）風間はその後、風間（二〇一〇）で、雇用融解がさまざまなところに連鎖的に社会問題を生じさせていくことを取り上げている。

（3）賃金のとらえ方の変遷についてはStirati（1994）が詳しい。

（4）本節は、Tanno（2010）と重なっている。

（5）現実に、デカセギのなかで生まれた子どもが日本にデカセギに来るケースもすでに存在している。筆者の知っている例では、一九八五年から父がまずデカセギに出て、父のあとに母が八八年からデカセギに出た。自身（女性）は八六年に生まれて、物心ついたときには祖父母に育てられていた。中学校に入学する頃に母が帰国し、それからはデカセギの父の仕送りで、母とブラジルで生活をしていた。父は、働き詰めで、自分が高校に入学する年に一週間だけ帰国し、そのときに写真以外で初めて父の姿を見た。母と自分の生活費、とりわけ自分の学費のために働いてくれていることは理解している。しかし、突然目の前に現れた男の人に戸惑いを覚えたという。二〇〇五年に父が日本で失業して仕送り額が減ったため大学を続けることができなくなり、〇六年に大学を休学して自分もデカセギにやって来た。父の住むアパートに転がり込むことになったが、やはり父を父と見ることができず、長く一緒に住むことはできなかった。日本で、同じようにデカセギのなかで生まれた男性と結婚し、いまは子どももいる。本当は祖父である父に孫の面倒を見てもらいたいけれど、それを頼むことに躊躇してしまう、という。こういった話はときどき聞くが、そのたびに筆者は、家族のためのデカセギであったはずなのに、家族を長期に離散させることによって、稼ぎ手にとっても、扶養されている側にとっても、家族との一体感を消失させることになっている。誰のためのデカセギだったのだろうか、と考えさせられている。

（6）表1の中の立替金の項目は、主にはラテンアメリカでリクルーティングされた際の日本への航空チケット代プラス仕事の紹介料の金額を、日本で就労して得る月々の給与から分割払いで支払っていく仕組みのためにつくられているものである。この額は二八〇〇〜三五〇〇ドル程度となり、これを五〜六カ月の分割払いで払う（ラテンアメリカから日本への国境を越える労働者のリクルーティングの仕組みについては丹野二〇〇七b、第一〇章を参照のこと）。二〇〇五年前後から、ラテンアメリカで日本就労者を集めるデカセギ旅行社の競争が厳しくなり、近年では二四回払いとか三六回払い（筆者が知っている例では最長で七二回払い）という長期間をかけて支払うケースも増えてきている。表1では、この立替金の項目に一〇〇〇円が記されているが、これは渡航費の立て替え金額ではない。彼には子どもが二人いるが、そのうちの一人が公立の保育園に通っており、翌年度も保育園に継続入園させるために、保育園から就労証明書の提出が求められた。そこで会社に就労証明書の発行を求めたところ、これの発行費として一〇〇〇円が給料から天引きされ、その費用が立替金の項目に載ったのである。

（7）同時に、これは労働者も保険や年金の負担から逃れてしまっているのであるが、日本に子どもを連れて来ている彼は、会社側が入れてくれるならば年金の負担が発生しても健康保険に入りたいと思っていた。

（8）日本で就労していたデカセギ者がいったん帰国して、新たにビザを取り直して日本に戻ろうとする際にはこのことが大きな問題となる。帰国する際に再入国証を取ってビザの有効期間内に戻れば問題ないが、再入国期限を過ぎてしまったり、ビザの有効期間を過ぎていたりすると、日本での就労歴のある人は、日本滞在期間中の税（所得税と住民税）や保険（社会保険または国民健康保険）の納税／支払い状況を調べられることになっている。このときに、前回に税や保険の不払いがあると、すぐにはビザが下りない。これは現地領事館における査証発給担当領事の裁量で行われている。また、彼は子どもを公立の保育園に通わせているから、この雇用保険と所得税だけを引かれ、社会保険や住民税が引かれない、一見すると不思議な給与明細書に基づく源泉徴収票を市に提出している。

（9）彼は二〇〇七年一月に派遣先が変更になり、〇七年四月には送り出し元である業務請負業者も変わった。そのため、ここでの比較の対象は、まったく同じ送り出し元から同じ送り出し先で就労した期間に限って示している。

(10) ただし、妻の両親は、失業した日系人を対象にした厚生労働省の帰国支援事業を通して、二〇一〇年七月現在では帰国している。帰国支援事業を通して帰国した者の再入国については、当初認められないと伝えられていたが（のちに法務省は三年の間認めないとして期間を明示した）、妻の両親は二人とも六〇歳を超えており、たとえ日本の景気が回復したとしても時間がかかりその頃には雇ってくれる場所はないだろうと考えて、帰国支援事業に応募した。

(11) だいたいは、夫の家族、妻の家族を交互に送金先にしている。しかし、ラテンアメリカに残されている家族の必要状況によって、たとえば兄弟の高校や大学への入学金が必要なときなどは、この交互の順番とは関係なしに送ることもある。

(12) たとえば、図1で一番収入が少なかった二〇〇六年一月に、彼は妻の叔父から三万円借金をしてこの月を乗り切っていた。

(13) 筆者に彼がこの言葉を語ってくれたのはいわゆるリーマンショック直前の二〇〇八年七月である。

(14) ただし、のちに、派遣会社からの解雇通告が事件の直接の動機ではなかったことが裁判を通して分かってきている。こうした事件の当初の報道および社会の受け止め方と事件の真相との関係については、澤田晃宏（二〇一〇）を参照のこと。

(15) 二〇〇五年、一人のペルー人青年が広島で女児を誘拐し暴行を加え殺害したのち、段ボール箱に死体を入れて路上に放置する事件が発生した（以下、この事件を「広島女児殺害事件」と記す）。この事件は、もっぱら容疑者の性的嗜好に興味関心が注がれた。本国でも幼児性愛癖のうかがえる事件を引き起こしていたこと、この前科があるために日本に入国するにあたって偽造パスポートが用いられていたこと等が繰り返し報道された。しかし、筆者は、確かに犯罪を起こしたこの者が特異な性的嗜好をもっていたとは思うが、それだけでは説明ができないと思えてならない。第1節および第2節で見たように、業務請負業から送出されて日本の工場で働く日系人労働者はジェットコースターのように変わる手取り賃金で暮らしており、絶えず解雇の危険を感じている。こうした環境で、家族や親しい友人との接触が切れてしまえば、たとえそれ以前に特異な性癖をもっていなくとも、何かしらの犯罪を引き起こすこともありうるのではないだろうか。日本人の男性が引き起こした秋葉原事件とマツダ本社工場事件はそうしたケースの典型なのではないだろうか。なお、広島女児殺害事件ののち、法務省は日系人の新たな入国およびすでに滞在している者へのビザの更新に対して、本国および日本における犯罪歴を照会するようになった。

(16) 業務請負業者に聞き取り調査を行っていると、決して日系人労働者だけがジェットコースター賃金になっているのではないことが分かる。日本人の請負労働者も、日系人労働者と同じジェットコースター賃金で支払われている。しかし、ここにも日本人と外国人の間には分断線が存在している。日本人労働者は社会保険に入ることを前提としているのに、外国人はこれに入らないことを前提にしているのである。

(17) この時期を賃金の歴史として見れば、「はじめに」で触れた賃金（wage）を受け取る賃労働者から俸給（salary）を受け取る俸給労働者への変化に相当する。

(18) 表1に示したような、本人には給与として払われているにもかかわらず、保険や年金が引かれていなかったり、所得税のみが引かれていて住民税が引かれていなかったりするような給与明細になっていることが、制度的に漏れ落ちていることを物語っている。

(19) 彼は経済産業省の官僚としてフィリピンおよびインドネシアとのＥＰＡ（経済連携協定）の交渉担当者でもあった。また、第三次出入国管理基本計画の素案の策定に大きく関わった経験をもつ、国の官僚としては外国人労働者政策（外国産業人材政策）に精通した人である。

第9章●国際移民の進化制度論的展開

はじめに

二〇〇八年秋のリーマンショック後、「ハケン切り」に代表される急速に縮む非正規雇用が社会問題化したことはまだ記憶に新しい。日系人労働者も例外ではなく、国は失業して困窮している日系人労働者とその家族を帰国させる「日系人離職者に対する帰国支援事業（以下、「帰国支援事業」と記す）」を行った。(1) 生活保護世帯に転落しそうな日系人世帯を国費で帰国させたのだ。

日系人労働者の母国の一つであるブラジルと日本の間は、国境を越えて労働市場が形成されている。日本の労働力需要がブラジルに伝えられると、ブラジルで日本就労者のリクルーティングが行われて、日本の労働力需要企業へ送り出される（丹野、二〇〇七b）。ところが二〇〇八年秋以降の世界同時的に進行する不況にあっては、景気がいつ回復するか分からなかった。その点では、国が帰国支援事業を行った意図は理解できないではない。だが、帰国支援事業が始まったのは不況の底が見え始めた頃

（二〇〇九年四月）であった。いずれにせよ、ブラジルで日系人労働力のリクルーティングを行ってきた現地日系旅行社が苦境に陥っているであろうことは容易に想像でき、たとえ不況が進行する間も入国者の流れが途絶えてしまうことがなくとも、国境をまたいで成立している日系人の労働市場が動揺していたことは明らかだった。

ちょうどこの間、筆者はブラジル側でのリクルーティング活動を比較制度分析の観点から継続的に調査していた。筆者がデカセギのリクルーティング活動を検討するにあたって比較制度分析のアプローチを採用したのは、日本就労＝デカセギが行われるようになってからのリクルーティングの変化を渡航費負担における信用付与の構造の変化からとらえたいと考えたからだった。だが、渡航費負担の変化を見ていくと、デカセギの問題以上に日本とブラジルの間のマクロな経済関係の変化がここには存在していたということに気づかされる。そのため本章では、筆者はブラジルでのリクルーティング活動の推移に焦点をあてながら、日伯の経済的な位置の変化にも言及しつつ、ブラジル側から見たときにデカセギがどのように変化したととらえられるのか提示してみたい。

1　データと分析方法

本章では筆者が二〇〇六年四月に現在の研究を開始して以来、インタビューをすることができた一〇四の日系旅行社のうち、経営者にインタビューができた七一の旅行社をデータとして扱う(2)。日系旅行社以外に、日系人が経営する不動産会社六社、かつて日本へデカセギに行き帰国後に自営業を興した四社の小売り業者、サンパウロに本社を置く二社の邦字新聞社、日本国サンパウロ領事館、ジェトロサンパウロ支部で行った聞き取り調査結果もまた日系旅行社調査で得られたデータに加えて用いることとする。二〇一〇年一〇月から一一年三月にかけてサンパウロ大学に受け入れてもらい研究に従事する機会を得ることができたこともあり、かつて両親とともにデカセギで日本に滞在した経験をもつサンパウロ大学の学生さんにも会うことができた（五名）。また、サンパウロ市内の東洋人街リベルダージにある各県人会に紹介してもらったデカセギ帰国者家族（三三世帯）にもインタビューを行うことができた。本章では、直接的にデカセギ帰国者からの聞き取り結果を用いることはしないが、日系旅行社から聞き取った結果は、デカセギ帰国者からの聞き取り結果に逐一照合し[3]、筆者が誤って聞き取っていた部分や被調査者の誤解による回答が見つかった場合には、日系旅行社に再度聞き取りを行い、可能な限り正確な情報をつかむこととしてデータを集めた。

本章で用いる比較制度分析という手法は、一九八〇年代以降広く社会科学に影響を与えてきた。比較的初期の研究としては、政治学ではエバンス・ラシュマイヤー・スコチポル編による *Bringing the State Back in* 等が、経済学ではノースの *Institutions, Institutional Change and Economic Performance* といった研究等が挙げられるだろう（Evans, Rueschemeyer, Skocpol eds., 1985; North, 1990= 一九九四）[4]。近年では、具体的な実証分析も盛んに行われており、政治学では河野勝『制度』、経済学では岡崎哲二編『取引制度の経済史』やグライフの *Institutions and the Path to the Modern Economy: Lessons from Medieval Trade* 等とさまざまな著作が発表されている（河野、二〇〇二／岡崎編、二〇〇一／Greif, 2006＝二〇〇九）。日本の社会学では、この方法論を用いた実証研究をあまり見いだせないが、アメリカ社会学ではエコノミックソシオロジーを中心に理論や応用が研究されており（DiMaggio and Powell, 1991; Brinton and Nee, 1998; Nee and Swedberg eds., 2005）、移民研究においても広く用いられている（Portes ed., 1997; Portes, 2010, Chap.4）。

比較制度分析は大きく言って、①制度が果たす機能的役割に着目し特定の制度とその機能の関係や一定の機能を果たしている制度を比較検討する機能主義的比較制度分析と、②制度が変化する歴史的経緯に着目し制度が果たす役割や機能が固有の歴史性に依存することを強調する歴史制度分析に分類できよう[5]。前者は経済学や経営学の制度論研究に多く見ることができ、後者は社会学や政治学の制度論研究に見ることができる。しかし、すべての比較制度分析が上記二つのスタンスに分けられるかと言うと、そう簡単ではなく、主要な強調点が機能的な比較なのか、制度固有の歴史的経緯なのかということであり、両方の要素を取り入れることも可能である。オストロムの *Governing the Commons* などは、南アジアや東南アジアの灌漑用水問題から得られた経験的知識を普遍的なモデルへと昇華させた議論であるが、この研究などは制度の機能主義的な比較と歴史的な経路依存の問題を両立させた研究と言えるだろう（Ostrom, 1990）。

筆者も比較制度分析を用いて日系人のデカセギ現象の解釈につとめてきたが（丹野、二〇〇七b、第一〇章）、その際に参考にした思考方法はグライフによるものであった（Greif, 1997; Greif, 2005; Greif,

2006＝二〇〇九）。グライフの研究は地中海貿易をめぐる経済史の研究であり、中世まで地中海貿易を支配していたマグレブ商人がなぜルネッサンスが始まろうとする時期に急速にその力をキリスト教徒の商人たちに奪われていき、海洋覇権がクリスチャンの世界に移っていったのかを解明する研究である。そこではマグレブ商人の経営形態や交易のやり方とクリスチャン商人のそれとが比較されるが、グライフはイタリア各地の図書館に残されている中世商人たちが取り交わした膨大な数の手紙を吟味することによってこれらを明らかにしていく。そして地中海貿易において、マグレブ商人たちが活躍した時代に有効だった信用付与や決済のやり方とクリスチャンの商人たちが活躍する時代のそれらとにどのような変化が訪れていたのかを明らかにするのだ。そして、グライフの研究は、①マグレブ商人とクリスチャンの商人という宗教的・民族的に異なる集団の比較という視点と、②ルネッサンスが始まろうとする時期を一つの区切りとしてそれ以前の交易の仕組みと以後の交易の仕組みという異なる時代区分の比較という二つの視点をクロスさせる。

筆者は、グライフの思考方法における二つ目、異時点間に成立している交易の仕組みという観点に着目している（グライフはこうした視点を「歴史制度分析」として論じている）。なぜなら、デカセギを可能にさせる労働力の越境システムとは、労働力という商品を国境をまたいでA国からB国へ移動させることによって成立するある種の交易であり、このビジネスは①A国内での商品集め（リクルーティング）に必要な信用をめぐる社会関係、②B国内での商品の配送（労働力のディストリビュート）に必要な信用をめぐる社会関係、③A国とB国と間での商品の受け渡しに必要な信用をめぐる社会関係という三つの社会関係が連鎖することで初めて成立する。それゆえ信用の調達をキーに異時点間を比較することで、過去のシステムと現在のシステムを比較することができ、全体としてのシステムを把握することも可能になる。この観点からリーマンショックを境に、越境する雇用システムはどのように改編されたのかを考えてみたい。

2　デカセギ旅行業の黎明期

インタビューできた旅行社の創業年は図1のように並んでおり、日系人が日本で就労することが可能になる一九九〇年の入管法改正の前後に創設された旅行社がその後も生き残っていたことが分かる。また、二〇〇〇年代になってからも、とりわけリーマンショックの直前の時期に新規に参入してきたデカセギ旅行社が多いことも注目されよう。経営者にインタビューをしているにもかかわらず、創業年不明の回答が出て来るのは、現在の経営者が創業者ではなく事業の譲渡を受けた者であるため、設立の経緯を詳しくは把握していないからであった。

本章はリーマンショックをはさんで労働力の越境システムに生じた変化の分析に焦点をあてるものだが、まずはリーマンショック前に、いかにしてこのシステムが生じたかについて簡単に確認しておきたい(6)。一九八〇年代からデカセギ旅行業を営んできた旅行社によると、一九八〇年代の厳しいインフレのなかで食い詰めた人々が日本就労へと向かうのであるから、日本就労希望者が自ら渡航費を用

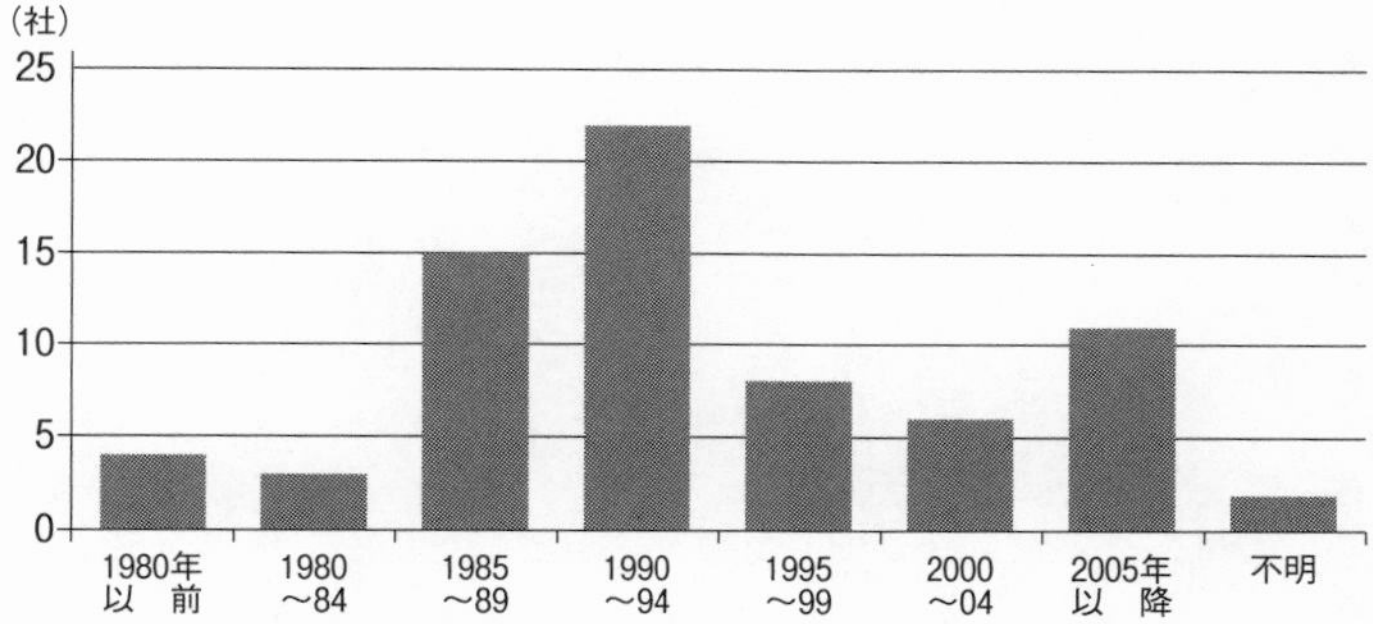

図１　デカセギ旅行社設立年の推移

意することは考えられない状況であった。しかし、人手不足によって労務倒産が発生していた日本の経済環境もあって、日本企業は地球の裏側から来る労働者の募集費用を全額出してでも集めようとしていた。その結果、日本の受け入れ企業が渡航費を全額負担し、そのうえで旅行社には一人集めてくると一〇万円とか二〇万円のコミッションが支払われていたと、一九九〇年の入管法改正以前に設立された二二社のうち一八社は言う[7]。

また、旅行社は航空券を一枚売るごとに販売額の六％を受け取るビジネスとなっていたが、この時期、旅行社には航空会社から航空券を六枚売ると七枚目が販売インセンティブとして渡されていた。こうしたインセンティブが用意されていたのは、旅行社が独自企画のツアーを立てた場合の添乗員費用を航空会社が負担するためであった。ところが、デカセギ目的の日本就労希望者を送る際には添乗員は不要であったので、タダでもらった航空券も販売することができた。そのため航空券の販売で得られる利益は通常の航空券販売では販売額の六％でしかないが、日本就労希望者への航空券販売はそれが二〇％となって、航空券販売だけでも

「ボロイ商売」[8]となっていた。

ところが、一九八四年に現地の日系旅行社を傘下に置きつつ業務請負業者として最初の現地出張所を設立したA社は、一九八〇年代の後半（一九八八年頃から）には全額費用負担して渡航させたデカセギ労働者の逃亡に頭を悩ませるようになっていた。A社は、ラテンアメリカで集めた労働者をすべて自社で採用するので、労働者の募集費を負担するのは当然と考えていた。また、航空会社から七枚ごとに一枚のタダ券があることから、募集費をすべて負担しても現地出張所費用を出すことができていた。しかし、七人送って二人以上が逃亡者になってしまうと現地出張所の維持費用を捻出していくことができなくなる。そこで、A社は航空券代のみ六カ月の立て替え払いとして日本就労後の給与から毎月天引きし、六カ月後の最初の契約期間満了時に航空券代に相当する額の任期満了手当を出すことにした（これが後のタテカエの原型になったと思われる[9]）。

一九九〇年の入管法改正前、デカセギをめぐる費用負担はこのように労働者に負担を求めるものではなかった。契約満了前に退社した者（請負会社的には逃亡者）には渡航費の自弁が求められていたが、契約どおりに働いた者へは負担がなく、大部分の者は契約どおりに働く者たちであるから、この時期の渡航費負担は日本の受け入れ企業によってなされていたと言ってよい。

それが一九九〇年入管法改正によって、日系人労働者を受け入れようとする日本企業や業務請負業者が日本側で増えた。それに伴って、ラテンアメリカ側でも日本就労希望者が増えるし、デカセギ旅行業に乗り出して来る者も増加する。デカセギブームの到来である。ところが、①日本就労希望者の増加、②デカセギ労働受け入れ日本企業の増加、そして③仲介者としての日系旅行社の増加と、すべてのプレーヤーが増すと日本の受け入れ企業のみが費用負担するリクルーティング活動は終焉する。ブラジルの旅行社に言わせると、「もっと安く人集めをする他の旅行社がある。取引を続けたければ、これまでの一人二〇万円の募集費を一五万円にしろ、一〇万円まで下げろ」と言われるようになったという。[10] 同時に、事前にあるいは日本就労希望者の送り出し先が決定された時点で旅行社に渡されていた渡航費用（航空券代＋ビザ取得代と一人あたりの労働力募集費）が後払いになったという。そして後払いになるとともに、取引先はタテカエによる取引を求めるようになったとのことだ。一九九〇年入管法改正以前に設立された二二社は口を揃えるように、「旅行社の増加が悪質業者を多数生み出すことになって、事前に募集費を渡してしまうとその金でデカセギ者を集めるけれども、その労働者を別の日本企業に回してしまう旅行社がいっぱい出て、日本側の自衛策が支払いを遅らすことになっていったのだろう」と言う。[11] 当初は一カ月遅れの支払いであったのが（九二年頃まで）、九五年頃までに三カ月遅れの支払いになった。そして、日本企業は労働者が後払い期間に逃げてしまうと航空券代と労働力募集費の双方を送ってこなくなったのである。[12]

入管法改正以前は日本の受け入れ企業が渡航費を全額負担し、そのうえで日系旅行社にコミッションを支払うビジネスであったのに、入管法改正以後、費用負担の点では同じであったが日系旅行社への支払いが後払いとなった。このことにより、日系旅行社は逃げない労働者を選ぶ責任が持たされるようになった。支払い時点の変化は、リクルーティング活動における責任主体を受け入れ日本企業から日系旅行社に移動させたのである。

3　デカセギ旅行業の最盛期のビジネスモデル

一九九五年以降に創業した日系旅行社は、すべての旅行社が最初からタテカエでビジネスを始めていた。しかも、タテカエ以外の方法で取引をする取引先をほとんど持っておらず、タテカエの仕組みは一九九五年頃に完成したと考えられる。ただし、前節まで論じていたタテカエでは、タテカエ契約期間満了後に労働者に皆勤手当として実質的に航空券相当額が出されることにより労働者への渡航費負担が発生していなかったが、一九九五年以降に創業した日系旅行社でのタテカエは、契約期間満了後に皆勤手当が支払われるとしても航空券代より大幅に少額になり、労働者が渡航費負担をするものへと変わっていた。ここで完成していたタテカエの仕組みを定義すると、以下のようなものとなる。①日本就労希望者が日系旅行社に日本就労の意思を伝えると、②日本就労希望者は、旅行社と航空券代に職業紹介料を加えた額を日本でもらう給料から毎月天引きしながら払っていくタテカエ契約を結び、渡航していく。③旅行社には日本に送り出した労働者が一定期間就労した後に、受け入れ企業から労働者と契約した金額が支払われるという仕組みである。渡航費をめぐる契約は労働者と旅行社との間でなされるのに、実際の支払い行為は旅行社と受け入れ企業との間で行われるきわめて変則的な契約行為である。それゆえに、こうしたタテカエを媒介にしたデカセギ労働には債務労働の疑いが絶えずついて回ることになる。

契約行為としてタテカエを見るときわめて怪しい契約なのであるが、この仕組みがあることによって、日本企業が労働者の募集費を負担しなくなった後も、デカセギに向かう労働者は日本に渡航する際に一銭も用意することなく日本に渡航できていた。ただし、一九八〇年代までに創設された旅行社の中には、この時点（一九九五年頃）で一〇年以上の取引関係のある日本企業を持っているところもあり、こうした古くからの取引先の中には労働力募集費用を取引先が全額負担し、航空券代だけのタテカエですむところもあった(13)。

ところで、この渡航費を労働者の給料からの後払いとして就労先企業が送ってくるためには、労働者―日系旅行社―日本の受け入れ企業（多くは業務請負業者）間に信用を媒介にした統治制度が成立していなければならない。なぜなら、日系旅行社からすると日本就労者が就労先を変えてしまったり、業務請負業者が労働者は他社に移ってしまったと嘘をつくことが許されたりしていれば、支払われるべき旅費を受け取ることができなくなる。そこでこうした事態を避けるために、送り出す労働者を以前にも自社を利用したことのある者（リピーター）や親兄弟を知っている者、保証人を付けることのできる者など何らかの信用付与のできる者に限ったり、取引する業務請負業者を複数持って不正を働く業者との取引を停止したりすることで、日系旅行社は自社の被るリスクを低めようとする。

他方で、労働者を受け入れる業務請負業者も、より若くて最初の契約期間に逃げ出す可能性のない労働者を送ってもらうために、理論上は天引き期間を満了した後に日系旅行社に渡航費用を払うことがリスクを最小化させるが、そうはせず天引き期間は通常六カ月（または五カ月）であるのに労働者の就労開始から四〇～六〇日後に払ってしまう。自社のリスクばかりを管理し日系旅行社への支払いを遅らせていると、よい労働者を他社に送られてしまうからである。業務請負業者も労働者の送り出し先から、より若くて有能な労働力を供給することで評価を受けるため、少しでも若い労働者を多く集めなくてはならない。労働者が逃げてしまったなどと嘘をつき支払うべき費用を飲んでしまうようなことは、長期的には自社の評判を傷つけ優良な商品の獲得の機会を低下させる最悪の選択肢であるから、通常これは行わない（次節で論じることになるが、ハケン切りの期間にこの最悪の選択肢が実行されることになった）。その結果、タテカエという制度を媒介にして、逃亡者を最小化するリスク管理が少しでも若い労働力をより多く確保しようとする個別の業務請負業者や製造業企業の欲求と結びつきつつ、日伯双方の側で優良取引相手の選別が行われていくことで日系人の労働市場は統治されていたのである。

4　リーマンショック後のデカセギ旅行社

リーマンショックは、これまで国境をまたいで労働市場をコントロールしてきたタテカエという仕組みを崩壊させてしまった。リーマンショック後の日本でいわゆる「ハケン切り」が横行していた期間、タテカエ金がブラジルに送られてこなかったのである。そしてタテカエの矛盾は旅行社にのみ押しつけられた。労働者を日本に送り出したのだから航空券は発券されており、この部分の費用は旅行社が払っている。自社のもうけの部分である紹介料が入ってこないだけならいざ知らず、先払いした航空券代（含むビザ取得代）を回収できないとデカセギ旅行社は赤字にならざるをえない。ハケン切りの時期に送り出された労働者の失職は、労働者が逃亡したことによるのではない。旅行社から見ればこれは請負会社や日本の受け入れ製造業企業の都合でタテカエ期間を満了できなかったのだから、このことによって発生する費用が旅行社にのみ一方的に帰せられるのは筋違いであった[14]。こうしたタテカエ期間満了前に労働者が失職してしまう状況は、ハケン切りが一段落して以降も変化が見えなかった。ハケン切り後の日系人労働者に残されていた業務請負業を通しての雇用は日々雇いが中心となり、これまでのような六カ月を雇用期間の標準と置くことができなくなっていたからである。そのため、デカセギ旅行社は日本の業務請負業の求人に応じて労働者を送る際にタテカエを用いることをほとんどしなくなったのである[15]。

だが、タテカエという仕組みがなくなると、デカセギ旅行社というビジネスモデルは成立しなくなった。リーマンショックまでに聞き取り調査を進めてきた旅行社のうち、リーマンショック後三二社が廃業していた（リーマンショック以前に三社が経済的理由とは別の理由で廃業していた）。では、これまでのビジネスモデルが消失することで、日系旅行社は消えてしまったのだろうか。そのようなことはない。三六社が現在も旅行社として事業を継続している。だがその内容を大きく変えていたのである。

これまでのデカセギ日系旅行社は観光旅行社へと変わっていたのである[16]。リーマンショックの期間

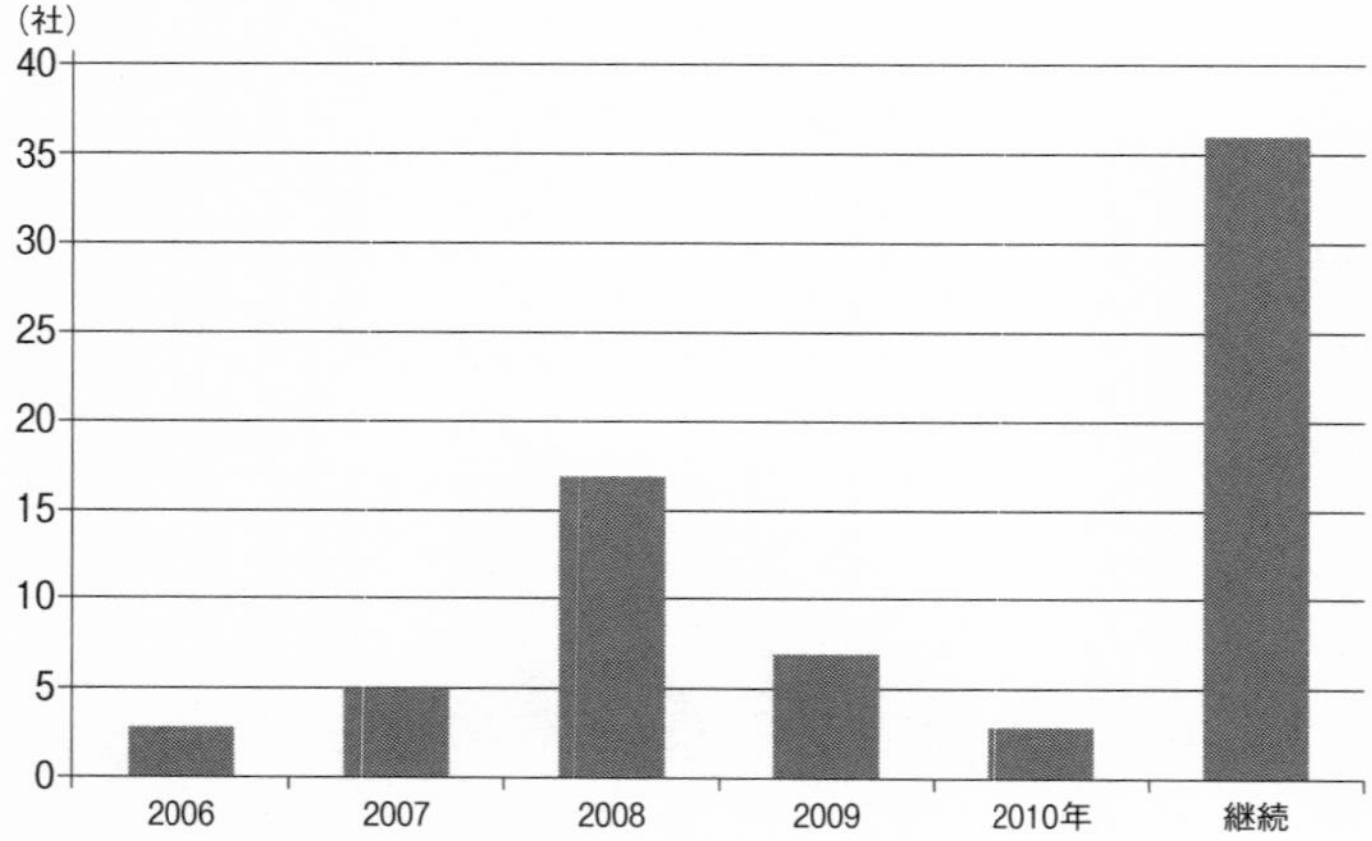

図2　デカセギ旅行社廃業年の推移

も、ブラジルは資源に対する海外からの投資を背景に成長を続けていた。こうしたブラジルの成長に反応していたのは日系旅行社ばかりではない。ヨーロッパのクルーズ船が北半球の冬にブラジルにやって来るようになったのである。[17] これまで北半球のバカンスシーズンに活躍する地中海クルーズ、エーゲ海クルーズ、北海クルーズ等で用いられている豪華客船も、冬の期間は営業を縮小しなくてはならなかった。これらのヨーロッパのクルーズ船運航会社が、上昇するブラジルの平均所得に注目し、北半球が冬になる一一月にブラジルに船を回して翌年三月までの間（南半球のバカンスシーズンに相当する）、マナウス—ベレン—レシフェ—リオデジャネイロ—サントス—ブエノスアイレスを周遊するコースが生まれた。一度の航海で二〇〇〇人から五〇〇〇人を乗せる大型客船での観光が起爆剤となって、アマゾン、イグアス、そしてパンタナーウといった従来からあった観光地だけでなく各地で温泉リゾートが開発されてもいた。本章の研究期間では、労働党政権下で最低賃金は二〇〇五年から毎年切り上げられていた（二〇〇五年に月額三〇〇ヘアイスであったブラジルの最低賃金は二〇一一年には月額五四五ヘアイスまで上昇している）。労働者世帯の家計増大は観光旅行のブームを発生させ、日系旅行社の多くは主要な事業セグメントをデカセギから観光へと転換させていたのである。

述べてきたように、多くの日系旅行社が観光旅行社に変わってしまった。だが、それでも少数ではあるがデカセギ旅行社もまだ存続している。二〇一一年三月現在でもデカセギビジネスに関与して運営されているのは、サンパウロ州サンパウロ市内ではリベルダージに一二社（そのうちの四社は日本の業務請負業者のブラジル出張所）、ビラカロンに二社、パウリスタに一社、ビラマリアナに一社、サンパウロ市に隣接する地域ではソロカバ市に二社、スザーノ市に一社（日本の業務請負業のブラジル出張所）、モジダスクルーゼス市に三社（一つは車体メーカーのブラジル出張所を兼ねる）、パラナ州ではロンドリーナ市に三社、マリンガ市に一社である。ブラジル全土に足を伸ばしても二六社だ。しかもここに挙げた現在もデカセギ旅行社として機能している旅行社すべてが観光旅行社としても営業をしており、一二社ではデカセギ関連の売り上げよりも観光旅行業の売り上げの方が大きくなっていた（二〇一一年三月時点）。

経営者に話を聞くことのできた事業継続日系旅行社を分析すると、図3のようになり、その特徴は以下のようなものであった。①一九九〇年の入管法改正の前後に創設された会社が多く生き残っている。しかし、②一九九〇年代に設立された旅行社ではその多くがデカセギビジネスからは撤退してし

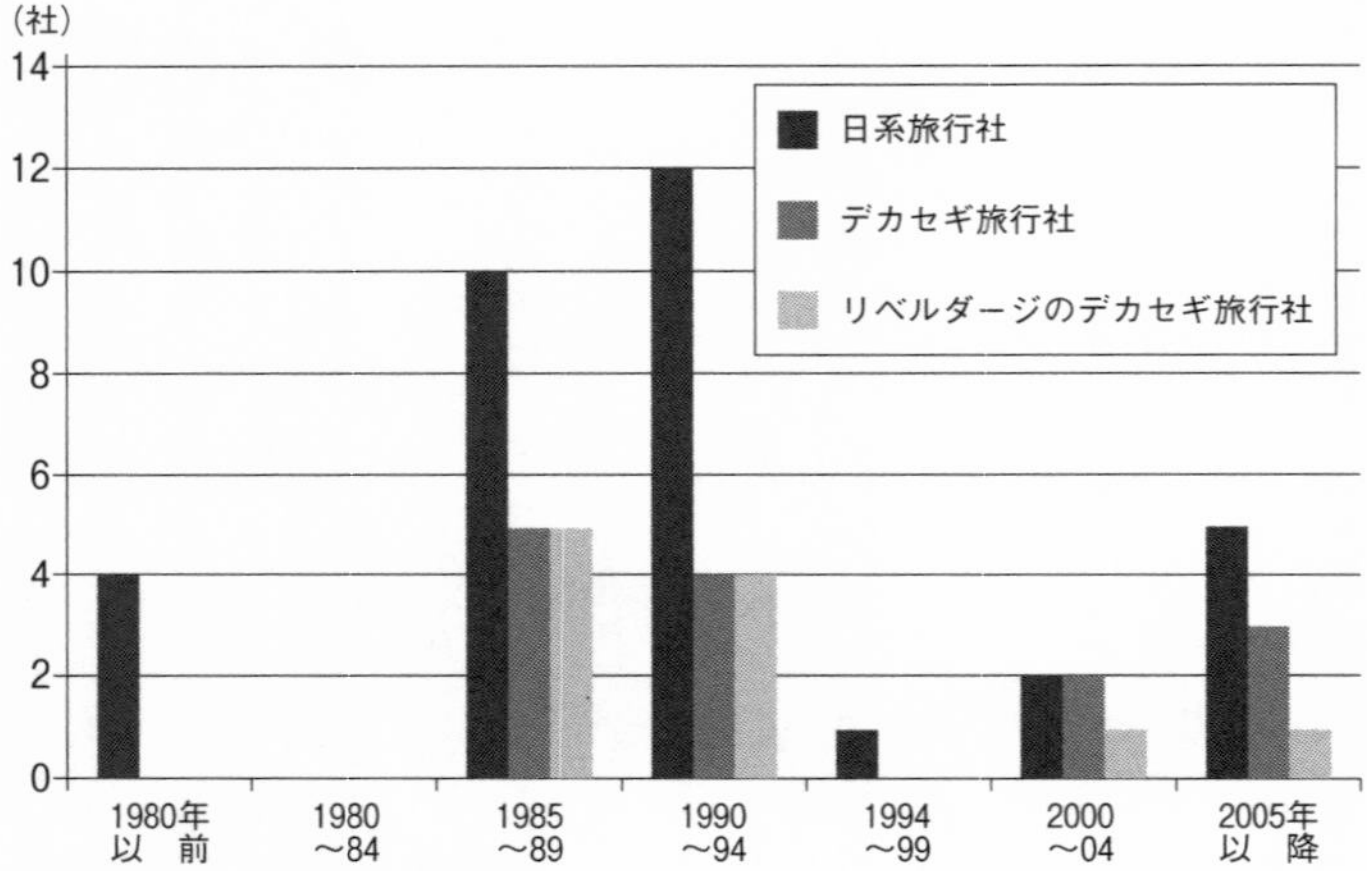

図3　残存日系旅行社の設立年

まっている。[18] ③少ないながらも二〇〇〇年代に設立された旅行社で生き残っているところでは、デカセギ旅行社としての活動が続いていることが顕著に見られる。[19] また、④一九九〇年代前半までに設立されたデカセギ旅行社ではリベルダージへの集積が見られるが、それ以後に設立されたデカセギ旅行社ではリベルダージに事務所を置く旅行社は少数になっている。

さて、すでに述べてあるように現在もデカセギ旅行社としての機能をもつ旅行社でも、そのうちの一二社はデカセギビジネスよりも観光旅行業のほうが大きくなってしまった。いまでもデカセギビジネスのほうが観光旅行業よりも大きいのは、一九八〇年代に設立された五社、一九九〇年代前半に設立された四社、そして二〇〇〇年代前半に設立された二社、二〇〇五年以降に設立された三社であり、これらに共通している特徴は家族経営の小規模なデカセギ旅行社ということであった（図3では、事業収入の過半をデカセギビジネスが占めている旅行社をデカセギ旅行社とした）。

どうしてこのような状況が生まれるにいたったのか。デカセギ旅行社は、販売額から航空券とビザ取得代を差し引くとデカセギ就労者一人あたりで五〇〇ドルから一〇〇〇ドルの粗利が出る。一見すると粗利が大きそうに見えるが、航空券代は出発前に払い込むため、常に先行投資を必要とする。[20]加えて、事務所の家賃、日本との連絡や日本就労を希望する労働者との細かい打ち合わせのための電話代も固定費となるし、事務所スタッフの賃金もここに入ってくるから、[21]一定の運転資金を絶えず必要とする。日本から募集の連絡が途絶えると、運転資金に大きな額を必要としてきたところから影響を受け始めていた。[22]その結果、大手のデカセギ旅行社は、①事業を売却するか、②デカセギ以外の旅行ビジネスを柱とする旅行業へと転換していかざるをえなくなった。

さらに、ブラジルが最終製品の市場として重要になることで、日系旅行社はずしが行われている例も見られた。たとえば、二〇一一年二月に筆者は、日本のある企業がサンパウロ州内の地方都市で労働者の採用活動を行うところに同行させてもらった。この企業は、以前は日系旅行社を通じてリクルーティング活動をしていた。だが、今回は、邦字新聞等のエスニックメディアにはまったく広告を出さず、サンパウロのデカセギ旅行社も用いなかった。今回のリクルーティングは、かつて自社で働いていて帰国した者を媒介にしたものであった。面接会場に一〇〇人以上の応募者を集め、そこから六〇人を選んで採用した。媒介者は、班長以上の役を務めて帰国した者たちだった。この企業が、エスニックメディアに広告を出さないのは、募集広告がブラジルで法違反になる行為であると知っており、自社のコンプライアンス基準に抵触するためとも答えていた。ブラジルには完成した製品を輸出し、ブラジルが成長著しい市場になっていることもあって、ブラジル法との関連には特に気を配っていた。また、デカセギ旅行社などを介在させると人選の基準がまちまちでばらつきが大きく、募集費用の点でもばらつきが大きすぎると考えてもいた。

ところで、筆者は、潰れてしまった旅行社経営者たちにもインタビューしたが、この者たちが等しく語ったのは、「日本から募集の連絡が途絶えている間に家賃がどんどん上がっていった」ということだ。サンパウロは二〇〇九年から一一年にブラジルの好景気を反映して地価が急上昇している。リベルダージ周辺でも一年間に七〇%から九〇%地価が上昇し、地価の上昇に伴って家賃も上昇している。地価上昇の波にデカセギ旅行社ものみ込まれていたのである。

地価の上昇がデカセギ旅行社に大きな影響を与えたことは、現在生き残っている旅行社からも推測できることだ。リベルダージでいまもデカセギ旅行社を経営している者たちは（四社の日本の業務請負業出張所と二〇〇〇年代に設立された一社を除く）、狭いながらも自己所有する不動産で旅行業を経営している。しかも、単に旅行社の店舗を自己所有しているだけでなく、二〇年以上にわたってデカセギ旅行社を経営するこの者たちは、かつてデカセギがもうかった時代にもうけの一部を不動産に投資し、旅行業を営む店舗と自宅のほかに複数の不動産を保有しそれを賃貸に回している。つまり、デカセギビジネスが半年から九カ月間止まっても収入の道を確保していたのであった。

また、このサンパウロの地価の上昇は、地方へのデカセギ旅行社の移動にもつながっていた。ソロカバ市の一つとスザーノ市の一つは元来リベルダージを募集拠点としていた。しかし、デカセギビジネスが長期にわたって冷え込み、その一方で不動産価格が上がっている状況を鑑みて、デカセギ旅行社を自宅のあるソロカバ市とスザーノ市に移転させたのであった。そして、デカセギ旅行社に使っていたリベルダージの店舗を別の用途にあてていた。[23] 二〇〇〇年以後に設立された旅行社では、そのほとんどがリベルダージ以外に事務所を開設している。これも地価が大きく関係しており、二〇〇〇年以後にリベルダージに開設した旅行社はその高いテナント料を日本側のビジネスパートナーが支払っていた。

リーマンショック後、タテカエがなくなることで、日本就労希望者が渡航費を事前に用意しないで日本に行くことは不可能になった。[24] すでに論じたように、日本にデカセギ者を送り出しても、受け入れ先の日本企業が契約期間の半年を満了させる保障がなくなり、タテカエ金が送られてくることが期待できなくなったからであった。渡航費負担を日本就労希望者＝デカセギ者が事前に求められるようになるということは、日本就労希望者が家族や友人、あるいは銀行から資金を用立てるということであり、渡航費回収の責任が日本の就労先に直接求めることができなくなるということであった。日系旅行社は、契約は労働者と結ぶが支払いは日本の送り先企業から受け取るというこれまでのビジネスを諦めなくてはならなくなったのだ。このように、日本側でのデカセギ労働力のあり方が半年程度の有期雇用から日々雇いの労働力に変化し始めると、ブラジル側でのリクルーティング活動の仕組みも変動を起こさざるをえなくなったのである。

二〇一一年三月現在でも、リベルダージでデカセギ旅行業を営む五社では、従来のタテカエに代わって、イタウ、ブラデスコそしてバンコ・ド・ブラジルといった日本に支店を持つブラジルの都市銀行が、日本での給与振込先に指定することを条件に日本就労希望者にデカセギに出るのに必要な渡航費を融資し、日本就労に向かわせることになっていた。[25] しかし、ブラジルの都市銀もデカセギ融資を行うにあたって保証人や担保を取るため（銀行が納得できるような保証人や担保を用意できる者はそう多くはない）、渡航費の事前負担が始まると市場は縮小せざるをえなくなっていた。家族経営の小規模な旅行社のみがデカセギビジネスを続けていける環境になったのである。こうしたデカセギビジネス自体の変化に加えて、先に説明した地価上昇が日系旅行社の事業転換およびデカセギ旅行社の倒産を加速させていた。

5　何が変わって何が続いているのか

リーマンショックをはさんで変化したのは渡航費負担をめぐる構造だけではなかった。日伯の労働市場の力関係は、労働力の送り出し国とホスト国とが入れ替わったかのように大きく変化していたのである。こうした変化はブラジルで新しいビジネスを絶えず生み出している。日本からの労働力需要が途絶えている間に、ブラジルには多くの日本企業が進出するようになり、駐在員も増え始めた。ジェトロサンパウロ支部に尋ねたところ「二〇一〇年だけでおよそ一四〇社の日本企業が新規に進出してきた」という[26]。ここに目をつけたデカセギ旅行社は、そうした日本企業や駐在員家庭向けに送迎運転手の提供をサービスの一つとして始めている[27]。この進出日本企業や駐在員向けの送迎運転手の募集は、デカセギ帰りの者を対象に行っている[28]。

デカセギビジネスの本質的な構造の変動はない。求人数の絶対的な少なさから、自社から行けない労働者を他社に回すといった旅行社間での分業関係は少なくなった（丹野、二〇〇七b、第一〇章）。だが、プロモーターによる労働者集めが完全になくなるわけではない。一九九〇年の入管法改正に合わせて、ブラジルで法的に問題になっていたブラジル刑法第二〇六条（移民者の海外就労の斡旋を禁じていた）の問題もクリアーされ、日系人の日本就労は合法化されたと言われる[29]。

だが、まだ問題は残されていた。日本就労のデカセギ募集広告は日系人とその家族のみが対象となる。ブラジルでは、本来こうした募集広告はあってはならない。「人種差別」にあたる可能性が高いからである[30]。テレビ局が覆面記者を使ってアセソリア（日本就労者を送り出す旅行業の形態の一つ。通常のデカセギ旅行社が就労場所を確定してから送り出すのに対して、アセソリアは就労場所が見つかる前に日本に送り出す）を取材するのも、単純にデカセギに対する関心があるからだけでなく、そこにより大きな社会的問題があるという認識がついているからであろう[31]。実際、ブラジルにおけるデカセギへの関心は日本よりはるかに高く、動画投稿サイトにDekasseguiと打ち込むと膨大な数のテレビ番組が出てくる。そのため人種差別すれすれの労働力募集にあっては、私的な知り合いのなかから選んでいることが重要となる。仕事を友人や知人から紹介されているという形を取ることができれば摘発から逃れられるからだ。そして、この問題が残り続ける限りプロモーターを介しての人集めはなくならない。

また、デカセギ旅行社がデカセギ帰りの者にブラジルでの職業紹介と希望の職に就くための職業教育を行う例も見られるようになってきた。リベルダージ広場の一角では、「Voltou do Japão? Quer Ganhar Bem no Brasil?（日本から戻ったの？　ブラジルでうまく稼ぎたくない？）」というブラジルでの職業紹介事業者のパンフレットが配られている（図5）。皮肉にもこの事業者の事務所は、かつて日本に最も多くの労働者を送り出していたアセソリアがあった場所にある。

こうした、デカセギ帰国者をターゲットにするビジネスに、業務請負業のブラジル出張所も参入し始めた。日本とブラジルがちょうど昼夜逆転する関係にあることと日本語話者が多数存在することに目をつけて、デカセギ帰国者にコンピューターのデータの打ち込み作業を行わせるのである。日本企業からすると、夕方五時の仕事が終わったときにブラジルに打ち込んでおいてほしいデータを送ると、翌日の朝にはデータが打ち込まれたところから仕事を始めることができるのだ(32)。この会社は、さらに進出日本企業の工場の管理スタッフを担うエンジニアの紹介事業をも始めた。進出企業相手の人材ビジネスの開始である。こうしたデカセギ労働者を活用する動きは進出する日本企業でも見られ、ブラジル新工場の開始に伴う人材の募集を日本で行い、日系人労働者をブラジルに連れて来る動きも見られるようになってきている(33)。

このように、デカセギ旅行社や業務請負業出張所は日系人の職を日本に見いだすことだけをサービ

図４　デカセギ帰国者をリスナーとするラジオ番組

図５　デカセギ帰国者を対象にした職業紹介のパンフレット

スとするのではなく、ブラジルで用意することをもビジネスの一つにし始めた[34]。日伯の間を移動する者に職業紹介をすることがデカセギ旅行社の機能である。帰国者が増えれば、その者たちを対象にした職業紹介がビジネスになるのは時間の問題であった。これまで行われてこなかったのは、デカセギ旅行社や業務請負業がブラジル企業との関係をもっていなかったからである。ブラジルで発行されている邦字紙『サンパウロ新聞』の編集長・編集主幹を長く務めた内山勝男は、移民として渡航した者の子孫がデカセギで日本に戻っていくことをアマゾン川の逆流現象になぞらえて「ポロロッカ」と表現した（内山、一九九三、二六三―二六六頁）。くしくも、ブラジルでの人材ビジネスを手がけ始めた業務請負業者は、ブラジルで行う新事業を「ポロロッカプラン」と称している。ラテンアメリカからの日系人のデカセギが始まったときは、日本就労がこれまでの移民の流れの逆流＝ポロロッカととらえられ、いまはデカセギ労働者がブラジルに戻ることがポロロッカと理解される。だが、ポロロッカは常に就労場所に向かっての移動なのだ。

日本企業が大挙して進出して来れば、デカセギの流れが変わることも自然の流れだ。そしてこの自然の流れに伴って、人材ビジネスをブラジルで展開することもデカセギ旅行社や業務請負業ブラジル出張所の仕事になってくる。その結果、デカセギ労働者は、これまで日本に行く際にのみデカセギ旅行社と業務請負業者の世話を受けたのであるが、今後は帰国してからもデカセギ旅行社と業務請負業者のサービスに依存する機会が増えてくる。デカセギ旅行社と業務請負業の国境を越えたつながりのなかで形成されてきたデカセギのシステムは、いまやブラジルから日本への労働力送り出しのシステムのみならず、日本からブラジルに戻るデカセギ経験者にブラジルでの仕事を配分するシステムの部分を形成し始めたのである。

おわりに

日本が景気低迷にあえぎ非正規雇用を増やしている間に、その非正規雇用の典型的な例と思われてきた日系人労働者の母国ブラジルは大きく変わってしまった。筆者が通い始めた頃のブラジルを考えれば、大型クルーズ船による観光がブームになる時代が到来するとは考えられなかった。低所得者層の底上げは確実にブラジル社会を変化させ始めており、いまだ都市と暴力は切り離すことができないとはいえ、一五年前のブラジルを考えれば暴力の頻度とその質はずいぶんと抑えられてきているようにも思える（筆者もこれまで三度強盗に遭っている）。グライフは中世の地中海貿易の変化を三世紀の時間のなかで（彼の分析は一〇五〇年から一三五〇年に取り交わされていた資料に基づいている）、商業上の信用の構造が変化していったことを論じた。それに比べれば、筆者が問題にしている時間はせいぜい四半世紀という時間にすぎず、そのなかで信用の構造が大きく変化した社会を対象にしている。社会が大きく変化しているときに、さまざまな格差や矛盾が噴出するのは半ば必然とも言える。

本章を書くにあたって、二〇一一年一二月一二日から一二月一九日まで、デカセギ旅行社に確認のための追加調査を行った。八日間しかブラジルに滞在できないので、追加調査はサンパウロ市内のデカセギ旅行社九社とモジダスクルーゼスの一社にしか行えなかった。本章での分析データである二〇一一年三月までに得られていたデータに比べて、二〇一一年年末はデカセギ旅行社の送り出し実績はどこも盛況であった。これは二〇一一年三月の東日本大震災以後の急速な日本経済の復興が引き起こしたブラジルへの労働力募集活動の活発化の表れであった。八月、九月、一〇月はとりわけ日本からの募集情報が多数入っていたため、サンパウロ市内の五社とモジダスクルーゼスの一社は従業員を一名増加させているほどであった。ところが、これらの旅行社には日本企業から二つの募集活動の依頼が入っていた。一つが日本の工場に送り出すデカセギ労働者の募集であり、いま一つがブラジル現地法人で働く現地法人スタッフの募集であった。ブラジル現地法人の募集には日本語会話能力に加えて、厳しい資格や経験あるいは学位の条件がつくため、日本就労に行くデカセギ就労者に提示される月給よりもはるかに高い月給が提示されていた。職種や労働者の年齢によっては、日本とブラジルで労働力の取り合い状態になっていることを確認することができたのである。

このようにデカセギ旅行社のビジネスを成り立たせている構造に注目すると、日本への人の流ればかりか、ブラジルへの日本企業の進出による逆の流れ＝ポロロッカにも気づかざるをえない。デカセギ旅行社はビジネスを経済環境に適応させて進化する。この進化は経済環境への適応から見た進化であって、必ずしも機能の進化ではない。リーマンショックをはさんでデカセギ旅行社間での分業や協業は衰退し、本章で見たようにデカセギ旅行社はまるで先祖返りしてしまったかのようだ。それもこれもタテカエ制度の崩壊にその原因はある。デカセギの渡航費用の信用付与の変化は、ミクロ的には本章で分析したように日本の日系人労働力需要の変化の反映であるが、一歩引いて見るとそこには日本企業が生産活動を日本からブラジルに移していく大きな変化も潜ませているのである。

注

（1）「日系人離職者に対する帰国支援事業」の概要については厚生労働省ホームページ http://www.mhlw.go.jp/houdou/2009/03/h0331-10.html を参照のこと。

（2） 本章での分析対象データを経営者にインタビューできたものに限っているのは、デカセギ旅行社を設立する経緯や廃業することにした判断理由等の事業経営上の意思決定を問題とするためである。そのため従業員にしか話を聞くことのできなかった旅行社のデータは省いてある。

（3）デカセギ帰国者には、①デカセギに行くことになった経緯、②デカセギに行った際に利用した日系旅行社、③日本側の雇用先、④旅行社との契約の仕方（契約書を持っている場合にはそれを写させてもらう）、⑤日本で住んだ場所と日本での生活を行っていくうえで雇用先から受けたサービス、⑥日本の市役所や国際交流協会およびＮＰＯ組織の利用状況等を聞き取った。特に、日本就労の際に日系旅行社から就労先と渡航費用の返済についてどのような説明を受けていたのかについて詳しく聞き取ることとした。

（4）North（2005）はより分かりやすく自らの学説を解説している。

（5）制度分析をこのように整理できることについてはLane and Ersson（2000, Chap.1）にならった。

（6）より詳細にはHiguchi and Tanno（2003）、梶田・丹野・樋口（二〇〇五、第五章）、丹野（二〇〇七ｂ、第二章および第一〇章）等を見ていただきたい。

（7）四社は日本企業の日本就労者募集活動に同行していた。面接会場では日本企業が面接し採用決定した者へその場で航空券発行のための手続き業務を行っていたが、航空券の販売とビザ取得手続きの部分を請け負っているのみで、旅行会社が日本就労希望者の募集は行ったことはない。そのため労働者集めにどの程度の費用がかかっているのかは分かっていなかった。こうした場合に、日本企業は現地でプロモートル（プロモーター）と呼ばれるブローカーに声をかけて募集会場に人集めをしていたという。

（8）「ボロイ商売」という表現は、二〇〇九年年末に廃業した大手のデカセギ旅行社の元経営者が筆者に語った表現である。二〇〇八年八月および二〇一〇年一一月に行った聞き取り調査の際に、二回ともこの言い方をした。他社でも、類似した表現、「誰がやってももうかった」とか、「日本とのコネがあれば誰でもできた」といった言い回しを聞くことができた。

（9）二〇〇六年八月に、元Ａ社ブラジル法人社長に当時の手帳を持参してもらい、手帳に記されている日本の本社との連絡事項とブラジル法人サイドでの内部での議論の内容を突き合わせながら説明を受ける。なお、この元Ａ社ブラジル法人社長とは、その後も毎年当時の手帳や日記を見せてもらいながら聞き取り調査を続けている。

(10) 一九九〇年代前半までに設立されたすべてのデカセギ旅行社が同様の言葉を言われている。

(11) ただし、九社はこの趣旨の言葉を述べたうえで、「しかし、渡した金で集めた労働者がよそに送られていると日本サイドは言うが、これは違う。八〇年代は取引先が二、三社しかなかったから、日本企業が前金で五〇〇万円とか、八〇〇万円持ってきてこれで二〇人、三〇人集めてくれと言われれば、その前金をもらった募集活動をしていた。だから、この募集はこの送り先のためのものとすることができた。しかし、九〇年前後になると取引先は三〇社にも五〇社にもなった。その多くが前金を置いていったが、こうなると募集活動は、今回はこの送り先のための募集活動と個別に行うことが不可能になり、どうしても複数の送り先労働者の募集活動を同時に行わなくてはならない。取引先が置いていく一人あたりの額は一律ではないから、払いのいい会社に優先的に送らざるをえない。これが日本企業からすると、俺の金でよその会社に送る労働者が集められている、と映ったのだろう」というようなことを語ってくれた。

(12) ただし、九五年頃までは、労働者が日本で逃亡した場合でも航空券代だけは払ってくれる取引先があった、と回答してくるデカセギ旅行社が八社あった。しかし、これらの旅行社も複数の取引先を持っており、逃亡者が出ても航空券代を払ってくれるところはこの頃には少数になっていた。

(13) 一九九七年に筆者らが行った調査記録でも、このような航空券代だけで日本就労者集めを行っているデカセギ旅行社の記録が残っている。しかし、このデカセギ旅行社では、他社よりも一〇〇〇ドル安価に日本に行けるにもかかわらず、その値段の安さゆえに日本就労希望者を集められないでいた。「あまりにも低価格であることが、デカセギに行く人からすると何かあるんじゃないか、と不審がられるのだろう。コミッションに相当する一〇万円を日本の企業からもらっているからこの分をお客さんからもらう必要はないんだけれど」と言っていた(一九九七年二月)。半年後に訪れたときには、「結局、人が集まらないからよそと同じ値段にした。そうしたら人が集まるようになった。

よかれと思って安くすると人が集まらないのではどうしようもない」と筆者に述べていた（一九九七年八月）。

(14) 旅行社のみにタテカエ期間満了前の労働者のタテカエ金の負担が求められるのは、確かに理不尽である。しかし、この時期、大手の業務請負業者の送り出し人数はどこもリーマンショック前の半分から四分の一程度に急速に縮小していた。送り出し人数がダイレクトに会社の売り上げに直結する業務請負業において、送り出し人数が三、四カ月ごとに半分に減り、かつ労働者の解雇に伴う費用が毎月増加していく時期にあっては、ブラジルのデカセギ旅行社への支払いは払いたくとも払えない状況であった。

(15) ほとんどという言い方をするのは、三五歳以下の若い労働者の場合は、送っても長く日本で就労する可能性が高いために、タテカエでの支払いを認めることがしばしばあるからだ。ただし、このような場合でも全額のタテカエはほとんどなく、多くの場合は、費用の半額程度は前払いすることが求められていた。

(16) 観光旅行社に変化できなかったデカセギ旅行社は、その多くが廃業することとなった。

(17) 二〇〇三年一一月〜〇四年三月のシーズンから本格的なクルーズ観光のパックツアーの売り出しが始まると、その後、ブラジルにやって来るクルーズ船は毎年増加し、二〇〇九年からはヨーロッパの船会社だけでなく、カリブ海を中心に活動しているアメリカの船会社のクルーズ船もやって来るようになった。

(18) デカセギ旅行社の割合は四一・七％であるから、六割近くの旅行社がデカセギビジネスをまったく行わない観光旅行業等の別の形態へと変化していたことになる。

(19) 二〇〇〇年代に設立された旅行社でデカセギ旅行社を続けているのは八五・七％ときわめて高い。ただし、ここでも観光旅行業化は顕著に見られ、観光旅行をまったく扱っていない旅行社はない。

(20) 二〇一〇年、一一年時点でのデカセギビジネスは、航空券代が一六〇〇〜一八〇〇ドル程度でそれにビザ取得代を上乗せして一八〇〇〜二〇〇〇ドル、さらに職業紹介料を加えて、総額二三〇〇〜三〇〇〇ドルで販売する（リーマンショック前は総額二八〇〇〜三六〇〇ドルであったから大幅に下がった）。

(21) 正社員の現地スタッフには、ブラジルの労働法に基づいて、一年就労する労働者には一三カ月の給与が支払わなくてはならないとされている。一般的に、この一三カ月目の給与は、一一月の末と一二月の半ばの二回に分けて労働者に渡される(日本のボーナスにほぼ相当する)。これ以外に年間四〇日の有給休暇が義務づけられており、スタッフを五人、六人と抱えるような旅行社は、ある一定の規模の日本への送り出しができないと会社を回していくことが不可能である。

(22) その結果の一つが、チャンピオンと呼ばれた人々の旅行業の売却でもある。このかつてのチャンピオンたちがその後どのような事業をしているかは、日本に戻ってしまったり、レストラン業に乗り出したり、子ども服の縫製業に乗り出したりとさまざまである。

(23) リベルダージの事務所が借り物件であった者はこの契約を解除した。

(24) リーマンショック前、デカセギ旅行社は、「デカセギに行くのは、デカセギに行かなければお金がない人が行くのだから、タテカエを利用しない人はない。たまにタテカエをしないで現金で払う人がいるが、そういう人は例外だ」と言っていた。デカセギ旅行社がタテカエをやめるということは、労働者は最低限航空券代を捻出しなくてはならなくなったということだ。あれほどタテカエがなければデカセギに行けないと言われていたのに、現実はそうはならなかった。リーマンショック以後、労働者はデカセギの費用を支払って行くようになったのである。このことを旅行社に問うと「何度もデカセギに行っているから多少の小金は持っていたということなんだろうね」という趣旨のことを語った。

(25) 銀行にとっては日本支店の顧客獲得と結びついている。

(26) ジェトロサンパウロ支部へのインタビューより。二〇一〇年一二月。

(27) いまや進出企業の海外出張やブラジルでの取引先とのアレンジメントのビジネスがデカセギビジネス以上に大きなビジネスになっている。進出日本企業の事務所が置かれるパウリスタ通りでは、かつてのデカセギ旅行社で、完全に進出日本企業に対するアテンド業務に転換した旅行社をいくつも見ることができる。

(28) ブラジルで自動車運転免許を取った者を雇うのだが、多くの者がデカセギに行って一〇年近くたっているため、サンパウロの道路事情が大きく変わってしまっている。サンパウロ市に登録されている登録車両の数は二〇〇〇年から二〇一一年で二〇〇万台以上増え（率にして二〇〇〇年比四〇%の増加）、市内の再開発も進んだため、道路の混み方や混む場所も当時と違うし、通りによっては一方通行であったところが対面通行になっていたりその反対になっていたりもする。これらのため一カ月から一カ月半程度の訓練を積んでから本採用になるという。日本企業や駐在員向けのサービスのため必要なのは日本語なので、デカセギ期間が長期間であることは何ら不利にならない。

(29) 一九九〇年の入管法改正時点におけるブラジルでのデカセギをめぐる法的問題はHarada（1992）が詳しく論じている。

(30) だからこそ、日本就労についての募集広告は公的機関に張り出されることはないし、日系コミュニティの人々しか読まないエスニックメディアにしか出ない。エスニックメディアはリベルダージであれば新聞スタンドで簡単に手に入るが、サンパウロであってもパウリスタやヘプブリカといったちょっと離れた中心街ではもう手に入らず、両紙ともに発行部数が一万を切っているような新聞だからお目こぼしを受けている、という人もいるくらいだ。情報伝達の仕組みにメディアを有効に使えない以上、情報を伝達する媒介者＝プロモーターの存在はなくならない。この点については、サンパウロ大学教授森幸一氏も同様の意見だった（二〇一一年二月）。

(31) かつて従属理論の代表的理論家で、のちに大統領になったカルドーソはCardoso（2010）で、自分が最も問題にしてきたのは資本蓄積ではなく、資本蓄積のパターンを条件づける社会集団の形成と階級関係が、資本蓄積によってその支配―被支配の関係を形成しだすことにより、民主主義が実現困難になることであると説く。何が民主主義なのかについてはさまざまな議論があろうが、カルドーソが念頭に置いているのは人々が等しく社会に参加することだ。これはブラジルの社会開発に関する基本的な考え方で、こうした考え方のもとでは日系人とその家族にのみ許される特別な雇用機会はブラジルの中心的な価値観とぶつかることになる。

(32) このデータ打ち込みの時給は四ヘアイス（二〇一一年三月一〇日現在の為替レートで二〇〇円程度）である。一日あたりだいたい五~六時間の仕事がある。しかし、これだと月に二〇日程度働いたとして四×六×二〇だから四八〇ヘアイスにしかならない。ブラジルの最低賃金が月五〇〇ヘアイスであることを考えると（ただし、ブラジルの最低賃金は二〇一一年二月の国会で五四五ヘアイスに上げられることが決まっている）、この額はほぼ最低賃金を念頭に設定されたとも考えられるが、募集をかけたところ想像を超えた応募があった。いかに、デカセギから帰国した者の仕事がないかが分かる。

(33) ある自動車メーカーは、ブラジル工場の拡大で必要となる現地工場のラインの責任者を日本の自社工場で働くデカセギ労働者から募集し、家族を含めてブラジルに戻ることを条件として正社員化し、日本からブラジルに戻した（二〇一〇年一一月）。

(34) ただ、この場合でも、日本企業のブラジル進出という面が、デカセギ旅行社の新しいビジネスとつながっており、彼らの経済活動がブラジルで行われる際にも日本企業の動向が影響を与えている。

第10章●外国人の「シティズンシップ」
——行政運用と社会運動の間に生まれる市民権

はじめに

査証免除国から査証を受けずに入国する者を除いて、我が国に滞在するすべての外国人は在留資格を何らかの期間でもっている。永住者の在留資格は例外的に在留期間がないが、これとて何かしらの犯罪を犯した場合等には永住資格を取り消されることもあるし、犯罪の態様によっては永住資格をもっていても国籍国に強制退去させられることもある(1)。

在留資格があるのは、外国人が日本に滞在するには滞在目的を必要とするということだ。在留期間更新時に、その目的が毎回確認される。外国人の受けられる福祉も彼・彼女の滞在目的によって極めて多くの制約を受けている。ところで、外国人の受けられる福祉はどのように広がってきたのだろうか。外国人が日本で福祉を受けるにあたって、いかなる論理が用いられてきたのだろうか。そしてその論理が変わってきたのか・不変のものなのかを考えていくと、それはそのまま、日本に暮らす外国人の「シティズンシップ」がどのように変わってきたのかという疑問にたどり着く。

外国人をシティズンシップから考えることができるのか。このこと自体が論争を呼ぶものだ。日本国籍に帰化する以外に国政はおろか地方でも参政権はなく、在留資格によっては生活保護を受給することはあってもそれは権利に基づくものではないし、子どもが学校に通うこともその子が学校に通うことを希望したときに限られる（だから外国人の子どもには不就学はあっても不登校はないとされる）。これらを考えれば、外国人が権利として国家に要求できるものなどあるのだろうか、ということにもなる。

とはいえ、生活保護を受けることも可能だし、公立学校も通学を希望する子どもを断ることはまずない[2]。国民健康保険も実質的に住民健康保険として運用されている。権利として要求できるかどうかとは別に、実態としてさまざまな福祉を外国人が日本で享受していることも間違いない。そこで、本章では、実態として外国人が福祉を受けることができていることに鑑み、このような状態を「シティズンシップ」との関係でとらえて考察を加えたい。ただし、ここでいう「シティズンシップ」はあくまでカッコつきのものであり、言葉の本来の意味での citizenship とは大きく異なるものであることを最初に断っておきたい。

1　外国人の「シティズンシップ」

Ｔ・Ｈ・マーシャルは、市民権を①生命および財産の自由の権利、②政治的参加を保証する参政権、③文化的最低限の生活保障につながる社会権の確立の三要素から分析した（Marshal and Bottomore, 1987=1993）。これに照らして考えると、日本に暮らす外国人は①については「在留資格」に関係なく認められているものの、②はまったく認められておらず、③は「在留資格」に応じて認められ一定の福祉を得る場合もあるが、それを権利として要求することはできないとされている（外国人が公的福祉を受ける場合は、「準用」という概念のもとで行政措置として受けることとされている）。その結果、本来ならば日本に居住する外国人をシティズンシップの概念のもとで検討することは、形容矛盾になってしまう。なぜなら、国はこれまで外国人のシティズンシップを認めてはいないからだ。日本では英語のシティズンシップに相当するものは日本人に限られており、そのため「日本人」を翻訳するときは分脈に応じて Japanese citizen と訳したり、Japanese national と訳したりするのが普通だ[3]。

人権の歴史を考えるうえで、『マグナ・カルタ（Magna Carta）』（一二一五年）や『権利章典（Bill of Rights）』（一六八九年）と並んで『人身保護法（habeas corpus）』（一六七九年）は上記①の生命および財産の自由の権利の確立において、極めて重要な役割を果たしてきたと考えられる。この法律は国王が理由を示さずに臣民を拘束することを禁止することから始まり、当初の刑事事件での身柄の拘束に関するものから、非刑事事件での身体の拘束にも適用が拡大されていった。さらには、植民地で人身保護令状を発給できるところには、宗主国イギリスからの自治があるとも認められるようなっていく。今に続くデュープロセス（刑罰を科す際の適正手続）の概念を形成していくものだ[4]。

しかし、日本に暮らす外国人にデュープロセスが存在するかと言えば実に心許ない。外国人犯罪の多くは入管法違反だが、入管法違反の審査は裁判所が関与することなく、入国警備官→入国審査官→特別審理官→主任審査官→地方出入国在留管理局長→出入国在留管理庁長官→法務大臣と法務省出入国在留管理庁の内部で判断が行われていく（二〇一九年四月一日以前は、入国警備官→入国審査官→特別審理官→地方入管局長→法務大臣という流れであった）。入管収容場（地方出入国在留管理局とその支局に付設されている）への収容のような身体の拘束を伴う判断も主任審査官が行い、そこからの一時的な収容の解除である仮放免も主任審査官または入管収容所長（入管収容所は二〇一九年現在、東日本入国管理センター（茨城県牛久市）および大村入国管理センター（長崎県大村市）の二カ所がある）によるものだ。入国警備官による違反調査、入国審査官による違反審査では、調査や審査という用語が見られることから、個人の滞在状況全般が調査・審査されると思われがちだが、法違反があったかなかったかだけが調べられるのであって、社会科学者が想像するような調査ではない。決められた質問事項のみが尋ねられて、それに答えるだけだ。これらの調査・審査に弁護士の立会いは許されず、対審構造（裁判所のような形）を取らないから反論することもできなければ、自身の側の証拠に基づいて主張することも許されない。弁護士の立会いは審査結果に不服で、異議申出を行い、特別審理官のもとでの口頭審理を受けるときに初めて認められるのみだ。

国民を拘束・拘禁する際、逮捕状は裁判所が出すことで、警察・検察の行為をチェックする。その後に留置場での勾留や刑務所に拘禁された場合でも、準抗告や保証金を積んだうえでの仮出所など身体の拘束から逃れることが用意されており、裁判所（司法）が摘発機関をチェックするという仕組みが存在している。

しかし、入管法違反での摘発は、担当官を代えて行っているのみで、司法の関与はない。すでに述べたように、主任審査官の判定に異議申出を行った際の口頭審理のみ弁護士の立会いが認められているが、これも入管内部で行われているだけだ。日本の入管法では、外国人が異議申出をしなければ摘発機関の行政手続きだけで外国人の存在を日本国内から消し去ることも可能だ。デュープロセスが確保されていると言えるかどうかは極めて疑わしいのだ。

司法が外国人に関与できないのはこれだけではない。入管法違反事件の当局の判断に、外国人が自身に関する行政情報として情報公開請求をかけることもできない。理由は情報公開法の第一条に「この法律は、国民主権の理念にのっとり、行政文書の開示を請求する権利につき定めること等により、（中略）もって政府の有するその諸活動を国民に説明する責務が全うされるようにするとともに、国民の的確な理解と批判の下にある公正で民主的な行政の推進に資することを目的とする」とあるからだ。行政不服審査法では国民規定はないものの、第七条第一項が「次に掲げる処分及びその不作為については、第二条及び第三条の規定は適用しない」となっていて、一〇号に「外国人の出入国または帰化に関する処分」が挙げられている。このように、外国人に係る国の審査は、自身に関する事柄について外国人が知りたいと思っても知る術はない。国民であれば知ることができても、外国人にはその道が閉ざされているのだ。

入管法違反事件が裁判で争うことができているのは、行政訴訟法に国民規定がなく、「訴えの利益のある者」が行政訴訟を起こせる、となっているからだ。また、行政責任を追求するために、国家賠償請求が行われた裁判も少なからず存在している。しかし、現実の法廷闘争に目を向けると、法務省入国管理局（二〇一九年四月一日以前の事件なので入国管理局の表記となる）は①「国賠法1条1項は国又は公共団体の公権力の行使に当たる公務員が、その職務を行うについて、故意又は過失によって違法に他人に損害を加えたときは、当該公務員が負うべき損害賠償責任を国又は公共団体が代位して責任を負うことを定めたものである。同項にいう『違法』とは、法的に保護された特定の権利ないし利益を有する個別の国民との関係において遵守すべき職務上の法的義務（行為規範）に違反したことをいう」（傍点は引用者）と述べ、さらに②「同条項の違法性の判断に当たっては、損害の公平な負担の観点から、受益行為か侵害行為かといった当該行政処分の性質・内容・当該行政処分にかかわった当該公務員の関与の目的と態様、当該国民の当該処分に対する関与の有無、程度内容、生じた損害の内容、程度等の諸事情を総合的に考慮し、当該公務員に当該国民との関係において尊守すべき職務上の法的義務（行為規範）違反があり、それによって当該国民が法的に保護された権利等を侵害されたか否かを判断すべきである」（傍点は引用者）と主張し、外国人は国家賠償請求をできないと主張してくることもある（丹野、二〇一八a、四〇頁）。

法に国民規定が残っている事柄については、いささかも外国人が権利として要求できる領域は許されない。近時の例でも、二〇一四年の最高裁第二小法廷判決はその典型例だ。これは日本生まれで、日本で生育し、その後日本で結婚した外国人女性が、夫の死後、夫の弟からDVを受けた結果（夫と経営していた中華料理店と住居も奪われてしまった）、基礎自治体に生活保護を申請し、当初は受けることのできていた生活保護を打ち切られてしまった事件に対する判決だ。この判決では、いかに日本生まれ日本育ちで、国籍国に一度も行ったことがないとしても、国籍が日本でない以上は生活保護を権利として要求することはできない、と判示されている（平成二六年七月一八日最高裁判所第二小法廷判決）。最高裁での決定ゆえに、この判決をもって外国人に福祉受給権がないことについて法規範が確立したと言われている。母語や慣れ親しんだ文化が日本であって、長年の居住実績があっても、外国人である（＝日本国籍でない）というその事実だけで社会権は全否定が当然のこととなってしまうのである。

2　運用上の「シティズンシップ」

外国人に権利として要求できる福祉はない、というのは前節で見た通りだ。とはいえ、外国人がまったく福祉を享受していないということもない。外国人で児童年齢に当たる者が学校に通いたいことを自治体に申し出れば通学することは可能だし、適法に居住している外国人の子が金銭的な理由で通学が困難な場合には児童扶助を受け取る場合もある。「国民健康保険」は名称に「国民」が入ってはいるが、その運用は実質的に住民皆保険制度としてなされており、社会保険に入っていない外国人もこれに入るものとされている。日本に来た留学生が当然のように入ることを求められていることからも、国民健康保険はいまでは実質的に住民健康保険となっており、その意味で日本は住民皆保険制度になっていると言って良い[5]。一定数外国人が居住することを前提とすれば、国内の保健衛生環境の維持は、国民の健康を守れば良いというものにはならない。同じ社会に居住する以上、衛生状態の悪い人々の存在は社会全体の脅威になるからだ[6]。

運用上の「シティズンシップ」の典型は「昭和二九（一九五四）年五月八日社発第三八二号厚生省社会局長通知『生活に困窮する外国人に対する生活保護の措置について』」（以下、この通知を単に「生活保護通知」と記す）であろう。この通知により、外国人が生活保護を受けることは、日本国民の生活保護に準じた取り扱いで行政措置として実施するものとなった。生活保護通知は、「生活保護法第一条により、外国人は法の適用対象とならないのであるが、当分の間、生活に困窮する外国人に対しては一般国民に対する生活保護の決定実施の取扱に準じて左の手続により必要と認める保護を行うこと」という文言から始まる。生活保護通知での「生活に困窮する外国人」は、二〇一九年の入管法改正で問題になっている外国人とは異なる（序論でも論じたように法は二〇一八年一二月一四日に公布されたが、施行が二〇一九年四月一日からであったので、二〇一九年改正と考える）。ここで問題になっているのは、主に在日韓国・朝鮮の人々や台湾籍の台湾人であり、かつて日本人であった旧植民地出身の人々である。それまで生活保護を受けてきた人々が、敗戦による国籍移動でこれを受けることができなくなったことに対する対応だ。

日本は、一九一〇年に、朝鮮皇帝が朝鮮半島の領土主権と対人主権を日本の天皇に譲り渡すという形式で日韓併合を行った。天皇の主権の下に入ることにより、朝鮮の人々は日本人となり、国籍国も日本とされた。一九一八年に共通法（大正七年法律第三九号）が成立すると、宗主国日本と植民地の間の人やモノも移動しやすくなり、植民地出身者の日本本土への移動も活発に行われた。戦後、これらの植民地出身で日本国内に居住していた者は、日本の敗戦という政治的な要因により国境が引き直され国籍移動が生じることになった[7]。

植民地出身者が国籍上も外国人となるのは、一九五二年四月二八日のサンフランシスコ講和条約の発効以後になるのだが[8]、一九四七年五月二日に天皇による最後の勅令として「外国人登録令」（昭和二二年五月二日勅令第二〇七号）（以下、「外登令」と記す）が発布されると、旧植民地出身者は植民地の独立を与件として国籍法上は日本人であるが外国人登録されるものとなった（外登令は発布と同時に施行された）。外登令では「当分の間、外国人とみなす」となっているのだが、それには全面講和か部分講和かをめぐって講和条約そのもののあり方も決まらないなかでの施行であったことが関係している。植民地出身者の選挙権は、外登令発布・施行の前の一九四五年一二月にすでに停止されていた。日本人でありながら参政権が停止され、外国人登録しなくてはならない存在とされたのだ。「独立国の国民」という扱いを一方で進めつつ、植民地出身者への日本国内での民族教育は否定された。その結果、「就学義務については、『日本国民』とみなされ、学齢期の児童・生徒は『日本学校』に就学する義務を負うとされた」（田中、一九九五b、二三頁）。権利の上では外国人として切り離しつつ、居住者としては国民文化に統合していたのだ。しかし、国籍上も外国人になると、植民地出身者は完全に外国人と扱われることになった。

このようにオールドカマーと呼ばれる植民地出身者は、日本の法律上は常に「当分の間（中略）とす」として処遇され続けた。在留資格上の地位は「日本国との平和条約に基づき日本の国籍を離脱した者等の出入国管理に関する特例法」（以下、この法を「入管特例法」と記す）（平成三（一九九一）年法律第七一号）によって、「特別永住資格」が子々孫々に引き継がれることで最終的な決着をみた。もとより、今後も居住する人であるという認識は社会的に持たれていたのであるが、法的な位置づけとしてはたえず「当分の間」という文言が入ったなかに置かれてきていた。

しかし、「当分の間」という言葉が入ったり、準用という形であるにせよ、外国人が生活保護を受けたり、児童扶助を受けたりしているのは現実のことなのだ。確かに、権利として受けることはできない。しかし、受給できるかどうかという観点から見れば、日本人でも、同じような境遇で年度初めの頃の申請と終わり頃のそれでは判断に違いが出ることもある。予算措置を必要とする側面があるからこそ、単純に権利の有無だけで語ってしまうのも実態（＝福祉を受けられる可能性）にそぐわなくなってしまう。

3　運用上の「シティズンシップ」と国際人権法

日本の外国人の「シティズンシップ」が、権利としてこれを国家に要求できるのではなく、行政からの配慮（＝運用）によって担保されるという仕組みにこれまでのところ変更はない。原則に変更は見られないのだが、「シティズンシップ」の幅は確実に広がってもきている。この際に重要な役割を果たしてきたのが国際人権法だ。

とりわけ大きな影響を与えたのは、難民条約への批准である（日本は一九八一年一〇月一五日公布、一九八二年一月一日施行）。難民条約への批准にともない、それまでの「出入国管理令」は「出入国管理及び難民認定法」に変わった。難民は国籍国での迫害から庇護するために受け入れる人々だ。その時点まで、日本に滞在する外国人に対しては、主に植民地出身者を念頭において政策が行われてきた。最後の勅令として始まった「外国人登録法」により国内での居住・移動を把握し、国境を越える部分の移動は入管令で把握するという仕組みだ。難民もこの仕組みのなかで処遇していくことは変わりないが、難民という性質が外国人の取り扱いで、国や自治体にこれまでとは異なる対応に向き合わせた。それが、外国人もまた一定の場合に社会権を持つ者として扱わなくてはならない、ということだ。

外国人が人に危害を加えたり窃盗をしたりすれば刑法犯となり、在留期間の更新を怠って入管法違反をしたりすれば行政犯となる。その場合、その者は退去強制処分に処せられることもある。この際に送り返されるのは国籍国だ。難民に国籍国は存在しているが、その国籍国での迫害が原因で難民になったのだ。難民として受け入れた者を国籍国に返すことはできない。これはノン・ルフールマン(non-refoulement)原則と呼ばれるもので、難民条約自体に盛り込まれてもいる。すると、難民を受け入れるということは、外国人であることから選挙権は持てないが、帰国させられない人間を受け入れることであり、この人々に社会権が存在することを認めないわけにはいかない。しかも、すでに説明したように、永住資格でも退去強制処分の対象者になりうるのに、難民は明白な虚偽申請でもなければその在留資格を取り消せない。日本に滞在する外国人のなかでも、最も強い外国人となるのだ[9]。

難民条約の発効日一九八二年一月一日には、日本に住所があれば国民年金に二〇歳から六〇歳の人は加入できるとなったのも難民条約がもたらした変化の一つだ。同様に、難民条約の発効の後に、それまで児童扶助は国民に限るとされていたのが、永住者や定住の意思のある者にも拡げられている。これらは、これまで一律に「国民ではない」として排除してきたものから、「外国人」にも社会権を認めざるをえない者が存在することを国が認めたことをあらわしている。ただし、国民年金への外国人加入は「昭和五六(一九八一)年九月七日庁保険発第一三号『外国人適用にかかる事務取扱いについて』」(以下、この通知を「年金通知」と記す)、児童扶助については「昭和五六(一九八一)年六月一二日児発第四九〇号『児童手当法等の外国人適用について』」という行政通知によって執り行われている[10]。

公教育への受け入れは少し複雑だが、同様な過程を経て進んで行ったことが確認できる。まず在日韓国・朝鮮人を対象に「昭和四〇（一九六五）年一二月二八日初財発第四六四号『各都道府県教育委員会教育長、各都道府県知事あて文部事務次官通達』」で、学齢期の親の在日韓国・朝鮮人保護者が義務教育過程の学校への子の入学を希望した場合に、市町村の教育委員会は入学を認め、授業料は徴収せず、教科書も無償となった。「経済的、社会的および文化的権利に関する国際規約」（以下、「社会権規約」と記す）に一九七九年に批准したことにより、前記文部事務次官通達は日本に在留する学齢期の子どもとその保護者に拡大された。さらに、「日韓法的地位協定に基づく協議の結果に関する覚書」（以下、「日韓覚書」と記す）が一九九一年一月一〇日に結ばれると「平成三（一九九一）年一月三〇日文初高第六九号『各都道府県教育委員会教育長あて文部省初等中等教育局長通知』」が出されて、市町村は在住する在日韓国人子弟が義務教育課程への入学機会を逸することがないように保護者に就学案内を発給することとし、その際には他の国籍の外国人も同様に取り扱うように要請している。これら一連の過程を通じて、外国人の子どもの教育を受ける「シティズンシップ」が進んできているのだ。

また、本章では特に取り上げなかったが社会権規約との関係について、法務官僚でもある畑野勇・倉島研二・田中信也・重見一崇・石崎勇一は、「出入国管理令はその第二四条四（ホ）において、貧困者等で生活上国または地方公共団体の負担となっていることを退去強制事由とし、A規約第九条との関係において問題となる余地もあったが、昭和五六年の同令改正に伴い、同令の右条項は削除された。なお、A規約第九条の上でどのような外国人が社会保障をうける権利があるかについては、合法的滞在者でかつ相当期間継続して居住し、我が国の社会の構成員と認めるべき実態を有するものに限ると解される」と述べる（畑野・倉島・田中・重見・石崎、二〇〇〇、一二三頁）。社会権規約の批准に合わせて、退去強制事由から外国人が貧困で社会の負担になっていることを削除し、在留資格によっては「外国人が社会保障をうける権利」があると明示的に論じられている。(11)

国内的な状況に変わりがなくても、難民対策のための新たな世界状況が出てきたり、国際的な人権上の取り組みが起こってきたりして日本もそれに賛同し批准すると、国内の人々に対する処遇も変えていかざるをえない。そして、旧植民地出身者のみを念頭に置いた外国人に加えて、そうではない人々（いわゆるニューカマー）が入ってきて滞在するようになると、「外国人」というカテゴリーもそれまでとは違った概念に変容していく。その結果が、外国人が何を受け取ることができるのかということの領域の変化にも影響を与えている。

4　「生けるシティズンシップ」と社会運動

国際法が外国人の「シティズンシップ」に大きな影響を持つのは前節で見た通りだ。とりわけ、国際法の変化は、国からの通達・通知を通して行われるから、日本中で同じ状況が生まれる。しかし、外国人の「シティズンシップ」にとって最も重要なものは、社会運動から生じている。国としての外国人の国民年金への加入は一九八一年の年金通知からであるが、一九七〇年代から在日韓国・朝鮮人の集住する自治体では、住民からの要望を入れて自治体の判断で国民年金への加入が始まっていた。国に先んじて、基礎自治体の取り組みがあったのだ。

また、二〇一八年から外国人親に連れられて日本にきた外国人子（「家族滞在」としての在留資格で滞在）が日本の高校を卒業して就労する際の在留資格が大幅に緩和された（以下、この通知を「二〇一八年通知」と記す）。日本の中学に一年以上在学して卒業し、日本の高校に進学、そして高校を卒業した者に就労可能な在留資格「特定活動」が与えられることになった[12]。この連絡は各都道府県教育委員会及び高等学校長に宛てて通知として行われ、その後、法務省入管局のホームページでも公示されるようになった。前年も同様な通知がなされていた[13]。だが、そこでは就労可能な在留資格「定住者」を与えるには、小学校の半分を日本で修めて卒業し、中学、高校を終えるというものであった（小学校四年生までに来日し、その後高校卒業まで日本で学習するパターンを念頭においている）。単純に比較すると、前年までは最低でも九年の日本での就学年限を必要としていたものを、一年で半分以下の四年に引き下げたのだ。中学から来日した者が「特定活動」で、小学校の中学年程度から来日した者が「定住者」であるので、就学年限の違いは在留資格上の違いにはなっている。しかし、それでも就労不可能な位置づけにされていた者が就労可能になったのだ。

しかし、新しい四年の就学年限で外国人子弟が就労可能な「特定活動」にたどり着くことができるのは、特定の県に限られる。たとえば、神奈川県は県立高校入学試験に在県外国人等特別募集枠を設けて、来日後三年以内の外国人子弟が県立高校の入試を受ける際に英語・数学・国語の三教科で受験できるとしている。一般入試が英語・数学・国語・理科・社会の五教科受験を求められるのに対して、理科・社会を省くことによって受験負担を軽減しているのだ(言語と抽象的思考能力に特化した受験と言えるかもしれない)(14)。神奈川県のように、公立高校入試のなかに、中学で来日した外国人子弟用の特別枠が存在すれば、二〇一八年通知を活用して労働市場に入ることができる子どもたちが出てくる。だが、こうした制度を持っていない都道府県では、制度があっても使えないという事態が生じてしまうのだ。そして、神奈川県でこうした制度ができたのは、外国人児童の教育に関わる教員、NPO団体等が一体となって地道に行ってきたことを行政に認めさせてきたからだ。社会運動をどのようにして住民行政とつながらせるのか。そうした取り組みが制度化されているのかいないのか、という条件次第で居住地で受け取ることができる外国人の福祉の可能性は大きく変化する。

そもそも、外国人の「人権」は社会運動と密接に関係していた。就職上のあらゆる差別に対する判例となる「日立就職差別裁判」を考えると分かり易い。この事件は、一九七〇年に一人の青年が横浜駅に降り立ったことから始まる。高校卒業後の就職内定を日立から得ていたのにもかかわらず、在日韓国朝鮮人と分かったとたんに内定を取り消された朴鐘碩《パクチョンソク》だ。彼は在日が多く住む神奈川であれば、内定取り消しに支援が受けられると思って愛知県西尾市から出てきたのだ。横浜に降りて、彼が最初に出会ったのが反戦運動をしていた学生たちであった。学生たちのフットワークは軽く、すぐに関係者に声をかけ「朴君を囲む会」を結成し支援を始めた(15)。

朴鐘碩は在日二世であり、日本生まれで日本育ち、小中高と日本の学校を日本名で通学した。彼は本名の韓国語読みも知らずに育っていた。その彼が自身に起きた就職差別を同胞に訴えようと思って上京してきたが、手をさしのべたのは日本人であった[16]。川崎にいた裵重度《ペチュンド》は、この状況を見て朴鐘碩の問題は自分たちの問題であり、同胞である自分たちこそ彼を支えねばならないと考えるようになったという。また裵は就職差別に限らず日々の生活のなかにある偏見や差別をなくしていかねばならないと決意する。「朴君を囲む会」の呼びかけ人でもあった在日大韓基督教川崎教会の牧師李仁夏《イインハ》らとともに地域での勉強会を始めた[17]。このなかから社会福祉法人青丘社が誕生する。やがて、青丘社は、地域の人々、小中学校や高等学校の教職員らをも巻き込んで「神奈川民族差別と闘う連絡会議」につながるネットワークを広げていく。

川崎市は、全国でもいち早く外国人住民代表者会議を設置したが、それを川崎市条例に基づかせた[18]。今では、多くの都市が外国人住民代表者会議を設置し、選挙権のない外国人住民の要望を市政に取り込む回路を設けている。だが、条例に根拠づけさせているところは決して多くない。法的根拠がないと、せっかく設置した外国人住民代表者会議も単なる首長の私的諮問機関の一つにすぎず、そこから出てきた答申に応えるのも・応えないのも首長の自由となってしまう。川崎市がこれを条例に根拠づけさせたのは、首長に応答義務を負わせるためであった。川崎で外国人住民代表者会議を構想していく際に、市職員としてこれを軌道に乗せた山田貴男は朴が横浜で会った学生の一人でもあった[19]。

県立高校入試で来日間もない外国人子弟の入試を可能にさせるのも、選挙権のない外国人の意見を市政に反映させていく外国人住民代表者会議をどのように設置していくのかということも、社会運動がそこに根づいているのかどうかでまったく変わったものになる。二〇一九年一二月一二日、川崎市では全国初の罰則付のヘイトスピーチ条例「議案一五七号川崎市差別のない人権尊重のまちづくり条例の制定について」が成立した。川崎市議会でこの条例を議論できることも社会運動が根づいているからだ。外国人の福祉は、居住する場所次第で①外国人は何を受け取ることができるのか、②そのことによって外国人の未来がどの程度開かれるのかが、相当程度決定されてしまう。この観点からいうと、外国人の「シティズンシップ」は「生けるシティズンシップ」なのである。[20]

おわりに——外国人の「シティズンシップ」と日本の未来

最後の勅令として発布・交付された外登令は、その後、外国人登録法となってからも、日本人の移動が転出先と転入先のそれぞれで行うものとされているのに対して、外国人の移動は転入先でのみ登録するものとしていた。[21] この仕組み自体が、外国人を移動する存在とは見ていなかったということだ。移動の頻度が低いから、転入時のみチェックする仕組みで機能してきた。ところが、一九八〇年代から増えてきた日系人は、外国人だから同じ行政上の仕組みに降りてきたのだが、彼・彼女は当時のフレキシブルな生産システムのなかで労働市場を見いだした。しかも、それが「定住者」というカテゴリーで受け入れられたことで、就労制限が付かなかったことから、極めて重宝な労働力となった。その結果、基礎自治体は外国人住民が他市町村に移動していた事実に気づかないばかりか、帰国していても分からないということも生じていた。我々が「顔の見えない定住化」と呼んだ現象である（梶田・丹野・樋口、二〇〇五）。雇用流動化のうえに成立した日系人の労働市場を行政が追いかけられなくなってしまっていたのだ。

国も外国人の移動が把握できないことについては、危機感を強めていた。小泉純一郎元首相は「不法残留者の半減」を閣議決定し、施政方針演説でも「二五万人と推定される不法滞在者を平成二〇（二〇〇八）年までに半減することを目指します」と述べていた（不法残留者が最も多かったのは平成五（一九九三）年で二九万六七五一人であった）[22]。その後、一方での在留特別許可の乱発と、他方での摘発の推進・退去強制へという手段を使い分けて、これを実際に半減させた（丹野、二〇〇七、第一〇章）。今ではそれがさらに半減し六万人の規模になっている。この間、国は二〇〇九年に、問題の多かった外国人研修生を技能実習生に一本化する入管法改正を行い、このときに二年を目処に外国人登録法を廃止し、新たに外国人の在留の一元化を図るとした（二〇〇九年七月一五日公布、二〇一二年七月九日施行）。今では、在留の一元化が貫徹し、外国人にもマイナンバーが付されるようになったことで、あらゆる個人情報が一枚のカードに集約されている。家族の状況（子どもの就学状況）も、雇用上の地位、納税状況といった事柄についても、統治する側は一方的に手に入れてしまった。筆者はこれを『顔の見えない定住化』から『上からの顔の見える化』」への変化と表現したことがある（北川・丹野、二〇一六、第七章）。

外国人の滞在状況を隅から隅まで、行政当局は把握するようになった。では、そのことで外国人の

「シティズンシップ」が増進する方向に進んだのか。筆者には、そうは見えない。日本に滞在する外国人の最低限の条件を毎回争っているのが在留特別許可をめぐる裁判だ。これを例に考えてみよう。

一九九九年にオーバーステイ状態であった複数の家族が集団出頭した。従来、在留特別許可は、日本人や永住資格のある外国人の家族である場合に発付されていた。両親と子どものすべてが日本とつながりのない外国人ファミリーに在留特別許可は出ていなかった。この集団出頭は裁判になった。すべての家族に在留特別許可が認められたわけではなかったが、なかには十分に長期間家族として日本に暮らし、当地で築いた社会諸関係は保護するに値するものであると判示されたケースも出た。判例として、日本とはまったく関係ない個人から成立する家族に対しても一家全員に在留特別許可が認められたのだ（以下、このような在留特別許可を「一家全員在特」と記す）[23]。この裁判ののちに、法務省は平成一二（二〇〇〇）年に発表された第二次出入国管理基本計画で、「不法滞在者と我が国社会のつながりに配慮した取り扱い」が一定の場合に必要であることを論じて、「個別事案において、日本人、永住者又は特別永住者との身分関係を有するなど、我が国社会とのつながりが十分に密接と認められる不法滞在者に対しては、これまで行ってきたように人道的な観点を十分に考慮し、適切に対応していくこととする[24]」とした。実際、その後急速に在留特別許可件数は増加した。

では、今もそうした通達・通知で知ることができた法務省入管局の内部基準は生きているのだろうか。法務省は「在留特別許可に係るガイドライン」を平成一八（二〇〇六）年一〇月に、そしてその改訂版（通常この改訂されたガイドラインは「新ガイドライン」と呼称される）を平成二一（二〇〇九）年七月に発表している。[25] この「在留特別許可に係るガイドライン」は実質的にそれ以前の通達・通知で示されていた内部基準を公表したものと言えるものだ。

ガイドラインが出たのとほぼ同じ時期に以下の事件が起こった（二〇〇六年七月）。オーバーステイのフィリピン人夫婦が日本で女子を育て、その子は日本の小学校高学年に在学していた。このケースでは子どものみに在留特別許可が認められて、両親は娘の退去強制処分を回避するため自主帰国を選択し（中学生になったばかりの娘だけが日本に残ることになった）、家族は離散することとなった。「カルデロン・ノリコさん事件」として知られるものだ。[26] この事件の後、日本で教育を受けて一定の段階にいる外国人子の滞在は認められても外国人親は認められない＝家族結合の権利が認められないというのは続いている。

外国人のシティズンシップの一部を担っている通達・通知といった行政文書は、内部文書であるから組織の外部にいる者にとっていつ出されたのかは知る由もないし、いったんある通達・通知が出されて、それが一定の外国人の福祉を供給することにつながっているとしても、突然当該通達・通知が廃止されるかもしれない。カルデロン・ノリコさん事件後に子どもにしか在留特別許可が発付されていない状況を考えれば、いまだに新ガイドラインは公表され続けているが、それを成立させていた通達・通知のある部分が今では廃止されていることが強く推認される。[27] 明らかに、近年、一家全員在特が見られなくなったことはそうでなければ説明がつかないのだ。

「生けるシティズンシップ」は、いまの最低条件がどの辺りにあるのかを裁判を含めた闘争の結果として確認するしかない。法が決定するものであれば、法文や判例を調べることでミニマムを知ることができる。しかし、外国人の「シティズンシップ」は裁量行政のなかで生まれるものであり、実態としては運用上の「シティズンシップ」となって現れるものだ。しかも、闘争のなかで発生するものだからこそ、それぞれの地域がどのような闘争をし、そこで外国人の福祉を実態としていかに成立させているかによって変わらざるをえない。ミニマムが存在するのか、それとも底が抜けた状態にさせてミニマムがないのかは社会運動の有無に大きく依存する。アクティブに国・行政庁と対抗関係を作ることによってのみ、日本では外国人の「シティズンシップ」を見いだすことができるのだ。しかし、それ故に、市民権を持った市民の集まりである市民社会を前提にしたシティズンシップ論とはかけ離れたものであり、筆者もこれをカッコ付きであれ「シティズンシップ」と呼ぶことに躊躇いもまた持っている。

注

(1) ただし、のちに述べる「日本国との平和条約に基づき日本の国籍を離脱した者等の出入国管理に関する特例法」に基づく「特別永住者」は、日本で内乱を起こしたり、外交に関する罪を犯したしたりした場合を除いて、退去強制処分はないとされている。

(2) 正確には「これまで断られることもまずなかった」というべきかもしれない。二〇一六年から二〇一七年頃にかけて、地域によって外国人児童が急速に増えたこともあって、小中学校への就学を希望してもすぐに入れていない事例を目にすることも出てきている。

(3) 筆者は、東京大学出版会から公刊した『越境する雇用システムと外国人労働者』を *Migrant Workers in Contemporary Japan: An Institutional Perspective on Transnational Employment* に翻訳出版する際に、このことを強く感じた。

(4) 「権利章典」や「人身保護法」については高木・末延・宮沢編（一九五七）を参照のこと。

(5) 同じことは、国民健康保険とセットで入ることを前提にしている国民年金にも見ることができる。

(6) 社会防衛の要素が入ることで劇的に変わるのは、法定伝染病に罹患した場合を考えれば分かりやすい。社会保険や国民健康保険には合法的な在留資格がないと外国人は加入できない。しかし、法定伝染病に罹患すると、在留資格に関係なく医療を受けることができるようになるのだ。

(7) これ以前に、日清戦争の結果、下関条約により清国から台湾が割譲されて、その上に住む人々が日本人に編入されている。ただし、この時は日韓併合の時と異なり、台湾に住む人々は日本人になるのか、清国人のままでいるのかの国籍選択の機会が与えられている。

(8) 実務的にはこの少し前の一九五二年四月一九日に、法務省民事局長通達「平和条約の発効に伴う朝鮮人、台湾人等に関する国籍及び戸籍事務の処理」により植民地出身者は国籍上も平和条約の発効とともに外国人と扱われることになった。

(9) だから、国は難民申請者を厳しく判断しているのだと思われる。

(10) 具体的な児童扶助の事務取扱については厚生労働省のホームページ https://www.mhlw.go.jp/web/t_doc?dataId=00ta9403&dataType=1&pageNo=1を参照のこと（二〇一九年八月一七日確認）。

(11) もちろん、この書籍は個人として書かれたものであるので、それをもってして法務省の見解とすることはできない。しかし、法務省で入管政策の実務に関わっていた人々も、在留資格の範囲内ではあるが外国人の社会保障受給権を権利との関係で考えていた時代もあったということを示すものと思われる。

（12） この条件は法務省入管局のホームページで「高校卒業後に日本での就労を考えている外国籍を有する高校生の方へ」http://www.moj.go.jp/content/001252142.pdf を参照のこと（二〇一九年八月一七日確認）。

（13） 二〇一七年二月二四日に法務省入国管理局入国細粒課長から文部省初等中等教育局国際教育課長に宛てた、法務省管財第一二〇二号「高校卒業後に本邦で就職するものについて（依頼）」http://www.pref.osaka.lg.jp/attach/4475/00248131/02_houmusyoukannzai1202_gaikokusekikousotusya_.pdf で確認できる（二〇一九年八月一七日確認）。

（14） 在県枠については神奈川県の公立高校入試制度を伝えるホームページ http://www.pref.kanagawa.jp/uploaded/attachment/903114.pdf や自治体国際化協会ホームページ http://www.clair.or.jp/tabunka/portal/learn/enter_government.html を参照のこと。より詳細にこの制度を理解することができる（二〇一九年八月一七日確認）。

（15） 横浜地裁で一九七四年六月一九日に一審判決（事件番号：横浜地裁昭和四五年（ワ）二二一八号）が出ている。国会でも問題になったのは、日立が「共産党、民政党の思想的偏向者」、「熱心な創価学会員」、「精神・肉体異常者」は雇わない、そして「外国人も積極的には雇わない」としていた内部文書の存在である。衆議院法務委員会では公明党議員から厳しく追及された（第七二回国会　衆議院法務委員会　議録二八号 http://kokkai.ndl.go.jp/SENTAKU/syugiin/072/0080/07205150080028c.html）（二〇一九年八月一七日確認）。国会での議論も受けて日立は控訴を断念し、横浜地裁判決が確定判決になっている。日本におけるあらゆる差別に対する最初の決定的な争いとなった。

（16） 就職差別裁判までに至る朴自身の半生は朴（一九七四）を参照のこと。

（17） この間の経緯は崔・朴・佐藤・李・高浪・和田（一九七四）が詳しい。

（18） 川崎市が設置したのは「外国人市民代表者会議」であり、「外国人市民」とあることからも分かるようにより強い意味がもたされている。しかし、他市を見ると外国人住民代表者会議としているところも多く、一般的な意味合いを筆者が問題にしたいこともあって、ここでは「外国人住民代表者会議」の呼称を用いる。

(19) 山田が自身の経験として「川崎市外国人市民代表者会議」を市のなかに設置していく過程については山田貴男（二〇〇〇）を参照のこと。
(20) 本章で筆者が「生けるシティズンシップ」と呼ぶものは、川島武宜の「『生ける法』は、現実の社会生活そのものの中に、現実の社会生活そのものとして、いわば直接に歴史的に与えられているのである」と完全に重なるものである（川島、一九八二、一二四頁）。川島の表現を借りて言えば、「『生けるシティズンシップ』は現実の社会生活そのものの中に、現実の社会生活そのものとして、いわば直接に歴史的に与えられているのである」となる。
(21) 「帝国内ニ居住スル清国臣民ニ関スル件」（明治二七年八月四日公布勅令第一三七号）が最初の外国人登録を制度化したものと言われる。「本勅令は、我が国出入国管理に関する最初の国内法令でもある」と法務官僚からも評価されている（畑野・倉島・田中・重見・石崎、二〇〇〇、四二頁）。この第二条が「前条ニ依リ帝国内ニ居住スル所ノ清国臣民ハ本令発布ノ日ヨリ二十日以内ニ其ノ居住地ノ府県知事ニ申出テ住所職業氏名ノ登録を請フベシ」となっていて、第四条は「第二条ノ登録済ノ清国臣民ハ其ノ居住地ヲ移転スルコトヲ得且此ノ場合ニ於テハ先ヅ其ノ登録証書ニ現居住地府県知事ノ裏書ヲ受ケ新居住地へ到着後三日間ニ其ノ地府県知事ニ申出テ更ニ第二条ノ登録ヲ受クベシ」となっている。初期の段階では、国内移動の際に現居住地の府県知事に登録証の裏書きを受けて、そのうえで新居住地の府県知事に登録することとなっていたことが分かる。それが、その後大正七年公布の「外国人入国ニ関スル件」と明治三二年公布の「宿泊届其ノ他ニ関スル件」を廃止し一本化したものと言われる昭和一四年五月一日内務省令第六号「外国人ノ入国、滞在及退去強制ニ関スル件」ではその第九条が「六十日以上滞邦スル外国人ハ上陸ノ日ヨリ十五日以内ニ別記第七号様式ニ依リ所轄警察署長ニ居住届ヲ為スヘシ（中略）外国人其ノ居住所ヲ移転シタルトキハ移転ノ日ヨリ十日ニ其ノ旨移転先所轄警察署長ニ届出スヘシ」となり、外国人は移転先でのみの登録になっている。
(22) 第一六四回国会での小泉純一郎内閣総理大臣の施政方針演説のなかで論じられていた。小泉首相の演説内容は官邸のホームページ https://www.kantei.go.jp/jp/koizumispeech/2006/01/20sisei.html を参照のこと（二〇一九年八月一七日確認）。

（23）ただし、東京地裁は一家全員外国人の在留特別許可を認めたが、入管が控訴し東京高裁では一転して国側の勝訴となった。入管は当事者に地裁敗訴後直ちに在留特別許可を発付した。控訴審で国が勝訴した後もこの在留特別許可の取り消しは行っていない。

（24）第二次出入国管理基本計画については法務省のホームページ http://www.moj.go.jp/nyuukokukanri/kouhou/press_000300-2_000300-2-2.html を参照のこと（二〇一九年八月一七日確認）。

（25）「在留特別許可に係るガイドライン」は法務省のホームページを参照して欲しい。外国人の当事者にもわかるように、日本語以外に、英語、中国語繁体字、中国語簡体字、韓国語、ポルトガル語、スペイン語、タガログ語で公表されている http://www.moj.go.jp/nyuukokukanri/kouhou/nyukan_nyukan85.html（二〇一九年八月一七日確認）。

（26）「カルデロン・ノリコさん事件」についてはこの事件の主任弁護士であった渡辺彰悟弁護士による解説 http://www.news-pj.net/npj/watanabe-shougo/index.html を参照のこと（二〇一九年八月一七日確認）。

（27）筆者の予想を検証できるのは、法務省入管局の内部の人間しかいない。

第11章●「出入国管理及び難民認定法」改正と日本の外国人労働者

はじめに

第一九七回臨時国会で「出入国管理及び難民認定法」（以下、「法」または「入管法」と記す）が改正された。二〇一九年四月一日から施行されたが、直近になるまで、具体的にどのような形での受け入れになるのかまったくヴェールに包まれていた。二〇一八年六月に新たな在留資格の創設が閣議決定された頃は、これにより五つの業種に五年で五〇万人の労働力が確保されると言われていた。この発表が行われると、さまざまな業種が新たな在留資格での受け入れを要望しているとの報道が続き、最終的には一四の業種に拡大された。しかしながら業種は大幅に増えたにもかかわらず、受け入れ人数は最大で三四万五一五〇人とむしろ縮小していた。外国人労働者の受け入れをめぐって、極めて短期間に政府のなかで新たな在留資格の意味づけが変化したように思われる。(1)

さて、政治的思惑がどのようなものであろうと、日本が外国人の受け入れと向き合わなくてはならないのは、二つの相異なる圧力がこの国にかかっているからだ。第一に、人口減少という人口圧力である。第二に、日本と労働者の送り出し国との経済格差の縮小という経済的圧力である。これらの異なる文脈がこの国に強い影響を与えており、その現れの一つが外国人労働者への需要となっている。

では、この二つの圧力がかかることを前提にしたときに、入管法は一方での労働力確保と他方での国内治安の維持を期待されているが、期待されたことを実現できるのだろうか。このような問題意識から考えてみたい。

1　急速に変化した外国人労働者の受け入れ

いわゆる一九九〇年の入管法改正で定住者としての日系人と外国人研修生の制度的位置づけが定まると、事実上の単純労働力の受け入れが開始された。一〇年後の第二次出入国管理基本計画でも「いわゆる単純労働者の受け入れに関しては、慎重に検討していくとの方針に沿って外国人の受入れを図ってきた」とされ、検討の段階であって受け入れには至っていないとの認識だ。[2]しかし、日系人にせよ、研修生にせよ、彼・彼女たちを活用する事業所は、単純労働力として用いていた。そのことを端的に示すのが、本書第8章で論じた日系人労働者の給与明細と毎月給与額の変遷だ。単純に決められた時間給×その月の労働時間で決まり、時間給は何歳の者であっても変わらない。このことが意味するのは、誰が働いてもかまわないということであり、いつでも取り替えられるということだ（「単純労働」の特徴と言ってもいいだろう）。しかも、彼・彼女たちの毎月の給与額はその月の事業所の稼働率とほぼ一〇〇％リンクさせることができる。工場の稼働率が高いと労働者の手取り月額給与も高くなり、稼働率が低くなれば手取りも低くなる（第8章図1）。待遇に文句を言った途端に雇い止めになることもあるのだから、単にフレキシブルであるというだけでなく、支配しやすい労働力だ(3)。

二〇〇五年に広島で日系ペルー人による少女誘拐致死事件が発生した頃から、国の外国人を見るまなざしが変わってくる。この事件が起きると、翌年には、日系人の受け入れ根拠である平成二年五月二四日法務省告示第一三二号「出入国管理及び難民認定法第七条第一項第二号の規定に基づき同法別表第二の定住者の項の下欄に掲げる地位を定める件」（以下、この告示を「定住告示」と記す）を改正し、日系三世、三世配偶者および四世には「素行善良」要件を入れて、在留資格「定住者」の取得や在留期間更新の際に犯罪歴が調べられることとなった（詳細は、本書第6章）。

同じ頃、河野太郎法務副大臣の「今後の外国人の受入れについて（今後の外国人の受入れに関するプロジェクトチーム）」（以下、このプロジェクトチーム報告を「河野ＰＴ」と記す）は、日本の外国人労働者の受け入れのあり方に「本音」と「建前」の分離が見られること。家族帯同の自由を持った受け入れには、ソーシャルコストが発生し、今後はこの費用が発生しないような受け入れを模索すべきとの見解を出した(4)。

二〇〇八年秋には、いわゆるリーマンショックが起き世界同時不況となり、日本でも「派遣切り」の嵐が吹き荒れた。この年の年末に「年越し派遣村」が作られていたことを覚えている方も多いだろう。そして、二〇〇九年四月から二〇一〇年三月にかけて、国は、失業した日系人労働者とその家族に国費を投入して帰国を促した「日系人離職者に対する帰国支援事業」（以下、これを「帰国支援事業」と記す）を行い、二万一六七五人が支給を受けて帰国した[5]。すると、これ以後の外国人労働者の受け入れを、国は外国人技能実習生に完全にシフトさせたのだ[6]。つまり、帰国が担保されて、かつ今求められている労働力のみを受け入れるというものである。しかし、外国人受け入れが技能実習生中心になると、この制度が技能検定制度と密接な関連を持つことから、技能検定制度を持たない職種や産業は外国人を受け入れられない[7]。

外国人の受け入れを技能実習生中心にすると、労働をしない人々の受け入れをしないという点でメリットがあるように見える。だが、技能実習生が特定の職種でしか用いられないゆえに、労働力確保の手段として有効ではない部分が生じざるをえない。この文脈から出てきたのが、自由民主党政務調査会「労働力確保に関する特命委員会」による「『共生の時代』に向けた外国人労働者受入れの基本的考え方」だろう（以下、この特命委員会報告を単に「自民党政務調査会報告」と記す）[8]。ここでは単純労働を「いわゆる単純労働」と言い直し、そもそも「単純労働」の定義には様々あり、なかにはその習得に一定の期間を要するものもある。つまり、「いわゆる単純労働」にはスキルを認めうるものもあるのだから、こうした内容をもつ仕事に外国人を用いられるようにする必要があることを訴えた。労働市場全体の需給関係が逼迫しているなかで、この報告は外国人の受け入れ範囲を拡大させることを意図していた。

アベノミクスは三本の矢として、①「大胆な金融政策」、②「機動的な財政政策」、そして③「民間投資を喚起する成長戦略」を掲げる。外国人労働者の受け入れは③の成長戦略の政策として位置づけられるものだ。この点で、「いわゆる単純労働」の見直しも含めて広範な拡大を目指すものと思われた。当初、「造船」、「建設」、「農業」、「介護」、「宿泊」の五業種で新たな在留資格「特定技能」による外国人の受け入れを行うと発表したときに、五年で五〇万人の労働者が確保されるとしたのは、成長戦略としての人手不足対応を大胆に示したかったことも関係していよう。(9)

その後、受け入れ業種は当初の約三倍に当たる一四にまで拡大されることが発表された。だが、受け入れ人数もそうなるのかと思いきやそうはならず、第一九七回臨時国会で法改正の論戦が終わり、業種毎の受け入れ予定数が発表されるやその数は最大で三四万五一五〇人と大幅に小さなものになっていた。しかし、法案が通った後も、実際のコントロールをどのように行うのかはまったくわからなかった。(10)入管法は、法文本体よりも、法務省令である入管法施行規則や受け入れ職種を定める基準省令、告示や通知・通達文を通して具体的な外国人の受け入れが決められている（第一東京弁護士会人権擁護委員会国際人権部会編、二〇一六、六―七頁）。この部分がまったく判明していなかったのである。

二〇一九年一月後半になり、「特定技能」での受け入れに関するパブリックコメントの募集が開始されて、ようやく具体的なあり方が明らかになってきた。(11)そして、三月二〇日頃から特定技能に関する一連の告示が公表され始めた。(12)四月一日から施行であることを考えると、いかに急ごしらえであったのかが分かる。これらを見る限り、二〇一九年入管法改正の議論の中心にあった在留資格「特定技能」は、外国人技能実習生制度をより精緻化・制度化させたもので、これまでの「技能」のあり方の延長に位置づけられるものである。自民党政務調査会報告で問題にされた「いわゆる単純労働」に見られるような、単純労働の概念の見直しを通じて就労セグメントを拡大させようとする流れとは大きく異なるものになっていた。

2 在留資格「特定技能」の創設で人手不足を乗り切ることはできるか

二〇一九年入管法改正で新たに創設された「特定技能」は、先にも述べたように外国人技能実習生を正常進化させたものだ。このことは国土交通省土地・建設産業局が公表している「建設分野における特定技能外国人の受入れ」を見ると分かりやすい[13]（**図1**）。外国人技能実習生と特定技能外国人労働者はどのように接続するよう設計されているかがそこに示されている。「新制度創設による外国人材キャリアパス（イメージ）」が示され、そこでは「特定技能」と「外国人建設就労者」が、「技能実習」でまず受け入れて、その後に進んでいく一連のプロセスとして位置づけられている[14]。

しかしながら、制度のこうした建て付けは、外国人技能実習生制度の問題点を解決する方向に向けていくという点で評価することができても、二〇一九年入管法改正の趣旨が日本国内の労働力不足への対応にあったのであれば、不十分なものと言わざるをえない。この一〇年の外国人労働者総数と主な在留資格別資格で見たものが**図2**である。二〇〇八年に外国人労働者総数は四八万六三九八人であ

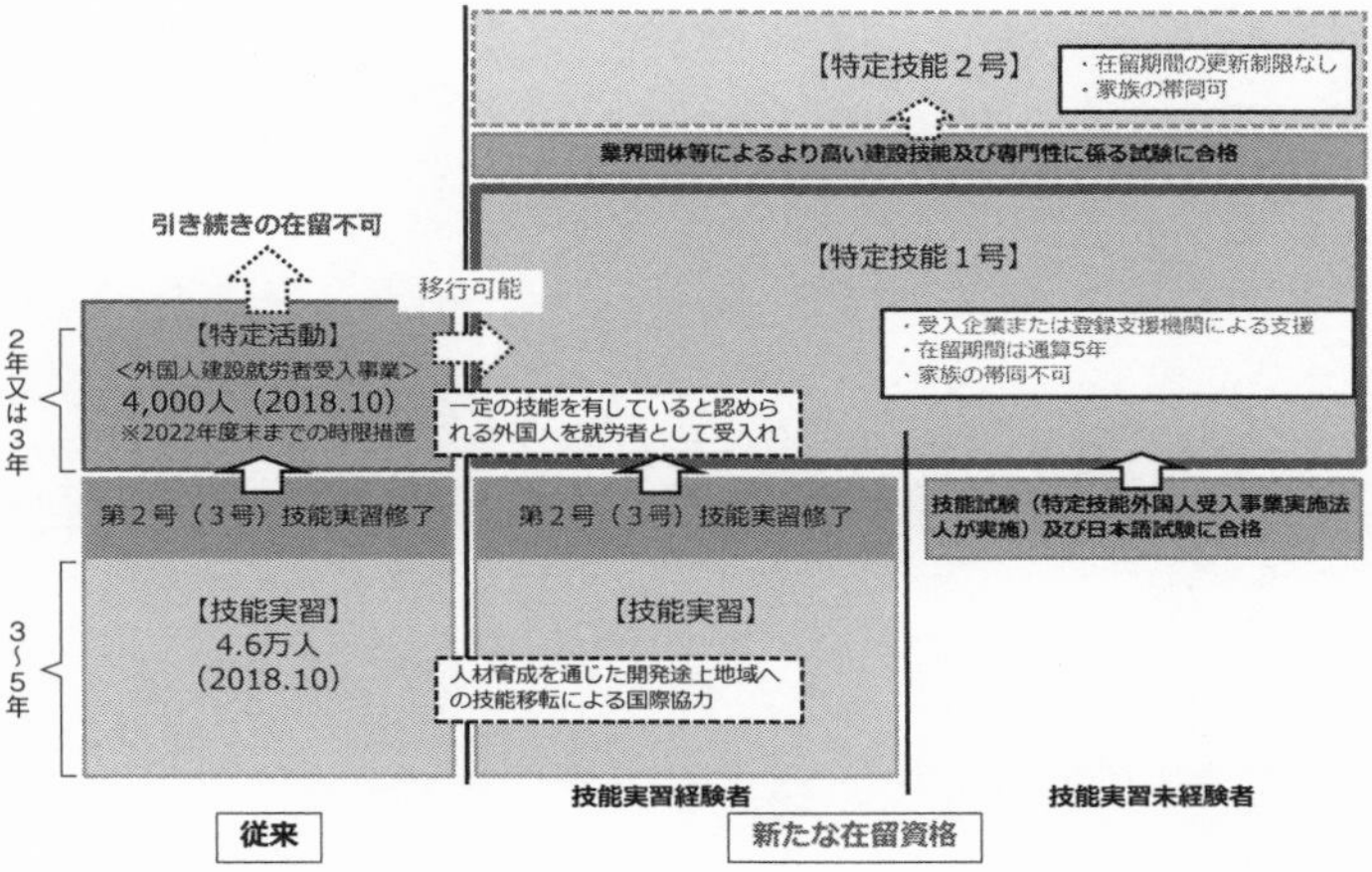

出所：国土交通省ホームページ

図１　「技能実習」と「特定技能」の制度的設計

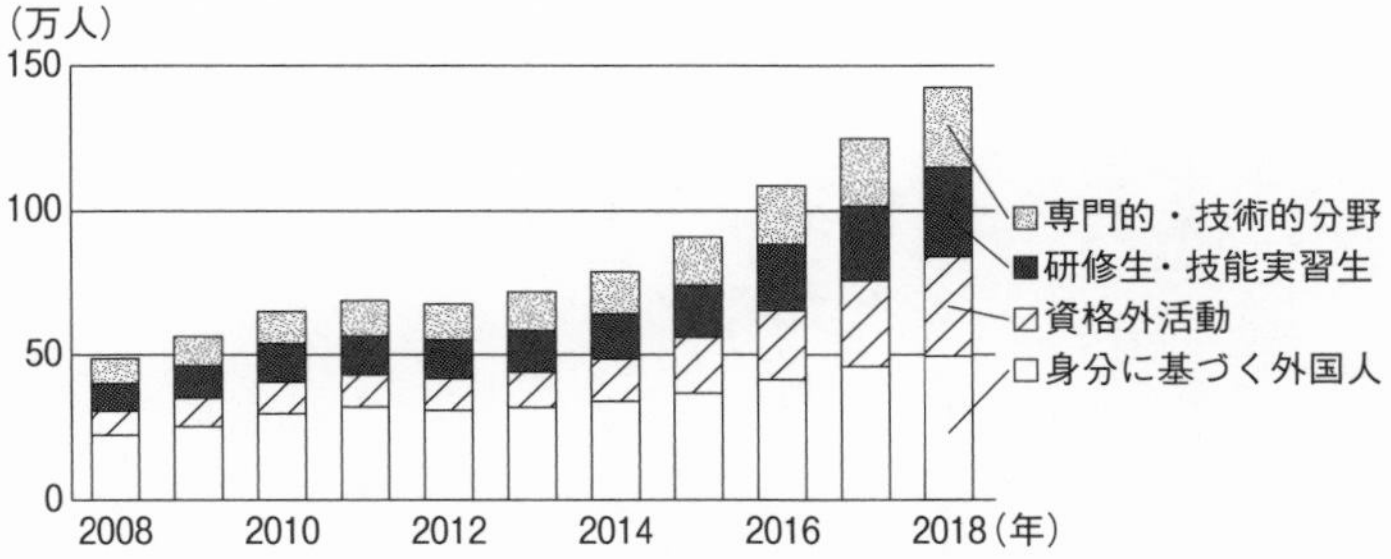

図２　近年の在留資格別外国人労働者の傾向

ったものは、二〇一八年に一四六万四六三人と三倍になった。直近の五年の対前年比の増加率は二〇一三年五・一%、二〇一四年九・八%、二〇一五年一五・三%、二〇一六年一九・四%、二〇一七年一八・〇%、二〇一八年一四・二%となっている。人数で言えば、近年は一七万人から一九万人程度前年より増えていることとなり、この数字を見てしまうと新たな在留資格を作って最大三四万五一五〇人を受け入れるといっても、それはおよそ二年分の増加を埋め合わせする程度のものでしかないのだ（しかも、制度設計上、最大人数が確保されるまでに五年の時間を要する）。

ところで、図2をよく見ると、外国人労働者の絶対数が増えていくときに、在留資格別構成の変化がほとんど見られないことに気づくだろう。日本は必要な外国人労働者を、外国人技能実習生だけではなく、労働ビザに相当する「専門的・技術的分野」の外国人、日系人労働者が含まれる「身分に基づく外国人」、留学生等が含まれる「資格外活動」も増えることで確保している（しかも、「専門的・技術的分野」、「資格外活動」、「技能実習生」のカテゴリーは、ほぼ等しいボリュームゾーンになっている）。そうであれば、「技能実習生」の延長に位置づけられる「特定技能」での受け入れを増やしただけでは足りないのだ。

「専門的・技術的分野」、「身分に基づく外国人」、「資格外活動」、そして「技能実習生」は、それぞれ異なる労働市場ニーズに対応している。大まかな類型化をすると、「専門的・技術的分野」は正社員の専門職、「身分に基づく外国人」は間接雇用要員と正社員の一般職、「資格外活動」はアルバイト雇用、そして「技能実習生」は特定の業種で専門的だがスキルの低い職ということになろう。技能実習生が八〇の職種に限られていることに対して、「身分に基づく外国人」には就労制限が一切ないし、「資格外活動」は労働時間数に制限がかかるのみだ。技能実習生を受け入れることができない職種で、外国人労働者を用いようとすれば、「身分に基づく外国人」か「資格外活動」しかないのだ。新たな在留資格「特定技能」を創設しても、この構造に何ら変わるところはなく、これだけで人手不足への対応になるかと言えばそうはならないのである。

3　外国人労働への需要の根源、人口構成の変化と経済格差

近年、外国人労働者が急増しているのは都市部ではなく地方だ。二〇一七年一月一日から翌年一月一日の間で、都道府県別に見ると、最も外国人住民が増加したのは第一位が熊本県で前年比一六・六%増、第二位が鹿児島県で同一二・二%であった。地方で調査をしていてよく聞く声は「もう働ける人は皆働いている。女性も高齢者も働く意思のある人で働いていない者はいない。人手を求めるとなると、外国からしかない」という声だ。

このような声にも無理からぬところがあり、全国規模で見ると廃業・休業件数が倒産件数の二倍を超えるようになるのは二〇一一年以後になるが、四国では二〇〇七年の段階で四倍を超えており、それが安定的に続いている。従業員への未払いや取引先への不払いを引き起こす倒産と異なり、払うものは払って事業を閉じていく廃業・休業は社会的な痛みを引き起こしていない。しかし、廃業・休業

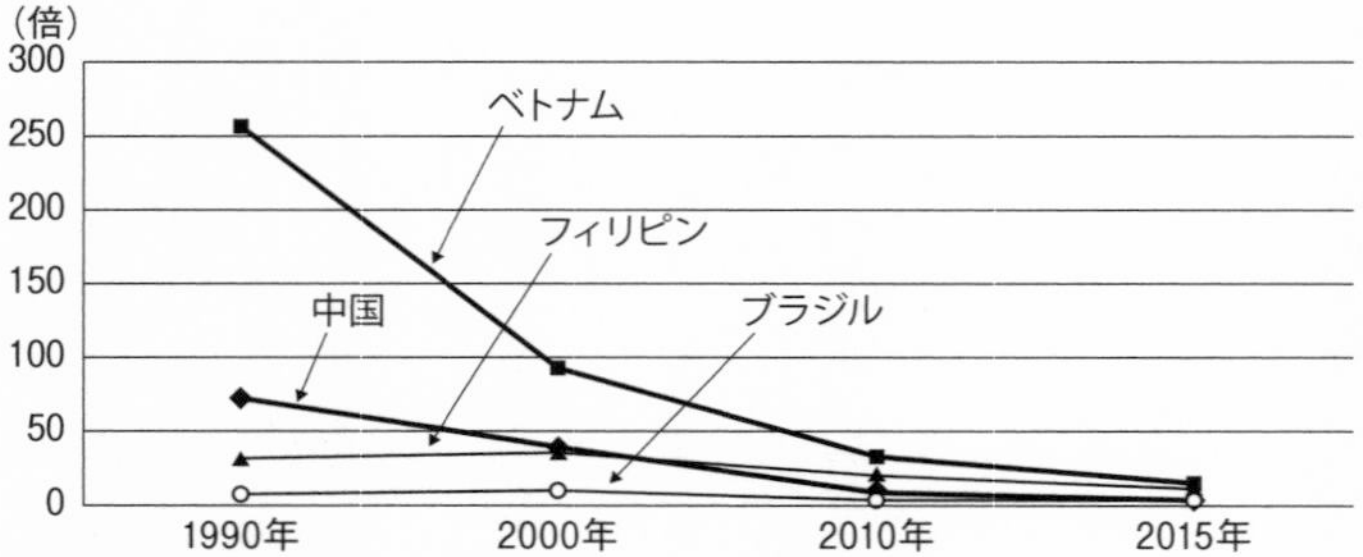

図3　主要送出国と日本との一人当たりGDP格差

が起きるということは地域社会から雇用の場がゆっくりと失われているとも言える。社会の継続という観点から見れば望ましいことではない。四国に見ることのできる全国と比べて極端に高い廃業・休業の割合の高さのなかに、労働力確保ができないゆえに閉めた事業所が多数存在することは容易に察することができる。この部分の存在が地方の外国人労働需要に反映していると考えることもできよう。

しかし、外国人労働力需要があるからといって、外国人が来てくれるわけではない。日本に渡ってくる外国人労働者の出身国は、日本と真逆に急速に経済発展している国々である。日系人が就労できるようになり、研修生・技能実習生が入管法上も位置づけられるようになったのは一九九〇年の入管法改正からだが、その頃と比べると経済格差は急速に縮小してきている（図3）。実際、外国人技能実習生に占める中国の割合は急速に減ってきており、かつては技能実習生の八割を中国人が占めていたが、二〇一八年現在の技能実習生人口の一位はベトナム人が占めるようになり、中国人の占める割合も四割を切るようになってきた。豊かになって、自国にそれなりの雇用の場が増えれば、それに見合う賃金や待遇でなければ日本に働きには来なくなるのだ。

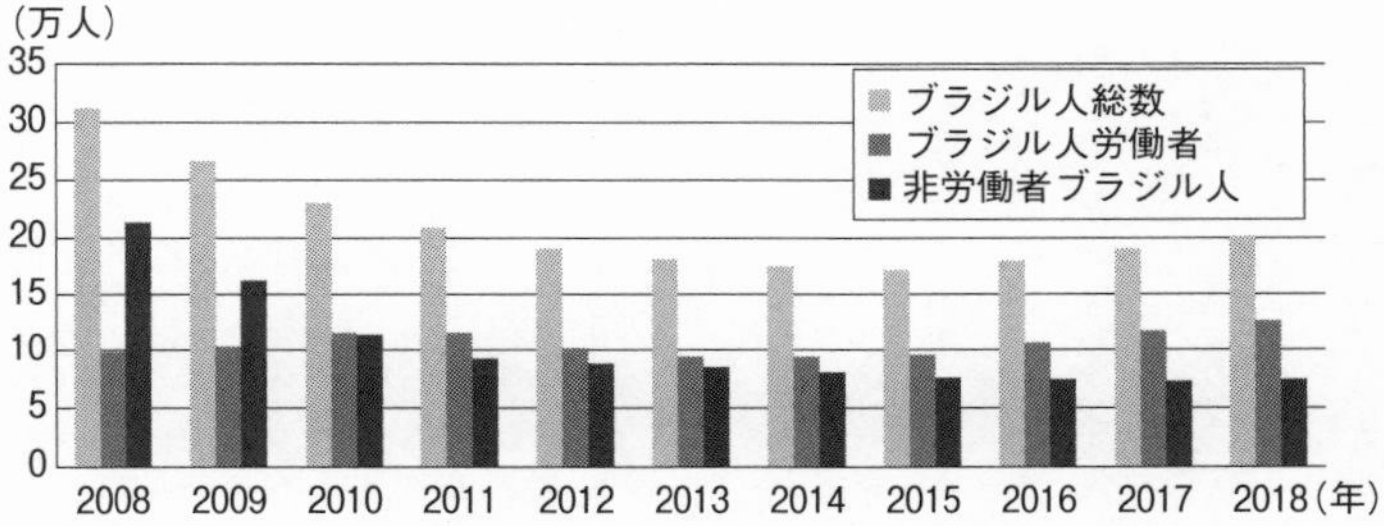

図４　リーマンショック後の滞日ブラジル人人口構成

この点で、ブラジルとの格差はデカセギが始まったばかりの頃から決して大きなものではない。日系コロニアの存在による情報の入り易さと、軍政から民政への移行期に特有の経済的混乱があって、相対的に低い経済格差であっても大きな人口移動が起きたと筆者は考えている。

同様な現象は、日系人にも見ることができる（図４）。日本に滞在するブラジル人は二〇〇八年三一万二五八五人であったものが二〇一五年には一七万三四三七人にまで減少している。その後、少しずつブラジル人の滞日人口は回復し、二〇一八年は二〇万一八六五人まで戻してきている。滞日総人口で見ると大きな変動があるが、この間の日本で働くブラジル人労働者数という点から見ると、変化はそうは大きくはない。ブラジル人労働人口は二〇〇八年九万九一七九人、二〇〇九年一〇万四三二三人、二〇一〇年一一万六三六三人、二〇一一年一一万六三八九人、二〇一二年一〇万一八九一人、二〇一三年九万五五〇五人、二〇一四年九万四一七一人、二〇一五年九万六六七二人、二〇一六年一〇万六五九七人、二〇一七年一一万七二九九人、二〇一八年一二万七三九二人なのだ。とりわけ、二〇〇八年から二〇一五年にかけては滞日ブラジル人の総人口は急速に減っているにもかかわらず、労働者としてみるとリーマンショックの時期も微増で増えているくらいだ。二〇〇九年四月から二〇一〇年三月までは帰国支援事業を行って失業したブラジル人に帰国を促しているのだから、この時期に帰国者が増えるのは当然だ。しかし、帰国支援事業を使ったブラジル人は二万五三人にすぎない。帰国した圧倒的な大部分は自発的に帰国したのだ。

法務省の在留外国人統計は六月末日と一二月末日の人口が公表され、厚生労働省の外国人雇用状況調査は一〇月末日の外国人労働人口が公表される。まったく同じ基準日ではないが、その年の一二月末日の滞日人口から一〇月末日の外国人労働人口を差し引いたものを、外国人非労働人口と考え、その増減の傾向を見ると正確ではないがおおよその傾向を把握することはできるだろう。すると、滞日ブラジル人人口の傾向として、総人口が漸減するなかでも労働人口は一定であり、リオオリンピック後の不景気と政治的混乱で労働人口が戻り始めても非就労人口セグメントの減少は加速している。先にも触れたように、在留外国人統計と外国人雇用状況調査の基準日が二カ月違うことで、この差は若干大きめに出がちであったとしても、筆者は全体の傾向をつかむことはできると考えている。

滞日ブラジル人人口が減少した時期、ブラジルでは急速な所得の上昇が見られていた。二〇〇八年に三〇〇ヘアイスであった最低賃金は二〇一三年には倍以上の六四五ヘアイスになり、二〇一五年には七八八・〇六ヘアイスになっていたのだ（二〇一八年は九五四ヘアイスにまで上がっている）。日本から急速にブラジル人が消えていく時代、地球の裏の労働力輸出国の側で賃金の急上昇が見られていたのである。帰国支援事業は特定国を対象とした事業ではなかった。しかし、この事業で帰国した二万一六七五人のうちブラジル人が二万五三人（九二・五％）を占めてしまったのは、出身国の経済状況を考慮に入れないと説明がつかない（丹野、二〇一八、第6章）。

ところで、出身国の賃金が上昇したからブラジル人は帰国したと筆者は言おうとしているのではない。帰国した日系人が増加した二〇〇九年から二〇一一年にかけての現地調査では、デカセギ就労経験者の失業問題やその家族の帰国後の不適応問題が噴出していた。デカセギ就労者が、母国の経済が良くなったから帰国したとしても、待っているのはバラ色の世界ではない（本書第9章）。では、なぜブラジル人は帰国したのか。最低賃金の上昇は、家賃や食料品価格の上昇を引き起こしており、サンパウロ市内で家族（夫婦と子供二人）が生活をしようとすると二〇一五年には日本円で一七万円以上が必要になっていた。日本円のブラジルの通貨レアルに対するレートも下がった結果、日本で稼いだ額でブラジルに残っている家族を養うことは不可能になっていたのである[15]。出身国の経済成長は日本で稼がなくてはならない額を大きくさせていたが、日本就労でそこまで払うことはできなくなっていたのである。

国内的に低賃金の職に外国人が就くのは、日本人には魅力のない仕事が外国人には稼げる仕事に見えるからだ。ところが、日本が停滞している間に労働者の出身国が成長し、日本との経済格差が縮まれば、低賃金の仕事は外国人にも魅力のないものとなる。人口構成が大きく変容し、少子高齢化の傾向を変えることはほとんど期待できないし、それに伴って日本の賃金が大幅に伸びることも予想しえない。他方で、いつかは緩やかになるであろうが、労働力輸出国サイドの経済成長はしばらく続くことが確実だ。日本国内の外国人労働需要の伸びがどれだけ強くなったとしても、経済格差が急速に縮むなかでは、いつまでも外国人労働者が来日し続けると考えることはできない。

4　日本の外国人労働者政策は成功しているのか

さて、「移民政策で成功した国はない」とよく言われるが日本はどうなのであろうか。筆者は日本がこの点で極めて成功していると考えている。図5を見て欲しい。ブラジル人で生じていたことと、ほぼ同じことが外国人全体でも起きていたのだ。外国人労働者の人数を一〇年間で三倍に増やしたときに、滞日総人口は一九%程度しか増加していない。滞日人口から労働人口を引いたものを非労働人口と考えれば、非労働人口を政府は確実に減らしたのである（図5は図4と同じ性格を持つから、この非労働人口は正確な絶対数としては誤差を含むものであるが、経年変化として考えれば一定の傾向を示している）。この減少させた部分は子供の教育問題であったり、年金問題や生活保護の問題であったりに結びつきがちな人口セグメントだ。「河野ＰＴ」においてソーシャルコストと認識された部分が最小化するよう方向づけられており、総数が増えているにもかかわらず、労働しない部分の持続的逓減に成功しているのである。

政府の意図を貫徹するという点で日本の入管政策は成功していると言える。だが、それは社会保障

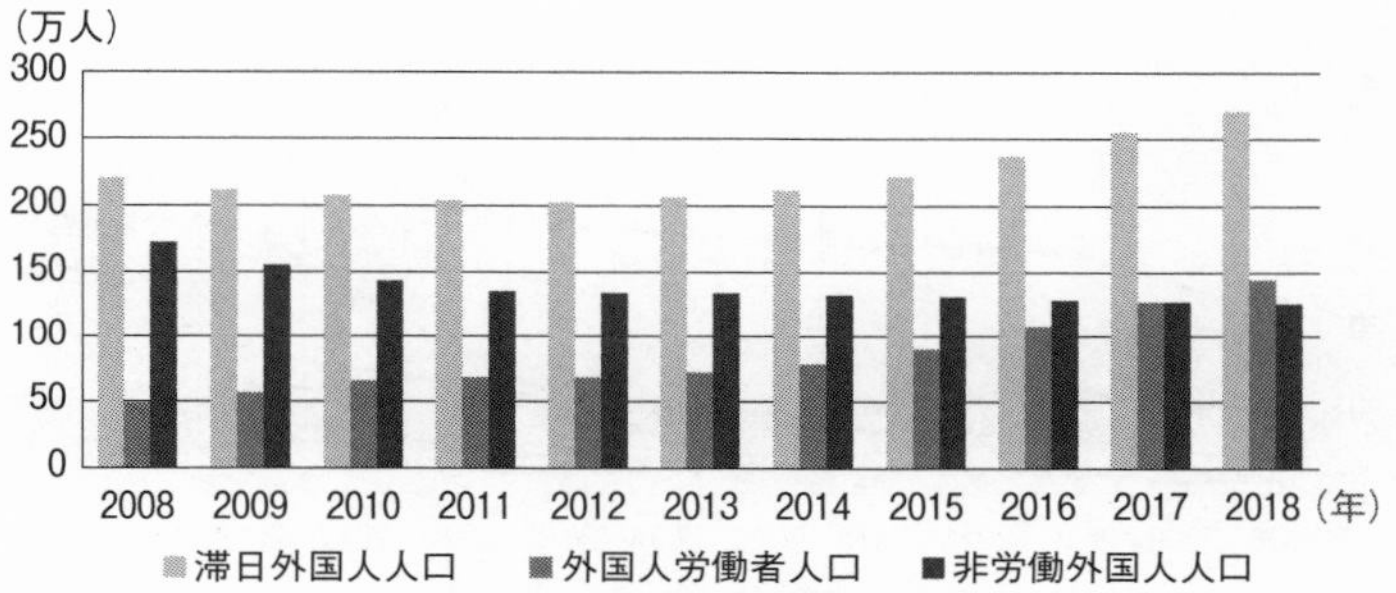

図５　リーマンショック後の外国人人口構成の推移

につながるような非労働人口を逓減させることを政策目的の第一に置いた場合であって、本当にソーシャルコストの低減にそれがつながっているのかと言えば疑問が残らざるをえない(16)。

とりわけ、労働力を量の点から確保することが優先されており、このことが必然的にソーシャルコストを上昇させている。だが、今のところそれを測る術がないのでコストが見えていない。少し詳しく述べると、労働力が確保できれば事業を継続させることができた事業所が増えているような社会環境にあっては、外国人労働者はどうしても確保しなくてはならないものだ。しかし、これまで日本に労働者を供給してきた国々の経済発展は目覚ましいものがあり（図3で確認した）、とりわけ人口規模が大きい中国からの受け入れが鈍化し始めると、必要労働力の増加も相まって近年は労働力供給国の多国籍化が進行している。つい外国人と一括りにしてしまっているが、言語も習慣も多様な労働力が集められるようになっているのだ。

工場などの実際に外国人が働く場所を見に行ったことがある人ならば、誰しもが知っていることだが、通常、外国人労働者を用いる事業所はなるべく同じ国の出身者を集めようとする。同じ言語の外

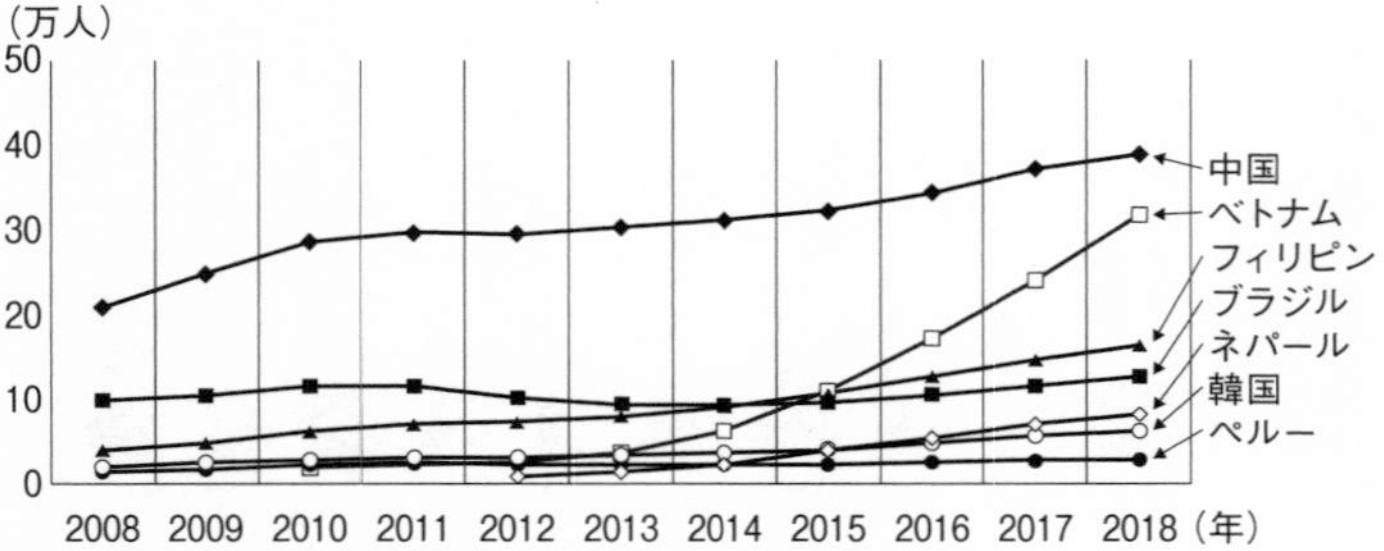

図６　労働力供給国の変化の推移

国人だけを集めれば、通訳が一人で済むものが、複数から集めると通訳等の労務管理要員をさらに用意する必要が出てくるし、習慣の違いからトラブルが発生したりもするからだ。外国人の統治コストは企業であれ、自治体であれ、同じボリュームの人がいたときに特定国からだけ集めればそれを低めることができるが、出身国・地域を多様化させてしまうとむしろ逓増してしまうのである（規模の経済の効果が働きやすい）。近年、労働力化率（滞在人口に占める労働人口比）が高まるような政策運営をしているとはいえ、集めている労働者の多国籍化・多言語化が進んでいることを考えると、どこまでソーシャルコストを低めることに寄与しているのかは疑わしい。実際、二〇一九年改正により、国はスムースな外国人の受け入れのために県庁所在地を含めて全国一〇〇カ所に一一言語で情報を提供し、外国人相談を行う一元的総合相談窓口「多文化共生総合相談ワンストップセンター」を設けることにした。これなどは必要な言語サービスの多言語化が全国に拡がっていることを示すものだろう。

　また、可能な限り社会的費用を小さくするために、家族帯同の自由を持った外国人の受け入れに国は慎重な姿勢であり、その成果は

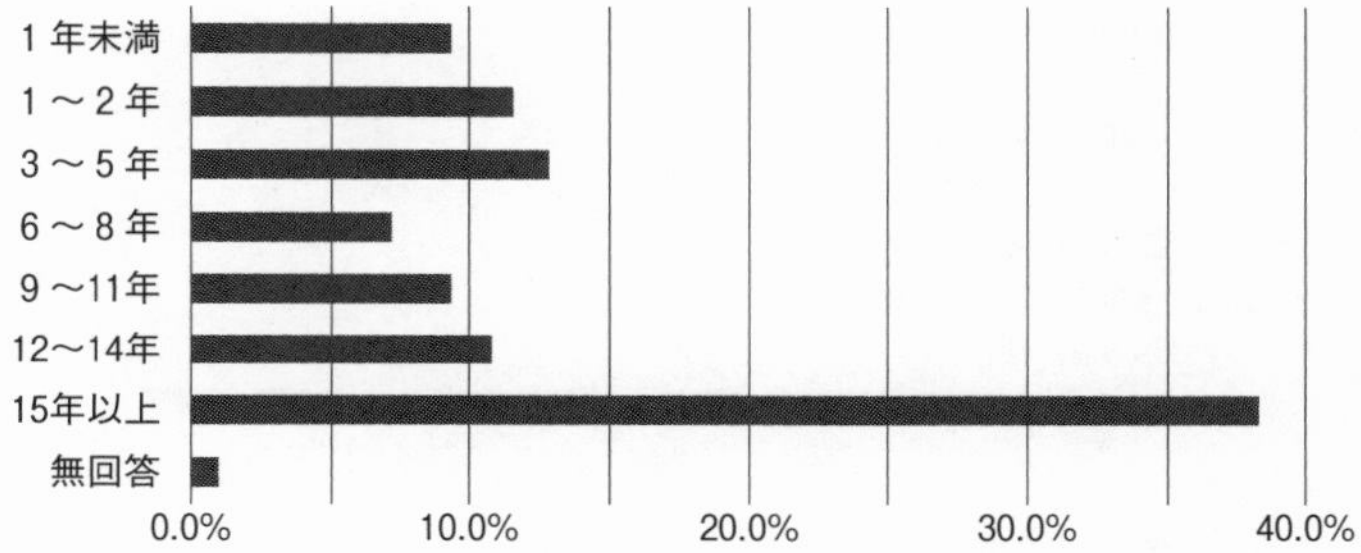

出所：「2018年度　浜松市日本人市民及び外国人市民意識実態調査」

図7　浜松市内外国人住民滞在歴

顕著に出ているにもかかわらず（図4や図5で見たとおり）、家族帯同が可能な在留資格である「身分に基づく外国人」労働者は増え続けている。しかも、外国人住民と直接関わる基礎自治体の視点に立つと、まったく異なる情景が見えてくる。浜松市は市内外国人住民に対する市民意識調査を定期的に行っている。その最新の結果である「二〇一八年度　浜松市日本人市民及び外国人市民意識実態調査」を見てみよう。この調査は、外国人住民には国籍別の市内在住人口に合わせて住民基本台帳から無作為に選んだ三〇〇〇人に対して行われたものだ（日本人住民は同様に選んだ一〇〇〇人を調査している）。その回答から見ると、市内在住外国人の三八・三％が市内在住歴一五年以上、一二年から一四年の滞在歴が一〇・七％であることを考え合わせれば、およそ半数の者が一二年以上、市内に住み続けているのだ（図7）。住居形態を聞いた質問では二九・八％が自己所有の持ち家に住んでいるという。基礎自治体では定住化（移民化）が着実に進行し、自己所有の家に住んでいる者が三割に達しているように、今後も住み続けることが強く予想される。

　では、外国人住民の定住化によって、基礎自治体の受け入れ費用

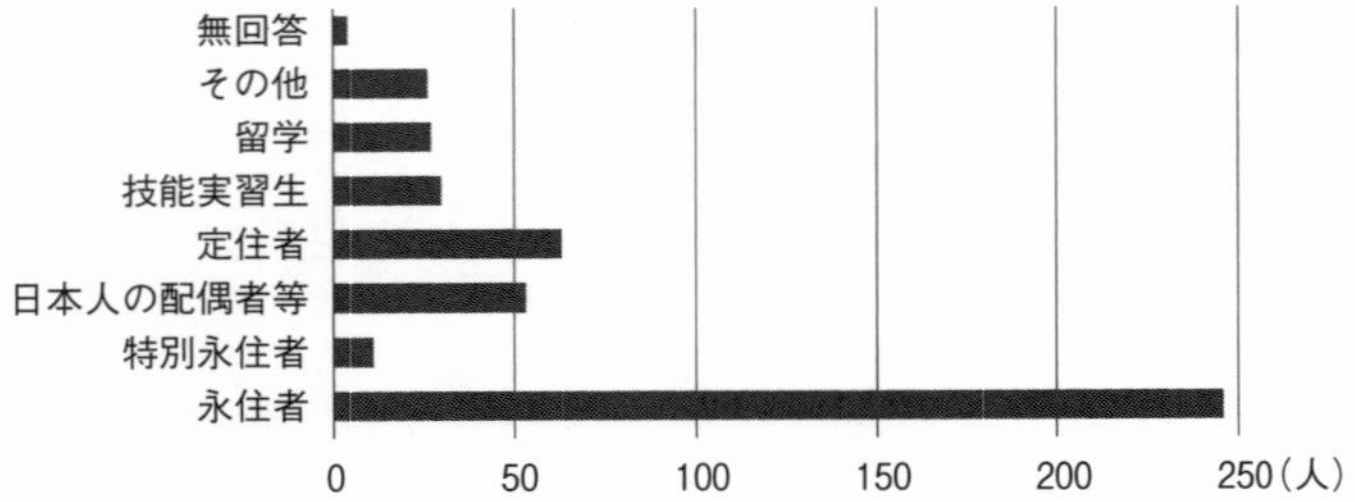

出所：図7に同じ

図8　浜松市外国人市民意識調査に見る在留資格別人数

は上がっているのだろうか。どうもそのようには見えないのだ。病院に行く際に、自分で説明してしまう者が四九・六％とほぼ半数に達し、次いで言葉のできる家族や友人の助けを借りる者が三二・六％となっている。多くの者が自分たちだけで対応している。医療通訳のいる病院に行く者は一七・四％に過ぎないのだ。こうしたことから浜松市では医療通訳を置く病院の数を減らしてきている。また、職場でも常に日本語で仕事をしている者が五九・一％に達しており、日本語を用いない職に就く者は「時々しか使用しない（五・七％）」、「ほとんど使用しない（七・五％）」と少数者になっており、長期滞在が進行することで外国人自身の問題解決能力が上昇し、ソーシャルコストはむしろ低下してきているのがうかがえるのだ。

ただし、この回答には一定の留保も必要だ。なぜならば、この回答は多くの外国人が自分は病院でコミュニケーションを取れていると考えていることを示すものであって、病院からも診療に際して外国人患者とコミュニケーションが取れていると認識されているとは限らないからだ。当事者だけが十分と思っていても、ホストソサエティの側から見ればこの評価に値しないということも多分にある。実際の医療関係者から聞こえてくる評価を鑑みると、十分なコミュニケーションが取れているというまでには到達していないと思われる。しかしながら、当事者サイドから問題が起きていないと思われ、実際に通訳に頼ることが減少していることは、それなりに評価できよう。

しかも、この滞在の長期化は政府の意図とは反対の方向に、外国人を向かわせているのだ。それが長期在留外国人の「身分に基づく外国人化」だ。ただし、ここで言う「身分に基づく外国人化」は日本人や永住者・定住者との婚姻が増えるということを意味しない。もちろん、そうした部分が存在する。だが、滞在の長期化は、さまざまな在留資格の者に安定的なポジションである永住者へ移動させている。法務省入管局は、「在留資格永住のガイドライン」を公表し、永住資格を取ろうとする者へのメッセージとしているが、浜松市調査では、国籍に関係なく永住者化は共通に見てとれ（国籍別ではブラジル人一〇四人、ペルー人二〇人、在日韓国朝鮮人一一人、中国人四〇人、フィリピン人二九人、ベトナム人一七人、インドネシア人四人、その他の国籍一九人となる）、外国人が法務省のメッセージを正しく読み解いていることがうかがえた（しかし、法務省はこの在留資格永住のガイドラインを二〇一九年年六月に突然改訂した。厳格化が進行している）。日本全体で見ても永住者が増え続ける現実があることは、元入管局長であった髙宅茂も「『永住者』の在留資格をもって在留する外国人は平成二九年末には七四万九一九一人に達し、在留外国人全体の約二九・一％、中長期在留者のうち三三・六％を占めるに至っているのである」と問題提起している（髙宅・瀧川、二〇一八、二七六頁）。

その結果、国全体では外国人労働者が急増するが、働いていない外国人はそれほど増加しないという状態が保たれる。その一方で、基礎自治体での外国人は政治的権利を持たないけれども、家族帯同の自由を持ち社会権も認められた永住者化が進むのだ。[17] つまり、国と地方で外国人をめぐってまったく逆のベクトルに向き合わなくてはならなくなっているのだ。

おわりに

国は、家族帯同の自由を持たない労働者を増やそうとするが、基礎自治体では長期に家族とともに居住する永住者が増えていく。ここには労働市場からの圧力も関係している。「専門的・技術的分野」の外国人は、職務内容に応じた在留資格が発給されている。しかし、一定以上の専門的技術を前提にしており、このカテゴリーで受け入れられるのは専門職の正規雇用外国人だ。それに対して、「身分に基づく外国人」は、就労制限がつかないから、これまで業務請負業等から送り出されるフレキシブルな労働力としてその多くが活用されてきた。そして、業務請負業が送り出せない飲食店のアルバイト雇用等に「資格外活動」の外国人が用いられてきた。厚生労働省の「外国人雇用状況調査」で用いられている「専門的・技術的分野」、「技能実習生」、「身分に基づく外国人」、「資格外活動」という分け方は、在留資格上の区別であるだけでなく、大まかな労働市場の区分にもなっている。このことを前提にすれば、外国人労働者が二〇〇八年から二〇一八年にかけて三倍に増えていくときにすべてのカテゴリーが増えて、全体の構成比が変わらなかったというのは、極めて多様な職種で外国人が増えていて、必ずしも専門性のない職種での需要が堅実に伸びていたということだ。この点で、自民党政務調査会報告が「いわゆる単純労働」という概念を持ち出しその変更を試みようとしたのは、労働需要との関係から見れば無理からぬことでもあるのだ[18]。

こうした需要が存在することに、国も無関心でいるわけではない。既存の在留資格では、「技術」、「人文知識・国際業務」はこれらの在留資格が創設されたときは異なる職種に対応するものとされていたが、今では「技術・人文知識・国際業務」として一括りにされたうえで、職種も広範に認められるようになっている（以下、この在留資格を「技人国」と記す）。在留資格「定住者」のように就労にまったく制限がかからないことはないが、取り立てて専門職と言えないような職種であっても出ているようだ[19]。ただし、反面、「技人国」をめぐっては、ブローカーが介在した悪質事例も頻発している[20]。

人手不足は専門的技能の職種で顕著になっていることは間違いないとしても、それ以外も人手不足が今の日本の姿だ。新たに創設された「特定技能」では、たとえば宿泊業の「特定技能」が宿泊に関するさまざまな職種に従事できるようになっており、特定の職種に特化させていた技能実習制度に比べれば格段の幅がもたされている。現実の労働力不足のあり方に対応した結果と言えるだろう。だが、一四の業種に限ってものであり、今後、業種が増えていくことが予想されるにせよ、この制度で供給されない分野がある限り、「身分に基づく外国人」、「技人国」外国人、「資格外活動」外国人はなくならない。

また、労働市場が企業を単位に形成されており、企業間移動の標準的な評価システムが十分に形成されていないなかでは、職務内容に基づいた在留資格を標準に置くことには無理がある。[21] 外国人労働者への需要を創り出しているのが、少子高齢化で労働力の絶対的な不足に起因するものならば、企業・事業所にとっても必ず帰国させるローテーション政策や家族を伴えない短期の労働者よりも、長期に働ける者が望ましい。

非正規雇用に日系人労働者が集積し、彼・彼女らが家族帯同の自由をもった存在であったことから、社会問題化した際には「身分に基づく外国人」の受け入れは失敗との評価になってしまった（「河野PT」の結論）。新たな在留資格「特定技能」では、労働者の転職は認められている。この点で、技能実習生とは大きく異なるが、生活保護は受けることができないとされており、時間をかけて転職することはできず、[22] ソーシャルコストを低める制度設計になっている。しかも、「出入国管理及び難民認定法律及び法務省設置法の一部を改正する法律案に対する修正案」では、「この法律の公布後、速やかに、本邦に在留する外国人に係る在留管理、雇用管理及び社会保険制度における在留カードの番号、その他の特定の個人を識別することができる番号等の利用の在り方について検討を加え、必要があると認めるときは、その結果に基づいて所要の措置を講ずるものとする」とまでされている。[23] すでに、在留カードとマイナンバーが紐づけられていることを考えると、日本人よりも先に外国人で、個人情報の一元化とそれに基づく社会管理が一気に進もうとしている。「上からの顔の見える化」は日本に暮らす外国人の権利を一顧だにすることなく深化しているのだ。

二〇一九年入管法改正は、日本の労働市場のどの部分に労働力を供給しようとするものだったのだろうか。今の外国人労働者への需要が専門的なスキルに関連するところを中心に発生していると考えられるならば、制度改正は適切なものだと評価することができるだろう。だが、筆者には、むしろスキルでは定義できない部分で、より多くの外国人労働者への需要が発生してしまっており、それが「身分に基づく外国人」であったり、「資格外活動」の外国人であったりの需要を作り出してしまっていて、この部分の労働力需要が専門的スキルに関連する部分よりも大きくなっていると思えるのだ。もちろん、法が需要に合わせなくてはならないことはない。しかし、需要を無視してしまっては不法行為や脱法行為がはびこることになる。「技人国」外国人の問題はこの典型だ。外国人労働者への社会的需要をどこまで読み込んだのか、この点で二〇一九年入管法改正に疑問をもっている。

注

（1） 筆者も、入管法改正が話題にのぼって以後、丹野（二〇一八b）、丹野（二〇一九a）、丹野（二〇一九b）、丹野（二〇一九c）とほぼ同じテーマでの執筆の依頼を受けた。雑誌の性格により、主たる論点の場所は異なるのであるが、筆者自身の入管法改正に対するスタンスも少しずつ異なっている。この違いは雑誌の性格よりも、執筆時点の違いがもたらしている。

（2） 第二次出入国管理基本計画の本文については、http://www.moj.go.jp/nyuukokukanri/kouhou/press_00030-2_00030-2-2.html を見てほしい（二〇一九年八月二五日確認）。

（3）　筆者は雇う側にとっての外国人労働者の魅力は、ただ単に安価な労働力であるということよりも、立場の弱さ（地位の不安定性）のゆえに容易に支配できることが大きいのではないかと考えている。

（4）　河野ＰＴの最終報告書は https://www8.cao.go.jp/kisei-kaikaku/old/minutes/wg/2006/0921/item_060921_02.pdf で確認することができる（二〇一九年八月二五日確認）。

（5）　日系人に対する「帰国支援事業」がどのようなものであったのかは、厚生労働省のホームページ「日系人帰国支援事業の実施結果」https://www.mhlw.go.jp/bunya/koyou/gaikokujin15/kikoku_shien.html を参照してほしい（二〇一九年八月二五日確認）。

（6）　確かに、日系人の受け入れでは日系四世の受け入れが新たに二〇一八年七月一日より始まっている。詳細については「日系四世の更なる受入れ制度」http://www.moj.go.jp/content/001257981.pdf を参照してほしい（二〇一九年八月二五日確認）。筆者は二〇一八年に六月と八月から九月にかけて二回ブラジル調査を行っていたが、六月調査の際にはサンパウロのリクルーティング各社の机の上にはどこに行っても三〇人から四〇人程度の四世就労希望者の履歴書やビザ取得に必要な書類が集められていた。しかし、九月に至っても四世就労でのビザは下りていなかった。朝日新聞が伝えるところ、一〇月になってブラジルとフィリピンでそれぞれ一件ずつビザが出たとのことだ（https://www.asahi.com/articles/ASLBQ4T6TLBQULZU005.html）（二〇一九年八月二五日確認）。これらを見ても、日系人の受け入れには厳しい態度が続いていることが分かる。

（7）　技能検定制度と関連を持たせているのは、もともと技能実習生制度は、発展途上国では学ぶことのできない職業訓練をし、訓練を受けた者を帰国させて途上国の人的資源開発に貢献するための制度だからだ。また、技能検定制度と関係している事のもう一つの面に、技能検定制度は所管する監督官庁をもった業界団体が定めるものということがある。そのため、官庁と政治家が関わるさまざまな問題が発生しやすくもなっている。

（8）　自民党政務調査会報告は https://www.jimin.jp/news/policy/132325.html で確認できる（二〇一九年八月二五日

確認)。

(9) この時点で明らかにされていた情報から、新たな在留資格「特定技能」について筆者の考えをまとめたものとして丹野(二〇一八b)がある。

(10) 法文本体には、第一次受け入れ機関である「登録支援機関」、第二次受け入れ機関である「特定技能所属機関」のするべきこと、その経営者となる人の要件は記されているが、特定技能外国人を何人まで受け入れられるかはまったく書かれていない。つまり、法文本体からはどのように受け入れ人数制限を行うのかが示されていない。

(11) 二〇一八年一月二八日には、外国人支援計画について「特定技能雇用契約及び一号特定技能外国人支援計画の基準等を定める省令及び出入国管理及び難民認定法第七条第一項第二号の基準を定める省令の規定に基づき特定の産業上の分野を定める件(仮称)(案)に係る意見公募手続の実施について」(https://search.e-gov.go.jp/servlet/Public?CLASSNAME=PCMMSTDETAIL&id=300130146&Mode=0)、宿泊業については「特定技能雇用契約及び一号特定技能外国人支援計画の基準等を定める省令及び出入国管理及び難民認定法第七条第一項第二号の基準を定める省令の規定に基づき宿泊分野について特定の産業上の分野に特有の事情に鑑みて当該分野を所管する関係行政機関の長が基準を定める件(仮称)(案)に関する意見の募集について」(https://search.e-gov.go.jp/servlet/Public?CLASSNAME=PCMMSTDETAIL&id=665201902&Mode=0)、造船業について「特定技能雇用契約及び一号特定技能外国人支援計画の基準等を定める省令及び出入国管理及び難民認定法第七条第一項第二号の基準を定める省令の規定に基づき造船・舶用工業分野について特定の産業上の分野に特有の事情を鑑みて当該分野を所管する関係行政機関の長が基準を定める件(仮称)に係るパブリックコメントの募集について」(http://search.e-gov.go.jp/servlet/Public?CLASSNAME=PCMMSTDETAIL&id=155191002&Mode=0)などのように法務省のホームページで原案が示されてパブリックコメントの募集案内が出た(二〇一九年八月二五日確認)。

(12) 各省庁のホームページで確認できるが、たとえば国土交通省のホームページでは「制度全般」に加えて、国土交通省所管の「建設」、「造船・船用工業分野」、「自動車分野」、「航空分野」、「宿泊分野」の特定技能での受け入れのあり方を確認できる（http://www.mlit.go.jp/sogoseisaku/point/sosei_point_tk_000029.html）（二〇一九年八月二五日確認）。また、経済産業省のホームページでは「素形材産業分野」、「産業機械製造業分野」、「電気・電子情報関連産業分野」での特定技能での受け入れの制度に関する書面上での資料ばかりか、動画サイトYouTubeを用いて経済産業省主催で行われた関連業界に対する説明会の様子も見られる（https://www.meti.go.jp/policy/mono_info_service/gaikokujinzai/index.html）（二〇一九年八月二五日確認）。

（13）この資料は国土交通省のホームページhttps://www.mlit.go.jp/common/001290116.pdfを参照してほしい（二〇一九年八月二五日確認）。

（14）そのうえで「特定技能（新設する基準）」、「技能実習（追加する基準案）」、そして「外国人建設就労者事業（追加する基準案）」と三つのカテゴリーの比較表が作られており、制度の根幹が技能実習に置かれていることが示される。

（15）二〇一九年八月にブラジルに来てみると、ブラジルの通貨レアルが一レアル二五円にまで下がっていた。しかし、ブラジルのインフレは通貨の下落を補うものがあり、二〇一九年八月現在では、ブラジルの家族を養うには一九万から二〇万円の毎月の送金を必要とするという。ただし、持ち家があるとこの額はおよそ半額程度になるという。

（16）第一に、家族と長期的に存在できない労働力を増加させて行くということは、もし長期にいてくれれば新たな採用コストをかけることなく済んだものを、定期的な固定費用として組みこまねばならないことを企業や事業所に強いている。第二に、新しい労働者に毎回入れ替えしながら労働力を確保する仕組みでは、労働者が入れ替わるたびにそれまで労働者に行った教育投資が無駄になっているのであり、それでもこの構造のもとで外国人労働者を用い続けるのは教育投資をほとんど行わないことを前提にしている雇用セグメントなのであって、こうした雇用セグメントの生き残りのために外国人を用いるのは社会全体のモラルハザードの反映であろう。

(17) 筆者は、この現象は、「基礎自治体における外国人住民の移民化」と理解している。

(18) また、永住資格を持つと、それまでの特定の職種でしか働けなかった存在から、あらゆる職種で働けるようになる。企業・事業所にとっては、さまざまなセクションに配置換えでき、人事処遇しやすい社員となるのだ。永住化（身分に基づく外国人化）は外国人の側に都合が良いだけではなく、受け入れ企業・事業所にとってもメリットが大きい。

(19) 二〇一七年に筆者が調査先で聞いたもののなかには「エクセルができることを理由に人文知識で出したら、通してもらえた」というのもあった。中小企業の事務職で働く外国人にだ。もっとも、このケースは、中小企業ではあるが経営者は地元の名望家で、会社や経営者に対する信用があって査証が出ていると思われる。

(20) 「技人国」の濫用については、北海道新聞（二〇一八年一二月七日朝刊、一面及び第一社会面）が詳しく伝えている。

(21) 筆者はこの点について三菱東京UFJリーサーチアンドコンサルタンツ（二〇一九）で学ばせてもらった。

(22) 入管法二二条の四が、所定の活動を三月以上していないと在留資格の取り消し事由になるとされていることからも転職は三月以内に行う必要があると思われる。この条件があるため、奇妙な話だが、外国人留学生が大学で休学することをできなくさせている。日本の大学の休学制度は、多くの場合、半年または一年間で休学し、休学期間は授業料を払わない。しかし、半年の休学をとってしまうと在留資格上の活動を三月以上していないこととみなされて、学籍はあるにもかかわらず、在留資格を失うのだ。とりわけ、大学院生の場合、日本人の院生が休学期間も組み込みながら学位論文を仕上げていくことができるのに、外国人大学院生にはそれが許されないものになってしまっている。

(23) この修正案の原文は以下の法務省のホームページで確認してほしい。なおこの修正案も含めて可決されて、二〇一八年一二月一四日に公布された http://www.moj.go.jp/content/001277377.pdf（二〇一九年八月二五日確認）。

初出一覧

序　論　書き下ろし
第1章　書き下ろし
第2章　「グローバリゼーションと国籍のゆらぎ――「国家を背負う移民」と「国家を背負わぬ移民」」（『民主主義・平和・地球政治』日本経済評論社、二〇一〇年）
第3章　「動揺する国民国家を受け止める」（『国民国家の境界』日本経済評論社、二〇一〇年）
第4章　「日系人の受け入れからみえてくる日本国籍の境界――「最初の日本人」に連なる意味を考える」（『社会人類学年報』第三七巻、二〇一一年）
第5章　書き下ろし
第6章　書き下ろし
第7章　「外国人労働者問題の根源はどこにあるのか」（『日本労働研究雑誌』第五八七号、二〇〇九年）
第8章　「グローバル化時代の働き方を考える――ジェットコースター賃金と「生きづらさ」の構造」（『労働再審4　周縁労働力の移動と編成』大月書店、二〇一一年）
第9章　書き下ろし
第10章　「外国人の「シティズンシップ」――行政運用と社会運動の間に生まれる市民権」（『福祉社会学研究』第一六号、二〇一九年）
第11章　「「出入国管理及び難民認定法」改正と日本の外国人労働者」（『季刊労働法』第二六五号、二〇一九年）

索　引

◆サ行

◆タ行

◆ナ行

◆ハ行

◆マ行

◆ヤ行

◆ラ・ワ行

参考文献

青木昌彦、2001、瀧澤弘和・谷口和弘訳『比較制度分析に向けて』NTT出版。

朝日新聞社経済部編、2004、『日本縮小――ダウンサイジング社会への挑戦』朝日新聞社。

廈門旭瀛書院、1917、『大正六年　廈門旭瀛書院要覧』廈門旭瀛書院。

家弓吉巳、1966、「在日朝鮮人の国籍及び準拠法について」高梨公之他『戸籍時報一〇〇号記念　家族法と戸籍の諸問題』日本加除出版。

板垣退助監修、1957、遠山茂樹・佐藤誠朗校訂『自由党史　上』岩波文庫。

伊藤博文、1940、宮沢俊義校註『憲法義解』岩波文庫。

井上茂、1972、『法哲学研究　第三巻』有斐閣。

井上茂、1973、『法秩序の構造』岩波書店。

井上茂、1981、『法哲学』岩波書店。

岩男壽美子、2007、『外国人犯罪者』中公新書。

岩佐節郎、1958、「旧法戸籍の改正と氏について」全国連合戸籍事務協議会編『戸籍誌第百号記念論文集　身分法の現在及び将来』帝国判例法規出版社。

ヴェブレン、ソースタイン、1961、小原敬士訳『有閑階級の理論』岩波文庫。

内田貴、2004、『民法Ⅳ　親族・相続』［補訂版］東京大学出版会。

内山勝男、1993、『舞楽而留《ブラジル》ラプソディー』PMC出版。

江川英文・山田鐐一・早田芳郎、1997、『国籍法』［第三版］有斐閣。

遠藤浩・川井健・原島重義・広中俊雄・水本浩・山本進一編、2000、『民法（8）親族』［第四版増補版］有斐閣双書。

大沼保昭、1993『単一民族社会の神話を超えて――在日韓国・朝鮮人と出入国管理体制』［新版］東信堂。

大村敦志、2008、『他者とともに生きる――民法から見た外国人法』東京大学出版会。

大森政輔、1988、「特別養子制度の創設」米倉明・細川清編『民法等の改正と特別養子制度』日本加除出版。

岡崎哲二編、2001、『取引制度の経済史』東京大学出版会。

奥田安弘、2002、『数字でみる　子どもの国籍と在留資格』明石書店。

奥田安弘、2004、『国籍法と国際親子法』有斐閣。

奥田安弘、2010、『国籍法・国際家族法の裁判意見書集』日本比較法研究所資料叢書９、中央大学出版部。

小熊英二、1998、『〈日本人〉の境界——沖縄・アイヌ・台湾・朝鮮　植民地支配から復帰運動まで』新曜社。

オッフェ、クラウス、1988、寿福真美訳『後期資本制社会システム——資本制的民主制の諸制度』法政大学出版局。

笠原俊宏、2003、『国際家族法要説』［新訂増補版］高文堂出版社。

風間直樹、2007、『雇用融解——これが新しい「日本型雇用」なのか』東洋経済新報社。

風間直樹、2010、『融解連鎖』東洋経済新報社。

梶田孝道、2002、「日本の外国人労働者政策——政策意図と現実の乖離という視点から」梶田孝道・宮島喬編『国際化する日本社会』東京大学出版会。

梶田孝道・丹野清人・樋口直人、2005、『顔の見えない定住化』名古屋大学出版会。

嘉本伊都子、2001、『国際結婚の誕生——〈文明国日本〉への道』新曜社。

川島武宜、1957、『イデオロギーとしての家族制度』岩波書店。

川島武宜、1982、『川島武宜著作集　第四巻　法社会学４』岩波書店。

川島武宜、1982、『川島武宜著作集　第五巻　法律学１』岩波書店。

北川由紀彦・丹野清人、2016、『移動と定住の社会学』放送大学教育振興会。

木棚照一、2003、『逐条註解　国籍法』日本加除出版。

金城清子、1984、「沖縄からの報告」土井たか子編『「国籍」を考える』時事通信社。

来栖三郎、1999、『法とフィクション』東京大学出版会。

黒木忠正・細川清、1988、『外事法・国籍法』現代行政法学全集17、ぎょうせい。

ケルゼン、ハンス、1936、清宮四郎訳『一般国家学』岩波書店。

ケルゼン、ハンス、2001、法思想21研究会訳『社会学的国家概念と法学的国家概念』晃洋書房。

河野勝、2002、『制度』東京大学出版会。

小林直樹、1977、『憲法判断の原理　上巻』日本評論社。

小林直樹、1978、『憲法判断の原理　下巻』日本評論社。

斉藤実央、2010、「離婚後300日問題の社会的構造」首都大学東京卒業論文。

坂中英徳・齋藤利男、1994、『出入国管理及び難民認定法逐条解説』［第三版］日本加除出版。

坂中英徳・齋藤利男、2007、『出入国管理及び難民認定法逐条解説』［改訂第三版］日本加除出版。

澤田晃宏、2010、「アキバ事件被告が語った『真の動機』　加藤よ、裏切ったな」『AERA』Vol.23 No.36。

塩野宏、2005、『行政法』有斐閣。

信濃毎日新聞社編集局編、1995、『ボクは日本人――アンデレちゃんの一五〇〇日』信濃毎日新聞社。

出入国管理法令研究会、2005、『注解・判例　出入国管理・外国人登録実務六法　平成17年』日本加除出版。

出入国管理法令研究会、2012、『注解・判例　出入国管理・外国人登録実務六法　2012年度版』日本加除出版。

上毛新聞社、1997、『サンバの町から――外国人と共に生きる　群馬・大泉』上毛新聞社。

末弘厳太郎、1940、『民法雑記帳』日本評論社。

末弘厳太郎、1988、川島武宜編『嘘の効用』冨山房百科文庫。

須之部量三・大沼保昭・金敬得、1990、「座談会　在日韓国・朝鮮人の法的地位――『協定三世』問題と開かれた日本社会への展望」『法律時報』第62巻第７号。

曽永志、2012、「民国名医　黄丙丁」『福建史志』2012年第４期、52-55頁。

第一東京弁護士会人権擁護委員会国際人権部会編、2016、『外国人の法律相談　Q&A　第三次改訂版』ぎょうせい。

台湾総督府、1917、『台湾総督府文官職員要録』台湾日々新聞。

高木八尺・末延三次・宮沢俊義編、1957、『人権宣言集』岩波文庫。

高橋和之・岩沢雄司・早川眞一郎、2008、「鼎談　国籍法違憲判決をめぐって」『ジュリスト』第1366号、44-76頁。

髙宅茂・瀧川修吾、2018、『外国人の受入れと日本社会』日本加除出版。

瀧口進、1966、「将来の戸籍――様式を中心として」高梨公之他『戸籍時報一〇〇号記念　家族法と戸籍の諸問題』日本加除出版。

田代有嗣、1974、『国籍法逐条解説』日本加除出版。

田中加藤男、1966、「渉外的戸籍訂正」高梨公之他『戸籍時報一〇〇号記念　家族法と戸籍の諸問題』日本加除出版。

田中宏、1995a、『在日外国人――法の壁、心の溝』岩波新書。

田中宏、1995b、「在日をめぐる戦後五〇年を検証する——変わったこと、変わらないこと、残る問題」『青丘』第24号、8-32頁。

谷口知平、1957、『法律学全集25　戸籍法』有斐閣。

谷口知平、1958、「虚偽出生届による戸籍の訂正と親子法改正について」全国連合戸籍事務協議会編『戸籍誌第百号記念論文集　身分法の現在及び将来』帝国判例法規出版社。

谷口知平、1986、「いわゆる特別養子制度についての若干の感想」細川清・海老原良宗『戸籍誌第五百号記念論文集　家族法と戸籍——その現在及び将来』テイハン。

谷口優子・与世田兼稔、1981、「沖縄における無国籍児の実態と解決策の現状」『自由と正義』第32巻第11号。

崔勝久・朴鐘碩・佐藤勝巳・李仁夏・高浪徹夫・和田純、1974、「座談会　日立糾弾へのあゆみ」朴君を囲む会編『民族差別——日立就職差別糾弾』亜紀書房。

丹野清人、2007a、「在留特別許可の法社会学——日本で暮らす外国人の法的基礎」『大原社会問題研究所雑誌』第582号。

丹野清人、2007b、『越境する雇用システムと外国人労働者』東京大学出版会。

丹野清人、2009a、「外国人労働者問題の根源はどこにあるのか」『日本労働研究雑誌』第587号、27-35頁。

丹野清人、2009b、「総合デカセギ業が包み込む日本のブラジル人労働市場」『都市問題』第100巻第３号、60-67頁。

丹野清人、2009c、「官製雇用不安と外国人労働者——外国人労働者から見えてくる非正規雇用に今突きつけられている問題」『寄せ場』第22号、88-102頁。

丹野清人、2018a、『「外国人の人権」の社会学——外国人へのまなざしと偽装査証、少年非行、LGBT、そしてヘイト』吉田書店。

丹野清人、2018b、「日本における外国人労働者政策の現状・課題と今後の展望」『都市問題』第109号第９号、4-10頁。

丹野清人、2019a、「外国人の生活問題と国の出入国管理政策——「ケアギバー」としての外国人から「ケアテイカー」としての外国人へ認識転換を」『生活経済政策』第266号、19-23頁。

丹野清人、2019b、「日本の入管法改正の問題点——外国人の受入れを考えるにあたって何が抜け落ちているのか」『労働法律旬報』第1931号、6-11頁。

丹野清人、2019c、「日本の外国人受入れ政策の本質——外国人どもは死なぬように生きぬように」『貧困研究』第22号、57-65頁。

テイハン法令編纂部戸籍実務研究会編、2012、『戸籍六法　平成25年版』テイハン。

鳥山淳、2010、「国民の歴史意識を問い直す」加藤哲郎・小野一・田中ひかる・堀江孝司編『国民国家の境界』日本経済評論社。

土井たか子編、1984、『「国籍」を考える』時事通信社。

中川淳、1988、「親子法の理念と特別養子制度」米倉明・細川清編『民法等の改正と特別養子制度』日本加除出版。

二宮正人、1983、『国籍法における男女平等』有斐閣。

日本経済新聞社、2006、『人口減少——新しい日本をつくる』日本経済新聞社。

ハイエク、F. A.、1987、気賀健三・古賀勝次郎訳『ハイエク全集6　自由の条件Ⅱ　自由と法』春秋社。

萩野芳夫、1980、『基本的人権の研究』法律文化社。

萩野芳夫、1982、『国籍・出入国と憲法——アメリカと日本の比較』勁草書房。

萩野芳夫、1996、『判例研究　外国人の人権——国籍・出入国・在留・戦後補償』明石書店。

朴鐘碩、1974、「民族自覚への道——就職差別裁判上申書」朴君を囲む会編『民族差別——日立就職差別糾弾』亜紀書房。

長谷部恭男、2008、「国籍法違憲判決の思考様式」『ジュリスト』第1366号、77-91頁。

畑野勇・倉島研二・田中信也・重見一崇・石崎勇一、2000、『外国人の法的地位——国際化時代の外国人の法的地位を考える』信山社。

浜松市企画調整部国際課、2018、『浜松市における日本人市民及び外国人市民の意識実態調査報告書』浜松市企画調整部国際課。

樋口直人、2010、「経済危機と在日ブラジル人」『大原社会問題研究所雑誌』第622号。

樋口陽一、2004、『国法学——人権原論』有斐閣。

檜山幸夫、2003、「台湾統治の構造と台湾総督府文書」檜山幸夫編『台湾総督府文書の史料学的研究——日本近代公文書学研究序説』ゆまに書房。

檜山幸夫、2004、「台湾統治基本法と外地統治機構の形成」台湾史研究部会編『日本統治下台湾の支配と展開』中京大学社会科学研究所。

平賀健太、1950、『国籍法　上巻』帝国判例法規出版社。

平賀健太、1951、『国籍法　下巻』帝国判例法規出版社。

平賀健太、1958、「親族法改正の問題点」全国連合戸籍事務協議会編『戸籍誌第百号記念論文集　身分法の現在及び将来』帝国判例法規出版社。

広中俊雄、2006、『新版民法綱要　第一巻　総論』創文社。

広渡清吾、2008、「市民社会論の法学的意義――『民法学の方法』としての市民社会論」戒能通厚・楜澤能生編『企業・市場・市民社会の基礎法学的考察』日本評論社。

広渡清吾、2009、『比較法社会論研究』日本評論社。

福島正夫編、1959、『「家」制度の研究』東京大学出版会。

福島正夫編、1962、『「家」制度の研究　資料編Ⅱ』東京大学出版会。

福島正夫、1967、『日本資本主義と「家」制度』東京大学出版会。

法務省入国管理局政策課、1992、「基本計画の概要　出入国の公正な管理のために」『国際人流』第60号、2-6頁。

法務省民事局第五課職員編、1985、『一問一答　新しい国籍法・戸籍法』日本加除出版。

細川清・海老原良宗、1986、「序」細川清・海老原良宗『戸籍誌第五百号記念論文集　家族法と戸籍――その現在及び将来』テイハン。

三菱東京UFJリサーチアンドコンサルタンツ、2019、『厚生労働省職業安定局委託　外国人労働者導入に伴う労働市場の代替関係調査』三菱東京UFJリサーチアンドコンサルタンツ。

宮島喬、2009、「書評と紹介　丹野清人著『越境する雇用システムと外国人労働者』」『大原社会問題研究所雑誌』第604号。

武藤正敏・山崎哲夫・吉免光顕・太田房江・亀本和彦・根本芳雄・亀井靖嘉、1990、「外国人労働者問題　関係省庁おおいに語る」『国際人流』第34号、2-12頁。

森英明、2010、「[16]国籍法３条１項が、日本国民である父と日本国民でない母との間に出生した後に父から認知された子につき、父母の婚姻により嫡出子たる身分を取得した（準正のあった）場合に関する区別を生じさせていることと憲法14条１項　その他」財団法人法曹会編『最高裁判所判例解説　民事篇　平成二十年度』財団法人法曹会。

山田貴男、2000、「川崎市外国人市民代表者会議の成立と現状」宮島喬編『外国人市民と政治参加』有信堂。

山田鐐一・黒木忠正、2006、『よくわかる入管法』有斐閣。

山田鐐一、2004、『国際私法』［第３版］有斐閣。

横田喜三郎、1972、『国際法Ⅱ』［新版］法律学全集56、有斐閣。

我妻栄・有泉亨・遠藤浩・川井健、2005、『民法３　親族法・相続法』［第二版］勁草書房。

Brinton, Mary C. and Victor Nee, 1998, *The New Institutionalism in Sociology*, Stanford: Stanford University Press.
Cardoso, Fernando H., 2010, *Xadrez Internacional e Social-Democracia*, Sao Paulo: Paz e Terra.
DiMaggio, Paul J. and Walter W. Powell, 1991, "Introduction", Powell, Walter W. and Paul J. DiMaggio (eds.), *The New Institutionalism in Organizational Analysis*, Chicago: The University of Chicago Press.
Evans Peter B., Rueschemeyer Dietrich and Theda Skocpol, 1985, *Bringing the State Back in*, New York: Cambridge University Press.
Greif, Avner, 1997, "On the Interrelations and Economic Implications of Economic, Social, Political and Normative Factors: Reflections from Two Late Medieval Societies", Drobak, John N. and John V. C. Nye (eds.), *The Frontiers of The New Institutional Economics*, San Diego: Academic Press.
Greif, Avner, 2005, "Institutions, Markets, and Games", Nee, Victor and Richard Swedberg (eds.), *The Economic Sociology of Capitalism*, Princeton: Princeton University Press.
Greif, Avner, 2006, *Institutions and the Path to the Modern Economy: Lessons from Medieval Trade*, New York: Cambridge University Press. 岡崎哲二・神取道宏監訳、2009、『比較歴史制度分析』NTT出版。
Harada, Kiyoshi, 1992, "Aspectos Politicos e Juridicos do Fenomino Dekassegui" Ninomiya, Masato (ed.), *Dekassegui: Palestras e Exposicoes do Simposio sobre O Fenomino Chamado Dekassegui*, Sao Paulo: Estacão Liberdade.
Higuchi Naoto and Kiyoto Tanno, 2003, "What's Driving Brazil-Japan Migration?: The Making and Remaking of the Brazilian Niche in Japan" *International Journal of Japanese Sociology* No.12, Pp.33-47.
Kelsen Hans, 1949, *General Theory of Law & State*, Cambridge Mass.:

Harvard University Press.
Lane, Jan-Erik and Svante Ersson, 2000, *The New Institutional Politics: Performance and Outcomes*, London: Routledge.
Madsen, P. K., 2002, "Security and Flexibility: Friend or Foes? Some Observations from the Case of Denmark", Auer, Peter and Bernard Gazier (eds.) *The Future of Work, Employment and Social Protection: The Dynamics of Change and the Protection of Workers*, Geneva: International Labour Office.
Madsen, P. K., 2003, ""Flexicurity" through Labour Market Policies and Institutions in Denmark", Auer, Peter and Sandrine Cazes (eds.), *Employment Stability in an Age of Flexibility*, Geneva: International Labour Office.
Marshall, T. H. and Tom Bottomore, 1987, *Citizenship and Social Class*, London: Pluto Press. 岩崎信彦・中村健吾訳、1993、『シティズンシップと社会的階級——近現代を総括するマニフェスト』法律文化社。
Nee, Victor and Richard Swedberg (eds.), 2005, *The Economic Sociology of Capitalism,* Princeton: Princeton University Press.
North, Douglass C., 1990, *Institutions, Institutional Change and Economic Performance*, New York: Cambridge University Press. 竹下公視訳、1994、『制度・制度変化・経済成果』晃洋書房。
North, Douglass C., 2005, *Understanding the Process of Economic Change*, Princeton: Princeton University Press.
Offe C., 1985, *Disorganized Capitalism*, Cambridge U.K.: Polity Press.
Ostrom Elinor, 1990, *Governig the Commons*, New York: Cambridge University Press.
Portes, Alejandro (ed.), 1997, *The Economic Sociology of Immigration*, New York: Russell Sage Foundation.
Portes, Alejandro, 2010, *Economic Sociology: A Systematic Inquiry*, Princeton: Princeton University Press.
Sassen-Koob S., 1983, "Labor Migration and the New Industrial Division of Labor" Nash, June and María Patricia Fernández-Kelly (eds.), *Wemen, Men, and the International Division of Labor*, New York: State University of New York Press.
Sassen, S., 1988, *The Mobility of Labor and Capital: A Study in International*

Investment and Labor Flow, Cambridge University Press. 森田桐郎ほか訳、1992、『労働と資本の国際移動——世界都市と移民労働者』岩波書店。

Stirati, Antonella, 1994, *The Theory of Wages in Classical Economics: A Study of Adam Smith*, David Ricardo and Their Contemporaries, London: Edward Elgar.

Tanno Kiyoto, 2010, "The Economic Crisis and Foreign Workers in Japan: Why Does Japan Treat Migrant Workers as Second Class Citizens?" *Japan Labor Review* Vol.7 No.3.

Tanno Kiyoto, 2013, *Migrant Workers in Contemporary Japan: An Institutional Perspective on Transnational Employment*, Melbourne: Trans Pacific Press.

著者紹介

丹野 清人（たんの・きよと）

首都大学東京大学院人文科学研究科社会行動学専攻 教授。

1966年生まれ。一橋大学大学院社会学研究科社会問題社会政策専攻博士課程単位修得退学。

著書に、『越境する雇用システムと外国人労働者』（東京大学出版会、2007年）、『顔の見えない定住化』（共著、名古屋大学出版会、2005年）、『民主主義・平和・地球政治』（共編著、日本経済評論社、2010年）、『国民国家の境界』（共著、日本経済評論社、2010年）、『移動と定住の社会学』（共著、放送大学教育振興会、2016年）、『「外国人の人権」の社会学——外国人へのまなざしと偽装査証、少年非行、LGBT、そしてヘイト』（吉田書店、2018年）など。

国籍の境界を考える［増補版］

日本人、日系人、在日外国人を隔てる法と社会の壁

2013年3月28日　初版第1刷発行

2020年2月2日　増補版第1刷発行

著　者　丹野清人

発行者　吉田真也

発行所　合同会社 吉田書店

102-0072　東京都千代田区飯田橋2-9-6 東西館ビル本館32

Tel：03-6272-9172　Fax：03-6272-9173

http://www.yoshidapublishing.com/

装丁　奥定泰之　　印刷・製本　中央精版印刷株式会社

DTP　アベル社

定価はカバーに表示してあります。

ISBN978-4-905497-78-3